湖北文物保护系列图书

县级博物馆治理研究

——基于现代公共文化服务体系视角

张晓云　著

科学出版社
北京

内 容 简 介

县级博物馆在中国博物馆事业发展和现代公共文化服务体系建设中具有重要的基础性地位。但县级博物馆发展受思想认识、政策法规、经费投入、人才力量、藏品资源等多种因素的影响，整体发展水平较低，成为新时期制约中国博物馆事业整体质量提升、实现公共文化服务均等化现代化的重大瓶颈。构建现代公共文化服务体系为系统研究县级博物馆治理提供了新的政策背景和研究视角。本书以县级博物馆为研究对象，从构建现代公共文化服务体系的视角，运用治理理论、协同理论、系统理论，结合问卷调查、实证分析，从认识、建设、协同、融合四个方面对县级博物馆治理问题进行了系统诊断和深入探讨，从理论和实践的层面，系统回答县级博物馆治理“怎么看”“怎么建”“怎么协”“怎么融”四大问题，并对其未来协同发展、融合发展提出了政策性建议和相关思考。

本书可供文化文物行政管理部门、博物馆学、考古学、管理学等领域的管理者、研究者阅读、参考。

图书在版编目（CIP）数据

县级博物馆治理研究：基于现代公共文化服务体系视角／张晓云著.
—北京：科学出版社，2021.11

ISBN 978-7-03-070434-4

Ⅰ.①县… Ⅱ.①张… Ⅲ.①县—博物馆—管理—研究—中国
Ⅳ.① G269.2

中国版本图书馆 CIP 数据核字（2021）第 219923 号

责任编辑：张亚娜　张睿洋／责任校对：杨　赛
责任印制：肖　兴／封面设计：北京气和宇宙艺术设计有限公司

科学出版社 出版
北京东黄城根北街 16 号
邮政编码：100717
http: //www.sciencep.com

北京九天鸿程印刷有限责任公司 印刷
科学出版社发行　各地新华书店经销
*
2021 年 11 月第　一　版　开本：787 × 1092　1/16
2021 年 11 月第一次印刷　印张：12　3/4
字数：254 000

定价：93.00 元

目　录

插表目录

插 图 目 录

绪　论

一、研究背景

（一）博物馆日益成为保障人民基本文化权益的重要阵地

广义而言，博物馆是保护和传承人类文明的重要殿堂，是连接过去、现在、未来的桥梁[①]。狭义而言，博物馆是不以营利为目的的公共文化服务机构，承担着收藏、保护、诠释人类文化和自然遗产等社会责任。在曾经相当长的历史时期内，在非国有博物馆诞生之前，中国的博物馆一般由国家各级政府或相关行业主管部门举办，以“为人民服务、为社会主义服务”为宗旨，登记为国有文化事业单位[②]。

党和国家高度重视博物馆事业的发展。新中国成立 70 多年特别是改革开放以来，颁布实施了一系列博物馆管理法规和行业标准，不断加大财政保障力度，深入推进博物馆建设与免费开放，中国博物馆事业发生了历史性变革，受到国际博物馆界的关注，呈现出良好发展态势。截至 2019 年底，全国登记备案的博物馆达 5535 个，博物馆总数是中华人民共和国成立初期的 230 倍、1978 年的 14 倍，其中免费开放 4929 个，占总数的 89.05%。2019 年全国博物馆举办展览 2.86 万个，教育活动 33.46 万场，接待观众达 12.27 亿人次，比上年增加 1 亿多人次[③]。博物馆在数量快速增长的同时，服务能力与社会教育水平显著提升，日益成为公众欢度传统节日的新选择，“博物馆热”成为中国社会文化的新时尚，“逛博物馆”成为人民向往的美好生活的重要组成部分。同时，随着时代发展与科技进步，博物馆与旅游、教育、文创、影视等深度融合，藏品展示利用空间得到有效拓展，“博物馆 +”跨界融合创新为博物馆公共文化服务能力的提升，提供了新的动能。博物馆作为保护、收藏、研究文化遗产的机构，作为服务人的全面发展的公共文化教育服务机构，是促进社会可持续发展不可或缺的重要力量，主体多元、分布广泛、富有活力的中国现代博物馆发展体系初步形成。

党的十八大以来，习近平总书记站在实现中华民族伟大复兴中国梦的高度，对传承中华优秀传统文化、培育社会主义核心价值观、增强国家文化软实力等发表了一系列重要论述，对文物和博物馆事业多次作出重要指示批示，先后赴中国国家博物馆、

---

① 习近平：《致国际博物馆高级别论坛的贺信》，《人民日报》2016 年 11 月 11 日。

② 《中华人民共和国宪法（2018 最新修正版）》，法律出版社，2018 年。

③ 《国际博物馆日活动开幕　刘玉珠：博物馆进入最好发展时期》，人民网，http://culture.people.com.cn/n1/2020/0518/c1013-31713724.html，2020 年 5 月 18 日。

西安博物院、中共一大会址纪念馆等现场调研，就博物馆事业发展提出一系列新理念、新思想、新要求。2014年3月，习近平总书记在巴黎联合国教科文组织总部发表演讲时指出，“让收藏在博物馆里的文物、陈列在广阔大地上的遗产、书写在古籍里的文字都活起来”①。2015年3月，第一个全国性博物馆行业行政法规——《博物馆条例》由国务院颁布实施。2018年3月，中共中央办公厅、国务院办公厅印发《关于加强文物保护利用改革的若干意见》（中办发〔2018〕54号），围绕提升博物馆社会效益、激发创新活力等，专门部署了改革任务。以上事件，充分体现了以习近平同志为核心的党中央对博物馆事业的殷切关怀，也是习近平新时代中国特色社会主义思想在博物馆领域的具体体现，为新时代中国博物馆事业的发展指明了前进方向。博物馆事业发展被提升到了国家文化战略的新高度。中国各类博物馆不仅是中国历史的保存者和记录者，也是当代中国人民为实现中华民族伟大复兴的中国梦而奋斗的见证者和参与者②。坚持以人民为中心的工作导向，以人为本，加强文物藏品的保护与利用，适应新时期社会公众多样化、个性化的文化需求，满足人民对于美好生活的新期待，成为新时期博物馆工作的导向。中国博物馆事业迎来了前所未有的重大历史发展机遇。

（二）县级博物馆在中国现代博物馆体系中的尴尬现状

“文物保护，基础在县”③。县级博物馆作为中国博物馆的重要代表，是一个具有中国特色行政级别烙印的特殊群体，承担着县域范围内文物保护、展示传播、社会教育等文化管理和服务功能。县级博物馆与县级图书馆、县级文化馆并称“三馆”，是按照我国行政管理体制进行管理的县域内重要的基层公共文化服务机构。根据《2019中国文物统计提要》，截至2018年底，全国有各级博物馆4918个、藏品总数37540740件套、从业人员107506人、年举办临时展览13623个、年参观人数10.44亿人次，其中县级博物馆3691个、藏品16671590件套、从业人员58881人、年举办临时展览7884个、年参观人数5.63亿人次④，分别占全国博物馆总数的75.05%、44.41%、54.77%、57.87%、53.93%。与地市级以上博物馆相比，县级博物馆在建筑规模、藏品数量与级别、展示服务水平与能力等方面存在较大差距，但由于其具有数量大、分布广泛、地域文化特征鲜明、从业人员多等优势，能就近为广大城乡人民日益旺盛的基本公共文化需求服务，因此，在中国现代博物馆体系中，具有重要的基础性地位。

但是，从整体发展现状来看，县级博物馆却是中国博物馆体系中最大的“弱势群

① 《习近平在联合国教科文组织总部的演讲》，人民网，http://politics.people.com.cn/n/2014/0328/c1024-24758504-3.html，2014年3月28日。

② 习近平：《致国际博物馆高级别论坛的贺信》，《人民日报》2016年11月11日。

③ 国务院：《国务院关于进一步加强文物工作的指导意见》，2016年。

④ 国家文物局：《2019中国文物统计提要》，内部资料，2019年。

体”[①]。其“弱”主要表现在，一是“两个不高”，即建设覆盖率不高、公共服务能力不高。正如有的学者指出，“县域博物馆发展相对落后，很多县城没有博物馆，有的市县虽然有博物馆实体，但运营困难重重，存在低水平保障的情况，难以履行正常的博物馆功能”[②]。全国共有2851个县级行政区[③]，据初步统计截止到2017年下半年仍有约1000个县没有博物馆[④]，同时，已建成的许多县级博物馆展览面积不足500平方米，展示空间十分狭小，2018年全国3691个县级博物馆共举办临时展览7884个，平均每馆每年仅2.14个[⑤]，完全无展示空间的“挂牌馆”仍占有一定比例。二是“两个不足”，即资金投入不足、人员编制不足。2018年全国省级及以上、地市级、县市级博物馆平均每馆每年获得财政拨款分别为4967.95万元、763.82万元、240.29万元，根据年参观人次、年临时展览数量、从业人员数量计算，对省级及以上、地市级、县市级博物馆每个观众的财政投入分别是49.12元、24.95元、15.75元，对每个临时展览的财政投入分别是653.33万元、178.77万元、112.50万元，对每个从业人员的财政投入分别是44.02万元、25.89万元、15.06万元[⑥]，县市级上述3项指标财政投入分别为省级及以上该指标的1/3甚至1/5。在人员编制数量上，县级博物馆也普遍存在不足，难以有效引进高水平专业人才。有的是文物局、博物馆两块牌子一套人马，有的文物局、博物馆正式在编人员甚至只有1～3人。三是“两个偏低”，即业务级别偏低、行政级别偏低。截至2019年底我国已有130个一级博物馆、286个二级博物馆和439个三级博物馆，其中绝大多数属于地市级及以上的博物馆。县级博物馆在一级博物馆中基本没有，即使在二、三级中所占比例也非常小，无级别的县级博物馆却大量存在。在行政级别方面，县级博物馆基本上都属科级以下。四是“两个缺乏”，即缺乏对话平台、缺乏研究能力。全国目前尚未建立全国或区域性的县级博物馆联盟、品牌论坛等交流合作的平台，大部分县级博物馆基本处于单打独斗、自我封闭的发展状态。中国博物馆协会现有37个专业委员会，涉及博物馆各类型、业务活动各领域等，目前尚未单独设置县级博物馆相关专委会，现有专委会的依托单位亦无一个县级博物馆[⑦]。2018年全国县市级文博单位（包括文管所、博物馆）8088个，平均每个县市级文博单位正高级职称为

---

① 张晓云：《构建现代公共文化服务体系背景下的博物馆事业》，《中国文物报》2015年7月31日。

② 翁淮南：《新发展理念下的中国博物馆发展趋势探析》，《文博学刊》2020年第1期。

③ 中华人民共和国民政部：《中华人民共和国行政区划统计表》（截至2017年12月31日），http://xzqh.mca.gov.cn/statistics/2017.html。

④ 段勇：《当代中国博物馆》，译林出版社，2017年。

⑤ 国家文物局：《2019中国文物统计提要》，内部资料，2019年。

⑥ 国家文物局：《2019中国文物统计提要》，内部资料，2019年。

⑦ 《中国博物馆协会专业委员会介绍》，中国博物馆协会官网，http://www.chinamuseum.org.cn/plus/list.php?tid=108，2020年12月31日。

0.11人、副高级职称为0.28人、中级职称为1.13人[①]，并且研究领域也一般集中于文物保护与考古方面，博物馆学领域研究能力总体较弱。

近年来，为进一步加强县级博物馆发展，国家和部分省级文物部门先后实施了县级博物馆展示服务提升工程[②]、博物馆对口帮扶、全国县级文博干部轮训等一系列的扶持措施，在局部收到一定成效。县级博物馆在满足城乡广大人民群众精神文化需求、构建社会主义核心价值体系、促进社会和谐发展等方面，发挥了重要的作用，也涌现出青州博物馆、婺源县博物馆、巫山县博物馆等极少数实力较强、影响较大的代表[③]。但是，由于县级博物馆客观存在的先天和后天的诸多不足，很多县级博物馆长期处于半自然生长状态，在政策制定、项目实施、业务研究、对外交流等关系到博物馆长远发展的核心领域缺乏参与权、话语权，与上级业务主管部门、地方政府、社会公众以及旅游、教育等其他相关行业缺乏沟通力、协调力、影响力，面对博物馆事业整体蓬勃发展的大局，其自身重要的基础性地位与相对较低的发展水平之间的矛盾越来越突出，成为中国博物馆事业改革发展中的难点、痛点，也是改革的深水区。

（三）构建现代公共文化服务体系为县级博物馆的发展带来了机遇和挑战

构建现代公共文化服务体系是保障人民群众基本文化权益、改善文化民生、建设社会主义文化强国的重要制度设计，是中国特色社会主义文化繁荣发展的重要内容，也是全面深化改革的必然要求。2012年党的十八大将公共文化服务体系建设作为全面建成小康社会的重要内容，明确提出了到2020年“公共文化服务体系基本建成”的战略目标。2013年11月，党的十八届三中全会将构建现代公共文化服务体系、促进基本公共文化服务标准化均等化作为全面深化改革的重点任务之一。2015年1月，中共中央办公厅、国务院办公厅印发《关于加快构建现代公共文化服务体系的意见》和《国家基本公共文化服务指导标准》，对加强包括博物馆在内的公益性公共文化服务机构建设做出了战略部署，强调指出“到2020年，我国基本建成覆盖城乡、便捷高效、保基本、促公平的现代公共文化服务体系”[④]。构建现代公共文化服务体系，成为“十三五”时期推进政府职能转变，建设法治政府和服务型政府，推进文化治理能

---

① 国家文物局：《2019中国文物统计提要》，内部资料，2019年。

② 曹兵武：《博物馆热·博物馆学·博物馆文化——博物馆发展的关键是博物馆人》，《中国博物馆》2008年第3期。

③ 段勇：《当代中国博物馆》，译林出版社，2017年。

④ 中共中央办公厅、国务院办公厅：《关于加快构建现代公共文化服务体系的意见》，中国政府网，http://www.gov.cn/xinwen/2015-01/14/content_2804250.htm，2015年1月14日。

力现代化的重要内容。2016年10月，党的十八届六中全会提出，要完善促进基本公共文化服务标准化均等化发展等体制机制，实施重点文化惠民工程，引导公共文化资源向城乡基层倾斜①。2017年3月1日，《中华人民共和国公共文化服务保障法》正式实施，将党中央关于加快构建公共文化服务体系的指导思想、方针政策转化为国家意志，为现代公共文化服务体系建设提供了坚实的法律保障②。国家中长期重大公共文化政策的导向，为博物馆、文化馆、图书馆等公共文化服务机构的发展，带来了前所未有的发展机遇。

近年来，为确保现代公共文化服务体系建设有效推进，国家和各省先后出台了一系列公共文化服务体系建设的法规、政策和措施，建立完善多部门参与的协调工作机制、公共文化服务保障标准、管理标准、评价标准体系、政府向社会力量购买公共文化服务机制及文化志愿服务体制机制，加大经费投入，创新公共文化服务内容与形式，提高服务效能，我国公共文化服务体系建设取得令人瞩目的成绩，呈现出整体推进、重点突破、全面提升的良好发展态势③。县域基层作为构建现代公共文化服务体系的基础和关键，也是重点和难点。在推进现代公共文化服务体系建设的过程中，公共文化资源和服务出现明显向基层、农村倾斜的倾向。现代公共文化服务体系建设，对县域基层公共文化服务机构具有特殊意义。

博物馆是资源依托型行业，也是政策导向型事业，国家实施的每一项重大文化政策，无疑都会强烈影响到博物馆的发展，倒逼博物馆打破自我封闭、进行自我革命，以调整和适应与其他公共文化服务机构的关系。县级博物馆作为县域公共文化服务体系的重要组成部分，由于其行政层级低、经济来源单一、自我造血功能弱等因素，更易受到政策影响。在加快构建现代公共文化服务体系新的政策背景下，为加强对县级博物馆政策扶持和统筹规划的研究，与其他县级公共文化服务机构协同发展的研究，设施建设、人力资源优化配置标准的研究，公共文化服务能力建设的研究，以及如何缩小公共文化服务城乡差别等各方面的系统研究，提供了一个历史性的、全新的视角。“十三五”“十四五”乃至更远时期，广大县级博物馆如何充分利用国家加快构建现代公共文化服务体系的契机和相关研究成果，积极作为，突出特色，在努力写好促进县级博物馆自身建设发展这篇“小”文章的同时，加强与县级图书馆、文化馆及其他公共文化服务机构的协同发展，共同写好构建现代公共文化服务体系这篇“大”文章，成为研究探索县级博物馆科学治理新路径的现实需要。

---

① 《在党的十八届六中全会第一次全体会议上关于中央政治局工作的报告》，2016年10月24日。

② 雒树刚：《学习贯彻公共文化服务保障法 加快推动现代公共文化服务体系建设》，《人民日报》2017年2月27日。

③ 张永新：《着力提升人民文化获得感——中国公共文化服务这5年》，《人民日报》2017年9月29日。

二、研究意义

（一）本书系统研究了县级博物馆的核心价值、独特功能、存在问题、发展路径等，为科学评价新时期县级博物馆的地位、作用以及解决县级博物馆建设发展不足问题提供了理论和实践依据

博物馆的核心价值和社会功能，直接关系到回答“博物馆是什么”“博物馆能干什么”“博物馆从哪里来”“博物馆到哪里去”等问题，历来是博物馆学研究的重点内容。以往学者对此已做过大量研究，取得了一定的成果，但一般更多地考虑博物馆的整体，或局限于研究者所在的某一个具体的博物馆，而普遍缺乏结合时代环境对博物馆自身细分领域做个性化、差异化的深入探讨。县级博物馆位于中国博物馆行政管理体系和现代公共文化服务体系的最底层，其所处的政治、经济和社会发展环境、基层群众对博物馆公共文化服务需求等，与其他更高行政层级的博物馆差异较大，其核心价值和社会功能也具有自身的特殊性。县级博物馆的核心价值到底是什么、具有哪些独特的功能，只有站在时代的高度、全局的角度，结合县级博物馆当前发展实际对其进行科学界定，在此基础上，深入分析当前县级博物馆功能发挥的现状、困境与问题根源，才能系统探寻县级博物馆治理的未来发展路径，建立县级博物馆话语体系，让各级政府、博物馆管理者、研究者以及社会各界形成共识，充分认识县级博物馆在建设中国现代博物馆发展体系、现代公共文化服务体系中的重要地位和重大意义，进而在研究上、政策上、实践上对县级博物馆的建设发展予以应有地重视和系统地支持，为实现县级博物馆现代治理、科学发展提供坚实保障。

（二）以治理理论的视角，系统研究阐述了县级博物馆治理与中国博物馆事业发展之间的关系，为促进中国博物馆事业的整体发展和治理能力的提升夯实基础

进入 21 世纪后的前二十年，是中国经济结构、社会生活方式发生革命性变革的新时期，同时也是中国博物馆事业发展变化最快的时期。从博物馆数量上看，中国已经逐渐跻身“博物馆大国”行列，但是从博物馆建设的规划布局、运营管理、社会功能发挥上看，与西方博物馆事业发达的国家相比，博物馆治理能力和水平还存在较大差距。县级博物馆作为中国博物馆事业的重要基础，其发展水平的高低优劣，在中国博物馆事业舞台上扮演着至关重要的角色，直接影响中国博物馆事业能否可持续发展，甚至直接决定着中国能否由“博物馆大国”转变为“博物馆强国”，以及中国现代公共文化服务体系均等化的宏伟目标能否真正实现。苏东海先生指出：“观察一国的博物馆不能光看几个知名的大馆，要树立具有中国特色的博物馆整体形象，非努力把众多小

馆办好不可，要重视中小博物馆的数量与质量发展研究中的战略性课题。”[①]因此，在中国博物馆繁荣灿烂的光环里，必须坚持问题导向，关注县级博物馆这个容易被人忽视、存在问题较多的特殊群体。2013 年 11 月党的十八届三中全会，首次提出将“国家治理体系和治理能力现代化”作为全面深化改革的总目标。随着国家治理体系和治理能力现代化成为当代中国面临的最重大的时代任务，从县域自下而上率先实现从“博物馆管理”到“博物馆治理”，使县级博物馆真正成为中国博物馆事业的中流砥柱，进而推动中国博物馆事业改革发展，成为夯实中国特色博物馆事业发展基础、推进国家治理体系和治理能力现代化的必然要求。

（三）以协同理论的视角，系统研究阐述了县级博物馆治理与构建县域现代公共文化服务体系之间的关系，以及县级博物馆协同融入现代公共文化服务体系的必要性、可行性

县域是中国最贴近基层的行政区域单位，文化、医疗、教育等关系到人的基本权利需求供给的矛盾在县域十分突出。科学构建县域现代公共文化服务体系，对于满足基层广大人民群众基本文化需要十分重要。党的十八届三中全会将“构建现代公共文化服务体系”作为政府改革职能转变的主要内容，给包括县级博物馆在内的县域内基层公共文化机构发展提供了良好契机。从近年来现代公共文化服务体系建设推进情况来看，县级图书馆、文化馆、基层综合文化服务中心毫无争议成为县域内现代公共文化服务体系的主角，被政府及学术界所关注，社会认可度和影响力较高。但是，县级博物馆在县域构建现代公共文化服务体系中的角色、地位、作用，社会各方面并没有达成共识，县级博物馆并未真正融入现代公共文化服务体系，一定程度上沦为配角甚至群众演员，未得到应有的理解和支持。其中的原因，既有国家相关顶层设计不足的问题，也有地方政府管理者思想认识不到位的问题，还有基层博物馆自身工作欠缺和软硬件条件有限的问题。在实现现代公共文化服务均等化过程中，县级博物馆治理能力水平与现代公共文化服务体系各个子系统之间齐头并进、均衡发展的基本要求极不协调，成为推进现代公共文化服务体系建设的制约因素，县级博物馆的生存、发展面临着严峻挑战。新形势下如何构建县域内现代公共文化服务体系的大系统，运用协同理论提出切实可行的县级博物馆建设与治理的新理念和新思路，有效发挥县级“三馆”的协同效应，以有限的资源和投入高质量满足人民群众的文化需求，是探索解决县级博物馆建设与治理命题的选择和方向。

（四）运用系统论思维，研究提出在构建现代公共文化服务体系过程中，实施协同治理解决县级博物馆建设与发展的新路径

建设以县域为单元的现代公共文化服务服务体系，是一个涉及多个业务领域的复

① 苏东海：《加强县级博物馆的发展研究》，《中国博物馆》1993 年第 1 期。

杂的系统工程。2013 年党的十八届三中全会明确提出了“构建现代公共文化服务体系”的战略任务，2015 年国家再次明确“十三五”时期建成现代公共文化服务体系的宏伟目标，但由于体制机制、认识水平、重视程度等诸多原因，县级博物馆并未完全融入现代公共文化服务体系，对县级博物馆的研究，仍基本囿于博物馆学理论和博物馆管理实践的范畴，博物馆与公共文化服务体系“两张皮”的问题依然存在，以县为范围，从公共文化服务体系建设这样宏观政策的角度，对县级博物馆发展进行的系统研究十分匮乏。根据以往学者研究，县级“三馆”之间有着类似的资源基础、服务模式、群众文化需求等，具有协同的优势和前提。在当前政策背景下，运用系统论思维，以“系统与整合”作为县级博物馆治理的主要思路，突破博物馆领域壁垒，将县级博物馆纳入公共文化服务体系的宏观系统进行实质性讨论，探索县域公共文化服务体系下的县级博物馆与图书馆、文化馆等其他文化机构的资源整合，积极探索县域公共文化治理体系和治理能力现代化的有效途径，解决县级博物馆面临的人力、管理、资金等一系列问题，为实现县级博物馆协同治理创造条件，并达到激发活力、提升综合效益的目的。本研究成果具有一定的创新性、实用性，将为各级博物馆管理部门、县级地方政府管理者科学决策提供重要参考，为推进基层文化事业单位改革发展提供新的思路。

三、文 献 综 述

（一）博物馆管理研究的发展

管理是人类社会共同劳动中不可缺少的社会职能，是在特定的环境下，管理者通过执行计划、组织、领导、控制等职能，整合组织的各项资源，实现组织既定目标的活动过程①。博物馆的管理，从狭义上说是对博物馆的人员、藏品、活动内容和方式等资源，予以科学整合配置的过程，是对单体博物馆的工作和事业发展的微观管理。从广义上说，是对博物馆全行业全区域进行综合规划和调控的宏观管理②。博物馆的管理水平，一定程度上决定了博物馆事业发展的前途和命运。

博物馆的管理问题是伴随着现代公共博物馆的诞生与生俱来的。一个现代大型博物馆，作为一个藏品保管和研究的机构，作为一个对社会公众开放服务的机构，可能会拥有数十万计的藏品、年百万计的观众、年千万计的资金甚至更多，其对运营管理的专业性、规范性、安全性的要求极其之高。因此，为更好地履行社会职责，提高运营效率，不断增强博物馆吸引力，获得更大的社会支持和影响力，凸显独特的社会价值，重视和加强对博物馆管理的研究成为国内外博物馆管理者和研究者的广泛共识。随着博物馆成为一项独立的社会文化事业，规模、组织、活动的逐渐扩大和复杂，管

---

① 戴淑芬:《管理学教程》，北京大学出版社，2004 年。

② 王宏钧:《中国博物馆学基础》，上海古籍出版社，2006 年。

理学、信息学等相关学科的发展进步，博物馆管理研究的内容、方法等也相应得到发展[①]。

现代博物馆起源于欧洲和北美，数百年来，无论是在博物馆理论还是实践方面，欧美博物馆在世界上一直扮演着引领角色。理论研究上，欧美博物馆学者围绕博物馆的科学管理做过很多探索，有较多系统地论述。这些论述既有围绕博物馆的职责、使命、核心价值以及与社会的关系、社会角色等所展开的深入思考，也有从博物馆的战略规划、博物馆制度和陈列展览项目管理、市场营销、服务与质量、博物馆知识产权管理等不同方面阐述博物馆管理的理论与经验，并且十分注重结合具体的案例进行说明。此外，日本、韩国等东亚国家在博物馆管理方面也逐渐形成自己的特色。非洲、拉美等第三世界国家，通过积极发展本国博物馆事业，在促进文化多样性保护方面不断发出自己的声音。国际博物馆协会（ICOM）及其各专业委员会、史密森博物馆学会等国际博物馆组织长期致力于推动国际间不同地区、不同类型博物馆的合作与交流，举办专业人员培训，研究博物馆与社会的关系，指导加快博物馆融入现代社会的步伐。

现代管理学的发展对博物馆管理的研究也潜移默化地产生了推动和促进作用，特别是面对后工业时代人类社会的文化、价值、军事、宗教、民族、种族的冲突带来的痛苦，西方博物馆对于博物馆的营销与管理，普遍有了积极的反思和更深的理解。

根据国家政治经济和社会发展标志性重大事件，并结合国家关于博物馆领域重大管理政策的变化，对中国博物馆管理的研究大致可以分为如下几个阶段。

第一阶段：肇始阶段。从 1905 年到 1949 年，以中国第一个现代公共博物馆南通博物苑的建立为开端，到中华人民共和国成立。此时期我国博物馆实践处于起步阶段，博物馆研究主要以国外相关理论的引进、传播和本土相关理论的探索为主，其成果也集中于基础理论层面[②]。南通博物苑的创办人张謇从理论上对博物馆的性质、职能及具体的作业、管理等方面进行了阐述，建立了一套较为完整的规章制度。蔡元培的《何谓博物馆》等论文成为中国博物馆学的滥觞之作，陈端志的《博物馆学通论》、费畊雨和费鸿年的《博物馆学概论》、曾昭燏的《博物馆》、杨成志的《现代博物馆学》等一批论著，将博物馆看作以实物为基础开展教育和探讨学问的文化机构，推进了中国博物馆的学科化和规范化，代表了这一时期中国博物馆学的研究水平，初步奠定了中国博物馆学的基础[③]。

第二阶段：探索阶段。从 1949 年新中国成立至 1978 年实施改革开放。这一阶段先后完成了对旧中国博物馆的接收与改造、建设了大量的地志性博物馆和纪念性博物

① 王宏钧：《中国博物馆学基础》，上海古籍出版社，2006 年。

② 单霁翔：《从“馆舍天地”走向“大千世界”——关于广义博物馆的思考》，天津大学出版社，2011 年。

③ 侯春燕：《博物馆学研究的“实”与“虚”》，《中国文物报》2009 年 12 月 2 日。

馆，博物馆管理与机构设置主要是学习借鉴前苏联的模式。1956年4月，全国博物馆工作会议在北京召开，第一次明确阐述了博物馆的基本性质和任务，提出了著名的"三性二务"：即博物馆是科学研究机关、文化教育机关、物质文化和精神文化遗存或自然标本的主要收藏所，博物馆应为科学研究服务、为广大人民群众服务，博物馆的职能以政治教育、历史教育，爱国主义教育为目的。20世纪50年代后期，由于对博物馆的发展急于求成、盲目冒进，一度出现"县县办博物馆、社社有展览室"的狂热潮流。1966～1976年十年动乱期间，中国博物馆事业遭受了严重破坏，许多博物馆被迫关闭，博物馆管理研究基本陷于停顿。

第三阶段：收费开放阶段。从1978年改革开放到2008年博物馆全面免费开放，此阶段以收费管理为主要特征，以满足人民日益增长的精神文化需求为导向，总体而言，博物馆开放程度逐步加大。1979年在安徽合肥召开全国博物馆工作座谈会，"二务"没有变，但是"三性"的表述与1956年的有所不同，强调了博物馆保存实物的特征，即博物馆是文物和标本的主要收藏机构、宣传教育机构和科学研究机构，是我国社会主义科学文化事业的重要组成部分。20世纪90年代初期，博物馆的科学管理逐步纳入研究视野，强调博物馆是我国文化发展的重要组成部分，在文化建设方面有其重要作用，必须加强科学管理、建章立制。国家文物局原局长吕济民先生在《中国博物馆的管理科学》一文中阐述了科学管理的重要性，并建议从组织机构、人员管理、规章制度、技术设备等方面入手，进行博物馆的有效管理①。但此时期对博物馆科学管理的内涵，如何进行科学管理等尚未形成统一认识。王宏钧所著《中国博物馆学基础》是20世纪90年代博物馆管理研究较为完整论述的著作，该书对博物馆的管理原则、管理方法等进行了探讨，并介绍了西方博物馆的组织、人员架构等②。还有学者提出把博物馆的"机关型行政管理"转变为"职能型科学管理"，认为这是科学管理的关键和核心③。也有学者提出依托我国博物馆的管理实践、博物馆事业发展需求，同时吸纳和借鉴管理科学的理论，探索博物馆管理的规律，建立中国特色的博物馆管理学④。进入20世纪末期，围绕博物馆管理的研究和讨论更加深入⑤，有关博物馆与市场经济接轨等问题也被明确提出，如谢瀛环关于"现代化博物馆应树立市场观念、科学定位、参与市场竞争、实现社会效益和经济效益"等观点⑥；单霁翔"博物馆的宗旨是为社会和社

① 吕济民：《中国博物馆的管理科学》，《中国博物馆》1994年第3期。

② 王宏钧：《中国博物馆学基础》，上海古籍出版社，1990年。

③ 钱正：《现状和突破：博物馆管理工作改革刍议》，《东南文化》1986年第2期。

④ 吕建昌：《建立和发展中国博物馆管理学》，《中国博物馆》1989年第3期；于坚：《博物馆管理规律初探》，《中国博物馆》1989年第4期。

⑤ 苏东海：《中国博物馆管理学》，《中国博物馆》1994年第3期。

⑥ 谢瀛环：《浅谈博物馆营销》，《在传播科学中传承文明——博物馆研究论文集》，文物出版社，2007年。

会发展服务”“博物馆管理观念影响走向市场导向”等观点[①]；集中体现了这一时期对博物馆管理的认识。为规范博物馆管理工作，2005年12月文化部颁布《博物馆管理办法》。

第四阶段：免费开放阶段。2008年1月，中宣部、财政部、文化部和国家文物局印发《全国博物馆、纪念馆免费开放的通知》，除古建筑和遗址类博物馆外，全国文物文化部门所属的博物馆、纪念馆和全国爱国主义教育示范基地全部向社会免费开放。曹兵武认为，免费开放不是简单的开门迎客，而是需要博物馆在展览内容、形式设计、观众管理与服务等方面迈上新的台阶。这背后更需要扎实而系统的博物馆学理论方法与博物馆文化的支撑，需要博物馆运营体制与管理措施的配套[②]。随着政府职能的转变，国家更加注重基本公共文化服务的供给，社会力量举办的各类博物馆亦如雨后春笋大量涌现。为依法规范和促进博物馆健康发展，2015年国务院颁布了《博物馆条例》，从法规上明确了博物馆定位和相关管理要求。在此基础上，国家文物行政主管部门颁布了《博物馆定级评估办法》《博物馆定级评估标准》《评分细则计分表》《国有博物馆章程范本》《非国有博物馆章程示范文本》等一系列行业规章制度，以及《博物馆照明设计规范》《博物馆建筑设计规范》等40余项标准、规范和指南。此阶段的博物馆管理研究更加强调宏观和微观的结合，宏观层面主要研究博物馆的管理体制、运行机制、法制建设、发展规划、评估定级等；微观层面上，根据系统与分工协作原则、动态管理原则等，重点研究如何科学执行博物馆管理中的计划、决策、组织、领导、控制等管理职能。博物馆规划、博物馆社会化、博物馆数字化、博物馆网络、智慧博物馆[③]、大数据与人工智能、法人治理结构等前沿性研究也集中出现，全面质量管理、绩效评估、顾客与顾客满意度、职业生涯管理、领导力等现代企业管理方式被广泛引入博物馆管理研究，为免费开放后博物馆运营效率的提升、博物馆发展活力的释放和博物馆可持续健康发展提供了有益的思路。以构建现代公共文化服务体系为视角的研究也逐步涌现[④]。

（二）县级博物馆管理研究的发展

县级博物馆的研究内容，既包括宏观研究，又包括微观研究，既包括一般博物馆的普遍性（共性）研究，也包括县级博物馆自身的特殊性（个性）研究。参照对中国博物馆管理研究阶段划分的标准，县级博物馆管理的研究大致包括如下阶段。

第一阶段：从1949年新中国成立到1978年十一届三中全会实行改革开放。随着

---

① 单霁翔：《博物馆管理浅析》，《中国博物馆》1997年第2期。

② 曹兵武：《博物馆热·博物馆学·博物馆文化——博物馆发展的关键是博物馆人》，《中国博物馆》2008年第3期。

③ 宋新潮：《关于智慧博物馆体系建设的思考》，《中国博物馆》2015年第2期。

④ 张晓云：《构建现代公共文化服务体系背景下的博物馆事业》，《中国文物报》2015年7月31日。

社会主义国家的建立，博物馆具有的鲜明的人民性，在县级博物馆得到更充分的体现[①]。国家高度重视通过博物馆的方式让人民来认识自己的历史和创造力，1958 年正式提出了"县县办博物馆、社社办展览室"的口号[②]，尽管受到政治环境的影响，存在冒进主义，但客观上对于推动县级博物馆的建设发展还是起到一定的促进作用，全国短时间内迅速拥有县级博物馆 865 个、社级展览室 85068 个[③]。此阶段对县级博物馆管理的研究主要以博物馆建设和文物工作为主，基本停留在日常工作实践的层面，比较注重总结性、宣传性、政治性，如如何快速建成博物馆，以及如何开展文物征集、举办陈列展览、开展宣传教育、突出地方特色、专业干部培训等。

第二阶段：从 1978 年到 2008 年免费开放。理智认为，1978 年十一届三中全会以后，县级博物馆逐步步入健康、稳步的发展轨道，理论研究的触角开始深入到县级博物馆的诸方面，对县级博物馆的实践产生了明显的影响[④]。这一阶段，尽管中国经济飞速发展并取得巨大成果，但县级博物馆的生存、发展仍一直是博物馆事业发展的主要问题之一。国家不断加大对县级博物馆干部的培训力度[⑤]，为加强县级博物馆管理和研究提供了重要的人才保障。苏东海认为，县级博物馆的建设，并不完全取决于经济发展程度[⑥]。朱汉兴提出，县一级应办综合性博物馆[⑦]。进入 20 世纪 90 年代，随着中国博物馆学理论的日臻成熟和博物馆实践的逐渐丰富，县级博物馆也开始反躬自省，更注重质量的提高和特色的挖掘是这一时期的特点[⑧]。随着博物馆数量的急剧增加，县级博物馆的建设问题仍然突出，"挂牌馆"亦大量存在，提升博物馆整体水平的要求被日益提上议事日程。过去那种聊胜于无的认识，已远不能适应新的要求[⑨]。无论是从馆内自身建设，还是博物馆应发挥的社会作用与功效，县级博物馆普遍存在着很大的问题[⑩]。在吕济民的建议下，1992 年，中国博物馆学会在西安召开会议并推出几篇关于县级博物馆发展方向的专题研究文章，尽管在认识上和理解上存在分歧，但县级博物馆的研究日益受到重视。1999 年理智《县级博物馆研究》的出版，成为这一阶段县级博物馆研究重要的代表性成果，也是相当长时期内中国唯一的县级博物馆研究的专著。随着博物馆学理论的进步，博物馆的类型日益丰富，办馆主体日趋多元，功能不断调整变

---

① 理智：《县级博物馆研究》，陕西师范大学出版社，1999 年。

② 《关于县县办博物馆、社社办展览室的建议》，《文物参考资料》1958 年第 10 期。

③ 《我国博物馆发展盖过英国》，《文物参考资料》1958 年第 11 期。

④ 理智：《县级博物馆研究》，陕西师范大学出版社，1999 年。

⑤ 理智：《县级博物馆研究》，陕西师范大学出版社，1999 年。

⑥ 苏东海：《加强县级博物馆的发展研究》，《中国博物馆》1993 年第 1 期。

⑦ 朱汉兴：《县一级应办综合性博物馆》，《中国博物馆通讯》1986 年第 9 期。

⑧ 理智：《县级博物馆研究》，陕西师范大学出版社，1999 年。

⑨ 理智：《县级博物馆研究》，陕西师范大学出版社，1999 年。

⑩ 陈芳、蔡宁：《县级博物馆发展生存的问题和对策》，《博物馆学文集 6》，岳麓书社，2011 年。

化，以及与博物馆事业发展密切相关的文物考古、社会文物收藏和旅游业等的蓬勃发展，博物馆越来越注重其公共性、教育性、服务性。凡此种种，为县级博物馆管理的研究提供了新的视角和内容。

第三阶段：2008 年免费开放至今。与全国其他博物馆一样，此阶段主要集中于免费开放管理、质量提升等方面研究，并开始以公共文化服务视角来审视县级博物馆的建设发展、功能发挥等①。张石会提出，县级博物馆内部亟待解决资金问题、人力资源匮乏问题、基础性设施建设薄弱问题②。县级博物馆外部还存在与社会接轨的程度不够，社会对县级博物馆的认可程度不高、县级博物馆的社会职能不能很好地发挥等问题。“馆藏资源匮乏，数量及种类有限”“政府投入经费不足，功能室设置不齐”严重影响县级博物馆的发展③。随着县级博物馆质量提升成为体现博物馆事业发展的重要指标，公共文化服务资源整合，发展地方文化特色，县级博物馆发展策略、规划等被提出④，如邢志远以江苏省为例，认为“十二五”县级博物馆体系规划需从目标、布局、体系、阶段、制度等五个层面来构建，实现这一目标的五种有效途径，即强调政府的主导责任、政策引导、鼓励、恪守道德规范，以及促进其功能进一步有效发挥⑤。管理实践方面，各省之间差异较大，以江浙两省对县级博物馆最为重视，建设成效也最突出，如浙江省实施“县级公共博物馆质量提升试点”工程，多次召开县级博物馆研讨会⑥。东部沿海经济发达省份在县级博物馆整体建设和管理理念上走在了全国前列⑦。

（三）博物馆与公共文化服务整合研究的发展

在整个公共文化事业体系里，从职责功能来看，博物馆与图书馆、档案馆是更为接近的文化机构，都保留着重要的公共文化服务实物资料。但是，在传统思想中，认为三者存在很大差异，彼此之间较难构筑合作关系⑧。从 20 世纪末开始，国际上兴起了图书馆、档案馆以及博物馆等文化机构的结盟和合作运动⑨，形成了很多在国际领先、较为成熟的公共文化服务整合研究理论成果，近八成的英文文献发表于 2008 年之前。

---

① 张晓云：《论现代公共文化服务体系视角下的县级博物馆》，《中国文物报》2016 年 4 月 13 日。

② 张石会：《县级博物馆发展模式初探》，《武汉文博》2008 年第 1 期。

③ 朱秀华：《县级博物馆发展途径分析》，《大众文艺》2014 年第 11 期。

④ 周金金：《浅析基层博物馆公共文化服务能力的提升路径》，《黑龙江史志》2014 年第 1 期。

⑤ 邢志远：《江苏县级博物馆体系规划刍议》，《东南文化》2012 年第 2 期。

⑥ 金华市博物馆：《金华地区县级公共博物馆质量提升工作讨论会顺利召开》，http://jhsbwg.jinhua.gov.cn/gl/jbdt/202009/t20200921_4711397_1.html，2020 年 9 月 18 日。

⑦ 长兴县博物馆：《长兴县举办长三角博物馆景区化建设和致力于平等的博物馆：多元和包容学术研讨会》，http://www.hongbowang.net/news/yj/2020-12-07/18220.html，2020 年 12 月 7 日。

⑧ 李农：《欧美图书馆、博物馆、档案馆馆际合作趋势》，《图书馆杂志》2008 年第 8 期。

⑨ 张卫东、赵红颖、李洋：《欧美图书档案数字化融合服务实践及启示》，《图书情报工作》2013 年第 12 期。

国际图联（IFLA）发布的《公共图书馆、档案馆与博物馆合作趋势》报告，为图书馆、档案馆与博物馆“三馆”合作提供了理论支持[①]。报告认为，图书馆、档案馆与博物馆的“三馆”合作并非毫无根基，因为它们都具备提供公共服务的责任；在对文化遗产进行数字化加工与保存等方面有共同的职能[②]。在欧美，通常以图书馆、档案馆与博物馆“三馆”的首字母为缩写[③],形成“ALM”[④]或“LAM”[⑤]的专门缩略语。在经济全球化和文化多元化的背景下，2009年，美国博物馆协会发布了2010～2015年的战略规划，指出博物馆的使命是“通过领导、呼吁、合作和服务来增强博物馆的力量”。对于供方而言，图书馆、档案馆、博物馆的合作能积极促进馆藏的建设与发展[⑥]。对于需方来讲，以往文化遗产类的资料分别保存于不同的机构，缺乏相应的互通机制，而“三馆”之间合作突破机构的界限，使用户能更好地获取与利用馆藏资源，从而提高资源的利用率[⑦]。而当前的数字环境为搭建“三馆”之间信息服务的平台提供了技术支持[⑧]。

与西方国家不同的是，由于档案馆在中国的管理体制、隶属关系、服务职能与图书馆、博物馆差异较大，中国关于公共文化服务机构整合的研究基本不涉及档案馆，而是更多地涉及文化馆，而且从法律上将文化馆、博物馆、图书馆并列，确定了“三馆”属于国家支持发展的文化事业范畴[⑨]。总体来看，中国国内对于公共文化服务体系下博物馆与文化馆、图书馆资源整合等方面研究起步较晚，研究成果较少。2002年文化部、财政部联合开展了“全国文化信息资源共享工程”，这是国内最早对“三馆”信息资源整合的研究与实践。在此基础上，刘家真提出“三馆”合作的基础，并指出数

① 郑晓华：《基于公共文化服务体系的图书馆联盟建设研究》，黑龙江大学硕士学位论文，2014年。

② Yarrow A, Clubb B, Draper J. Public Libraries, Archives And Museums: Trends In Collaboration And Cooperation. IFLA Headquarters, 2008.

③ Hedegaard R. The Benefits Of Archives, Libraries And Museums Working Together: A Danish Case Of Shared Databases. New Library World, 2004, 105(7/8): 290-296.

④ Wu S. Cooperation On Local History And The Concept Of Network Building Between Libraries, Museums And Archives In China. IFLA Journal, 2006, 32(4): 356-361；Undorf W. Means Before Purpose: The Development Of Cooperation Between Cultural Heritage Institutions In Sweden: International Federation Of Library Associations And Institutions: 68th IFLA Council and General Conference, August 18-24, 2002. Royal Library of Sweden, 2002.

⑤ Kalfatovic M, Kapsalis E, Spiess K, et al. Smithsonian Team Flickr: A Library, Archives, And Museums Collaboration In Web 2.0 Space. Archival Science, 2008, 8(4): 267-277.

⑥ Raab C M, Roth E J. Documenting New Paltz History: A Case Study In Library-museum Cooperation. College & Undergraduate Libraries, 2001, 8(2): 103-112.

⑦ 唐晶、辛璐、马新蕾：《图书馆与博物馆公共休闲服务合作初探》，《图书与情报》2012年第4期。

⑧ Martin R. Cooperation and Change: Archives, Libraries And Museums In The United States: World Library And Information Congress: 69th IFLA General Conference And Council, August 1-9, 2003. Institute of Museum and Library Services, 2003.

⑨《中华人民共和国宪法（2018最新修正版）》，法律出版社，2018年。

字图书馆工程应当成为整合中华文化资源的平台[①]。赵生辉分析了"三馆"服务融合的广度和深度，并进行数字资源整合策略体系的构建与比较[②]。2012年以后，相关论文的数量有了较为明显的增长，随后逐步处于上升趋势。2015年1月中办、国办印发的《关于加快构建现代公共文化服务体系的意见》及《国家基本公共文化服务指导标准（2015—2020年）》，明确公共文化服务机构主要为文化馆、博物馆、图书馆等。从公共文化服务体系政策的角度界定，我国"三馆"与欧美的"三馆"存在一定差异，文化馆是具有中国特色重要的公共文化服务机构。

早在我国近代时期，就曾出现过将文化类场馆合并的理念，并进行了部分实践活动[③]。但限于当时的历史条件，未能取得实质性研究和实践的成果。近年来，随着国内外公共管理理念的兴起，在研究上，有学者提出公共文化服务整合的思路，如张彬提出"由于博物馆公共服务能力的限制，要提高博物馆的'社会贡献率'，可将图书馆与博物馆公共服务的珠联璧合"[④]；肖永英从"图书馆、档案馆、博物馆"等"三馆"的合作机制进行研究，并提出了具体的合作方式、合作类型[⑤]。2008年3月，广东美术馆、英国总领事馆文化教育处、英国艺术访问署共同主办策划"当代公共文化中博物馆、美术馆的管理及教育互动"，开始在实践上进行尝试和探索。

博物馆作为公共文化事业的重要组成部分，直接或间接地为公众提供公共文化产品，具有一定的"非竞争性"和"非排他性"。如何在公共文化服务中发挥博物馆的作用成为学者们集中探讨的热点：如刘笑梅、王珠梅、罗丽珍、刘士新等学者，围绕图书馆、博物馆与公共文化服务体系等进行了深入研究。纵观此部分研究文献，学者首先肯定博物馆在公共文化服务中的作用，如"保藏文化遗产和自然遗产，为公共文化服务准备物质基础""精美的陈展及丰富的活动，为公众拓展了社会教育领域"[⑥]，但更多的学者关注公共文化服务体系给博物馆带来的机遇和挑战。博物馆在现代公共文化服务体系中的相对弱势，因此新形势下博物馆的功能定位，以及如何发挥博物馆在现代公共文化服务体系中的作用等方面研究，成为政府和学者关注的热点。

（四）从"博物馆管理"到"博物馆治理"的发展[⑦]

中国博物馆管理的研究与实践，与国家不同时期的法规政策、经济社会发展进程

① 刘家真：《我国图书馆、档案馆与博物馆资源整合初探》，《中国图书馆学报》2003年第3期。
② 赵生辉、朱学芳：《图书、档案、博物数字化服务融合策略探析》，《情报资料工作》2014年第4期。
③ 梁继红：《近代中国文化资源整合的历史考察》，《图书情报知识》2012年第5期。
④ 张彬：《图书馆与博物馆公共服务的珠联璧合》，《福建图书馆理论与实践》2012年第1期。
⑤ 肖永英、谢欣：《图书馆、档案馆、博物馆合作机制研究进展》，《图书馆杂志》2015年第1期。
⑥ 刘羽香：《论博物馆在公共文化服务中的地位和作用》，吉林大学硕士学位论文，2011年。
⑦ 张晓云：《从"博物馆管理"到"博物馆治理"》，《中国文物报》2018年5月29日。

等密切相关，具有强烈的时代特征和政策特征。尽管博物馆类型多样，层级不同，但总体而言，数十年来中国的博物馆管理，无论是宏观的规划管理，还是微观的运行管理，一直沿袭着以行政管理为主线的管理模式。2015 年 3 月施行的国务院《博物馆条例》是对建国以来中国博物馆管理制度的集中阐释[①]。其中，第三章“博物馆管理”从第十七条到第二十七条，共 11 条，对五个方面的内容做出了规范：一是组织管理，完善法人治理结构，建立健全组织管理制度；二是人员管理，所有博物馆专业技术人员，平等享有评定专业技术职称的权利；三是资产管理，博物馆依法管理资产和开展商业经营活动；四是捐赠管理，博物馆依法接受捐赠；五是藏品管理，博物馆依法获得来源合法的藏品，建立严格的全链条藏品管理制度。这是站在博物馆举办者、运行者的角度，用于调整博物馆内部关系的狭义的管理文献。实际上，《博物馆条例》关于博物馆管理的内容，还包括第一章的“行业组织管理”、第二章的“设立登记管理”、第四章的“开放服务管理”等内容，用于调整博物馆与社会、博物馆与政府、博物馆之间的更为广泛的关系。

治理理论于 20 世纪 90 年代兴起于西方，价值意义也主要体现在西方国家的政府管理改革，现已成为全球政府治道变革的普遍趋势，并迅速成为影响全球的理论范式。治理理论认为，治理是一个自上而下与自下而上互动的过程，强调政府与社会通过合作、协商，建立伙伴关系，确立认同和共同的目标等方式实施对公共事务实行管理，从而寻求政府与公民对公共生活的合作管理和实现公共利益最大化，它以合法性、参与性、公开性、透明性、回应性、法治性和责任性等为基本特征。治理理论进入国内近二十年，“治理”“善治”已成为中国行政管理体制改革的主流词。从“管理”到“治理”，内涵与外延有了巨大变化，治理的主体和方式更加多元化、多样化。习近平同志指出，“治理和管理一字之差，体现的是系统治理、依法治理、源头治理、综合施策。”魏伟新认为，所谓“管理”，就是依赖传统公共管理的垄断和强制性质，把属下地区和人民“管”住、“管”好，全能政府色彩浓重，较少采取协作、互动的方式。而“治理”有“整治、调理、改造”的意思，更强调化导性、协调性、沟通性、灵活性，彰显了社会建设的公平、正义、和谐、有序[②]。对于像中国这样的发展中国家和转型国家来说，治理作为一种改革的思路具有重要的参考价值，尤其对公民社会和市场作用的充分肯定，至少开阔了公众和政府管理者的思路，有利于正确认识并解决中国当前与未来必须面对的新问题，并构建合理的公共权力行使框架[③]。

2011 年《中共中央、国务院关于分类推进事业单位改革的指导意见》[④]提出要“建

① 国务院：《博物馆条例》，2015 年 3 月 20 日。

② 魏伟新：《从“管理”到“治理”：治国理念新跨越》，《南方日报》2014 年 2 月 24 日。

③ 何翔舟、金潇：《公共治理理论的发展及其中国定位》，《学术月刊》2014 年第 8 期。

④ 《中共中央、国务院关于分类推进事业单位改革的指导意见》，2011 年 3 月 23 日。

立健全法人治理结构”，“面向社会提供公益服务的事业单位，探索建立理事会、董事会、管委会等多种形式的治理结构，健全决策、执行和监督机制，提高运行效率，确保公益目标实现”。2013 年 11 月，十八届三中全会审议通过的《中共中央关于全面深化改革若干重大问题的决定》，首次提出了“治理体系”和“治理能力”的概念，将以往通常使用的“管理”改为“治理”，并将其作为全面深化改革的总目标。这既是对治理理论的积极借鉴，又是中国特色社会主义的理论创新、实践总结和必然选择[①]。此文件要求，明确不同文化事业单位功能定位，建立法人治理结构，推动公共图书馆、博物馆、文化馆等组建理事会。

在国家政策的强力推动下，以理事会为核心的博物馆治理实践不断推进。2014 年 8 月，文化部从全国遴选 10 家公共文化机构，作为国家事业单位法人治理结构改革的首批试点单位，广东省博物馆成为其中唯一的一家博物馆[②]。2015 年《博物馆条例》对“博物馆管理”“行业组织管理”“设立登记管理”“开放服务管理”等做出了规定[③]，尽管在条文中大量使用“管理”这个词汇，实际上在法人治理结构、行业组织、定级评估、社会力量参与等诸多方面，已经呈现了由“博物馆管理”到“博物馆治理”理念的变化。同年，国家文物局在全国选取了 142 家博物馆，开展理事会制度建设探索性试点。由于与现行的行政、人事、财务政策存在矛盾冲突等原因，国有博物馆理事会制度进展并不顺利[④]。2017 年 3 月施行的《中华人民共和国公共文化服务保障法》第二十四条：“国家推动公共图书馆、博物馆、文化馆等公共文化设施管理单位根据其功能定位建立健全法人治理结构，吸收有关方面代表、专业人士和公众参与管理。”建立法人治理结构由政策要求上升为法律规定。2017 年 9 月，中宣部、文化部等 7 部委联合印发《关于深入推进公共文化机构法人治理结构改革的实施方案》，确定把法人治理结构建设纳入博物馆运行评估和绩效考评体系，完善监督和激励机制。对推进法人治理结构的制度保障、组织保障做出了具体部署。2021 年 5 月，中央宣传部、国家发展改革委、教育部、科技部、民政部、财政部、人力资源社会保障部、文化和旅游部、国家文物局 9 部门印发《关于推进博物馆改革发展的指导意见》，首次正式提出“推进博物馆治理体系和治理能力现代化”“积极参与博物馆国际治理”的全局性战略目标。

对博物馆治理研究的对象同样集中于对理事会法人治理结构的认识、分析及实施策略。宋新潮认为，现阶段推进博物馆理事会建设最可能的路径是从不同办馆主体入手，区别不同情况分类实施、循序渐进[⑤]。周婧景提出“实现法人治理必将是博物馆未

① 徐晓全：《从“管理”到“治理”：治国方略重大转型》，《学习时报》2013 年 11 月 18 日。

② 吴春燕、王忠耀：《博物馆 + 理事会，擦出新火花——广东省博物馆推进法人治理的新探索》，《光明日报》2017 年 9 月 19 日。

③ 国家文物局：《博物馆条例释义》，中国法制出版社，2015 年。

④ 段勇：《当代中国博物馆》，译林出版社，2017 年。

⑤ 宋新潮：《关于博物馆理事会制度建设的若干思考》，《东南文化》2014 年第 5 期。

来管理的一种趋势，实现博物馆由管理向治理转型是可持续发展的必由之路”[①]。段勇认为，民办博物馆才是我国目前最适合推行理事会制度的领域[②]。王静[③]、武钟芸[④]、王宝红[⑤]等研究者对法人治理结构改革的成效、困境和未来发展的方向提出了相关思考。此外，余子龙通过对英法两国公有博物馆治理方式转型的分析，提出可以从中探寻可供我国博物馆法人治理结构改革借鉴的经验和模式[⑥]。中英博物馆高层管理者对博物馆治理展开对话，聚焦博物馆拓展商业收益与博物馆公益性，以及博物馆创新发展[⑦]。建立健全博物馆法人治理结构，完善博物馆科学决策机制，无疑已成为我国博物馆治理的改革方向，也反映了博物馆治理主体多元化的发展趋势，以及实现依法治理，突破“千馆一面”的现实诉求。

（五）文献综述的评述

总体而言，纵观现代公共博物馆在中国一百多年的发展历程，特别是1978年改革开放以来的40多年间，中国博物馆科学管理的研究脉络，基本上可以用“要规范、要科学、要改革、要发展”来概括，紧紧围绕国家文物博物馆重大政策的调整变化，带有浓厚的时代特征和政治烙印，反映出政治、经济和文化等对博物馆的影响。

从横向看，主要受到欧美、前苏联乃至日本等博物馆发达国家的影响，很多先进的博物馆理念在不同时期被引入中国，特别是中国全面实施对外开放后，积极致力于与国际博物馆协会（ICOM）等国际组织，以及欧美知名大馆的交流合作，有力地推动了现代博物馆“中国化”“社会化”的进程，对中国博物馆的服务理念、发展类型、运营管理模式、内部机构设置、法律法规建立等产生了深刻影响，逐步形成博物馆管理研究的中国特色、中国内容、中国成果。从纵向看，由于中国博物馆长期处于文物保护管理体制之下，故在总体理念、业务工作对象与范围、人才队伍建设、经费投入模式等方面受其影响根深蒂固，同时，不断吸收公共文化服务、教育，以及经济社会发展其他领域的诸多理念，如关爱弱势群体、“三贴近”、以人为本、以人民为中心、文教结合、文旅融合、社会力量参与、共享共治等，有力地强化了博物馆的公益性、开放性。

---

① 周婧景：《博物馆治理和社会可持续发展》，《中国博物馆》2015年第3期。

② 段勇：《当代中国博物馆》，译林出版社，2017年。

③ 王静：《建立健全博物馆法人治理结构的示范意义》，《博物馆研究》2015年第3期。

④ 武钟芸：《国有博物馆法人治理结构发展探究》，《戏剧之家》2018年第21期。

⑤ 王宝红：《浅谈法人治理结构改革对地方性博物馆的影响——以东莞市博物馆为例》，《文物鉴定与鉴赏》2019年第3期。

⑥ 余子龙：《海外博物馆治理模式转型探析——以英法两国为例》，《文化学刊》2016年第2期。

⑦ 崔波：《治理、发展——中英博物馆治理与发展高层对话亮点聚焦》，《中国文物报》2016年3月29日。

在研究方法上，逐步吸收借鉴现代公共管理学的研究成果，如目标管理、绩效管理、质量管理、人本管理、细节管理、协同治理等，这些极大地提高了博物馆管理研究的理论深度。博物馆管理的研究正向现代管理学、公共文化服务领域靠拢并与之交叉。在研究内容上，既受到国家改革开放、政府职能转变、文化体制改革、博物馆免费开放等重大宏观政策的影响，又受到科学技术进步、人们生活方式转变等外部社会环境的影响：从过去重点研究博物馆藏品规范管理、博物馆运行及其管理规律，到积极融入社会和服务社会发展、服务人的终身发展，同时关注与社会、公众关系的研究，博物馆管理作为博物馆学的重要分支，研究内容日益丰富，并逐步形成体系。

在研究平台上，除《中国博物馆》《博物馆研究》《中国国家博物馆馆刊》《东南文化》《博物院》等博物馆学专门期刊，很多文物保护、文化文艺、管理、旅游类的综合杂志，也越来越多地刊登博物馆管理研究的论文。

在研究力量上，除博物馆自己的业务人员、管理人员，高校、文化咨询研究机构、行政管理机构的研究者，也越来越关注博物馆管理中的系统性、结构性问题以及发展中的难点、热点问题。随着研究平台、机构、人员力量的加强，国际国内学术研究活动日益活跃，中国在国际博物馆领域的话语权显著提高，博物馆管理研究呈现蓬勃发展、与时俱进的良好态势，诸多研究成果为科学指导中国博物馆的实践，提供了有力的支撑。

伴随着中国博物馆学的发展和博物馆管理研究的不断深入，对县级博物馆研究也有了必要的关注，研究的人群、范围、研究成果的数量质量都发生了可喜的变化，为县级博物馆应对建设发展中出现的各类问题提供了有益的思路和积极的指导。但由于大多学者往往更注重宏观和政策层面，更重视以大型博物馆和重点博物馆为代表所开展的引领性业务工作的研究，对县级博物馆的研究总体还较为薄弱，客观上造成县级博物馆研究内容上基本以具体的业务工作探讨和总结为主，缺乏深入的理论研究和分析，研究群体也基本以县级博物馆从业者和有关文物行政部门管理者为主，参与群体覆盖面较窄。对县级博物馆管理的研究还没有进入中国博物馆学的主流。

县级博物馆的研究，既有宏观层面、也有微观层面，既有管理层面、也有业务层面，既关系到国家、省级，也关系到县、乡基层，内容覆盖可谓千头万绪、纷繁复杂。同时，由于县级博物馆数量庞大，分布广泛，各省之间经济、文化和博物馆发展水平差异较大，且国家对县级博物馆的政策及其自身数量、经费投入、业务活动等每年处于动态变化之中，欲通过调研对县级博物馆做系统性研究，对于研究者而言，难度较大。从国际上博物馆事业发达的部分国家情况来看，尽管名称上也有“县级”，但由于体制和国情的差异，其发展成果和研究成果均难以被国内借鉴。这也是一直以来我国县级博物馆战略性、系统性、政策性、理论性研究成果比较缺乏的重要原因。截至2017年秋，国内尚未有县级博物馆专题研究的博士论文。

由于现有的县级博物馆研究成果系统性、政策性不足，很多个案研究成果与县级博物馆普遍实际脱节，县级博物馆的发展亟需符合自身实际的、科学的理论指导。特别是党的十八大以来，在国家文化发展大的政策环境下，如何抓住时代机遇，突破原有的建设方式、职能定位、服务理念和服务模式的局限，对县级博物馆进行针对性的研究，显得非常必要。

县级博物馆当前普遍面临着政府层面和机构自身层面的双重困境，如政府的重视程度、博物馆从业人员的能力、服务理念等。政府作为县级博物馆主要的治理主体，与其他治理主体如社会团体、企业组织等，共同发挥协同治理效能的空间还有待拓展。现行管理体制下，县级博物馆还面临一些管理体制、制度设计层面的困境，比如，县级博物馆如何从传统的文物保护事业单一管理体制转入文物保护（文化遗产保护传承）、现代公共文化服务、国民（终身）教育三大体系并通过三体系的协同促其发展，再如，现行博物馆评估制度下县级博物馆的上升通道还有待拓宽。但这些困境目前尚缺乏系统整理，显得比较零碎，并且困境背后的根源还有待挖掘。如何充分运用科学的理念、先进的技术开展县级博物馆的研究，一直处在艰难探索中。

系统诊断技术尽管在以往的博物馆管理问题研究中未曾使用，但其作为一种成熟的分析技术，其“向后追溯式工作方式”有助于挖掘最深层的问题根源，形成完整因果链，可以帮助我们厘清县级博物馆发展的问题根源，具有很强的科学性、可行性。为此，笔者将运用系统诊断技术对影响县级博物馆功能发挥的问题进行系统诊断。同时，鉴于公共文化服务整合理念在国外已被广泛接受，国内也有学者对其展开了一些探讨，笔者特引进该理念将其作为研究主线之一，以基于县域内公共文化服务整合理念对县级博物馆治理模式进行研究，依据“复杂性—协同—整合”思路，系统剖析县级博物馆问题的根源，希望通过改进思考问题的方式，进行政策比较和分析，提出县级博物馆整体治理模式，以促进问题的解决。

四、研究思路与方法

（一）研究思路

系统论和协同论，紧扣现代公共文化服务体系政策背景与县级博物馆治理现实需求，以县级博物馆核心价值和功能定位的分析为切入点，采用理论分析和实证研究相结合的方法进行研究。

1. 系统论

博物馆作为一个独立运行的系统，仅从其规模与行政层级的角度来看，至少包含了大型博物馆、中小型博物馆，国家级博物馆、省级博物馆、地市级博物馆、县级博物馆等若干个子系统，由于博物馆的功能和服务相互融合、渗透，各子系统之间的边界往往并不清晰。同时，作为公共文化服务体系的重要组成部分，博物馆系统处于公共文化服务体系的大系统之中。处理好子系统和总系统、小系统与大系统之间的关系，厘清系统构成和系统功能，对明确研究思路非常关键。因此无论是在县级博物馆治理研究问题的提出部分，还是问题的剖析与解决部分，都始终坚持运用系统观念，全面剖析博物馆子系统在公共文化服务体系总系统、县级博物馆小系统在博物馆大系统中的位置和作用，强调子系统必须与总系统、小系统必须与大系统相适应的原则。

2. 协同论

根据县级博物馆子系统从属于公共文化服务体系总系统的现实，为提高系统效率，实现系统运作经济性，需要将县级博物馆子系统与公共文化服务体系总系统中的其他子系统（主要指县级图书馆和县级文化馆子系统）进行协同治理。通过对相关研究文献的梳理和对县级博物馆运行实践的分析，发现县级博物馆、图书馆、文化馆三个子系统之间既有目前协同治理的基础，如价值协同、服务协同、资源协同、功能协同等，又有未来进一步拓展的空间。在建设县域现代公共文化服务体系背景下，如何通过推进“三馆”协同来促进县级博物馆发展，成为县级博物馆治理研究需要解决的重点问题之一。

3. 县级博物馆的核心价值和功能定位

县级博物馆的核心价值和功能定位是引领县级博物馆治理研究的关键，只有回答清楚县级博物馆的核心价值是什么，并且在功能设计和功能运行中做到既体现核心价值，又实现“三馆”协同，才能使县级博物馆功能定位更加科学合理，并找到新时期县级博物馆高质量发展的新路径。

（1）探究县级博物馆的核心价值。核心价值对于博物馆来说是一个认识论的重大命题，是博物馆所有工作的“魂”，将直接回答“博物馆为社会供给什么”“博物馆的社会价值是什么”的深层次问题。博物馆核心价值的建立、完善与实现离不开特定的社会环境并深受其影响。县级博物馆有一般博物馆的共性，但由于其所在区域、所处层级、所拥有的藏品资源、所服务的观众对象等社会环境的不同，在核心价值的认识与实践方面，又与其他层级博物馆有所差异和侧重。县级博物馆如何在有限的藏品、人员、经费、规模等软硬件条件约束下，实现博物馆物与人的价值统一，做到自身核心价值的最大化，值得研究者思考。

（2）探究县级博物馆的功能定位。博物馆的价值和功能的关系为：功能发挥是价值实现的过程，核心价值是功能的指导。在探讨县级博物馆的功能定位时，需坚持四个原则：一是服从于博物馆的基本功能；二是紧抓县级博物馆的独特特征；三是体现博物馆的公益性质；四是服务于县域公共文化服务体系建设。在坚持以上原则的基础上，对县级博物馆功能定位研究的基本思路以发现问题、分析问题和解决问题为主线。

首先思考县级博物馆核心价值，在核心价值引导下提出县级博物馆现代功能的定位原则与分类，采用问卷调查的方式，从县级博物馆管理者、普通观众的层面了解博物馆功能认同、服务利用、功能发挥的现状，并结合中国文物年鉴、全国文物业统计资料、中国文物统计提要、中国博物馆年鉴等业内权威资料，梳理县级博物馆功能发挥方面存在的问题。

对影响当前县级博物馆功能发挥的有关问题进行深入分析，主要涉及县级博物馆管理中的政府层面、社会层面、机构层面的问题：包括人力资源的数量与质量、人员编制、博物馆硬件等问题，运用系统诊断技术，用追溯法层层分析有关问题的根源。

一方面运用协同治理理论并结合典型案例，提出以县级博物馆、图书馆、文化馆的协同治理为手段，进行解决问题的思路设计；另一方面抓住制约县级博物馆发展制度设计的关键问题，包括博物馆管理体制、定级评估制度、“博物馆 +”跨界融合等，为打开县级博物馆上升通道、实现未来县级博物馆的可持续发展提供解决问题的思路。

现代公共文化服务体系建设为县级博物馆的功能发挥提供了必要的业务基础和政策契机，系统论、协同理论则为县级博物馆功能改善提供了良好的理论基础和经验借鉴。因此，县级博物馆治理，既要抓住县域现代公共文化服务体系建设的良好机遇，顺应改革趋势与图书馆、文化馆实现“三馆”协同治理，同时也要结合县级博物馆所处的宏观时代背景和微观运行环境，从管理体制、运行机制等方面逐步采取可操作的策略，调动和激发县级博物馆活力，积极推进“博物馆 +”跨界融合，不断增强自身造血功能，努力促进县级博物馆自身的建设发展（图一）。

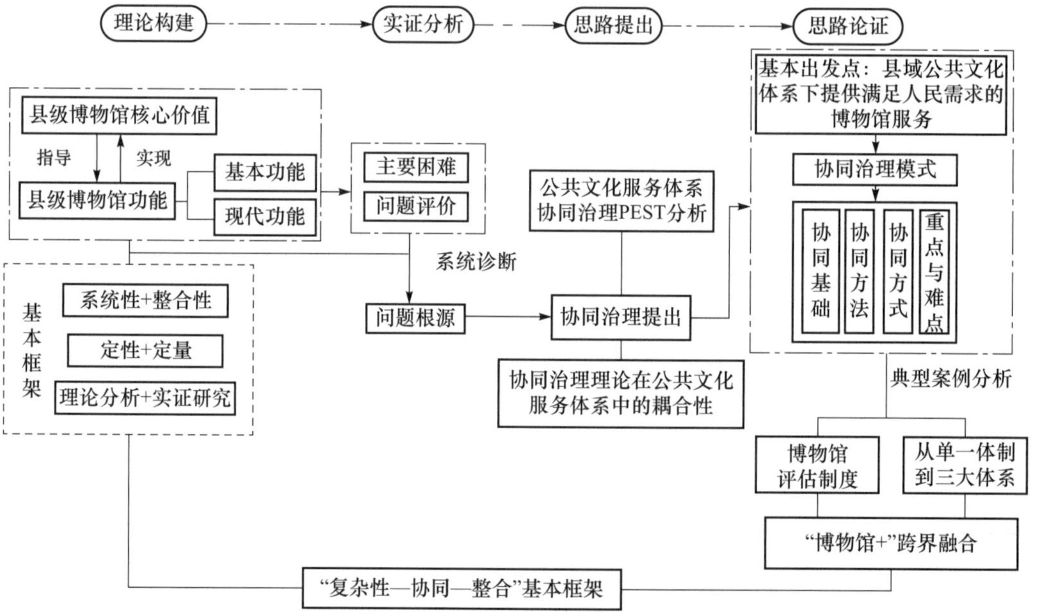

图一　县级博物馆治理的研究框架

（二）研究方法

1. 内容分析与二次分析

通过对获取的所有文献资料，包括各类网络文献资料、尚未公开出版的文献资料、政策报告等，进行客观、系统地定量描述和分析，提炼分析国内外博物馆管理、基层博物馆管理、县级博物馆功能、博物馆与图书馆、文化馆“三馆”协同管理等相关研究领域可供借鉴的成果，构建县级博物馆治理研究的整体框架，探寻县级博物馆治理的系统的思路。

2. 理论分析

主要利用协同治理理论、PEST 分析、规范分析等理论方法进行分析。

运用协同治理理论提出，在县级博物馆治理过程中应抓住县域现代公共文化服务体系环境特征与县级图书馆、文化馆等公共文化服务机构在服务功能定位、服务提供方式和内容、融合发展等重点方面内容进行协同治理，以达到运用有限文化资源协同实现社会效益产出的高效率。

运用 PEST 分析（Politics-economy-society-technology analysis）方法对县级博物馆治理所处的政治环境、经济环境、社会环境和文化环境进行分析，提出县级博物馆治理改革的环境趋势、技术趋势和社会趋势，同时也为县级博物馆治理改革寻找政策支撑、理论支撑和技术基础。

规范分析是基于一定的价值判断为基础的分析方法，通过分析对未来提出政策建议和预测。该方法强调价值导向，侧重“应该是什么”，而非“是什么”。因此，县级博物馆治理首先研究的应是其核心价值，采取的实证研究和政策建议均依据县级博物馆的核心价值而展开，以核心价值为切入点，以对核心价值的界定为基础引出对县级博物馆功能的探讨。

3. 现场资料分析

（1）定量分析

主要对博物馆现场调查取得的数据进行统计分析。对县级博物馆中高层管理者、观众的问卷数据，主要运用了描述性分析、卡方分析等分析方法。

（2）现场问卷调查分析

湖北地处华中腹地，文化底蕴深厚，文化资源丰富，是全国知名的文化大省。改革开放以来，湖北博物馆事业得到蓬勃发展，初步形成博物馆布局的五大系列[①]。2007 年湖北省博物馆率先在中西部地区免费开放。2011 年，时任湖北省委书记李鸿忠明确

① 雷鸣、张晓云：《忆三十年辉煌历程，促进湖北博物馆事业可持续发展》，《湖北博物馆年鉴 2010》，湖北人民出版社，2011 年。

提出“奋力推进湖北由文化大省向文化强省的跨越”①，为湖北文化建设提供了强大的政治动力和精神动力。“十二五”时期，全省各级政府将“三馆”建设作为完善公共文化服务体系建设的重要内容，投入力度不断加大，通过创建国家级和省级公共文化服务示范区，带动新建公共文化服务阵地，“三馆”基础设施条件显著改善。全省共实施“三馆”新建和改扩建项目116个，其中博物馆项目37个，包括武当山、钟祥、丹江口、宜城、云梦、咸丰、郧县、黄梅、通山、红安、南漳、保康等县级博物馆项目12个②。截至2015年底，全省博物馆总数达204个，位居全国前列，其中县级博物馆占比近50%。全省加快构建以省博物馆为龙头，以一、二、三级博物馆为骨干，以县级博物馆为基础，以行业和非国有博物馆为补充，门类齐全、特色鲜明、分布广泛的博物馆体系和发展新格局。2017年，湖北省文物局印发《湖北省文物事业发展“十三五”规划》，明确提出“将基层博物馆建设纳入全省‘四馆三场’建设专项，重点打造30个左右特色县级馆”。

尽管湖北省博物馆建设取得了显著的成效，数量逐步跻身全国博物馆大省行列，博物馆体系亦日益完善，但不可忽视的是，随着社会经济的快速发展，全省县级博物馆还存在建设覆盖率不足、类型不够丰富、特色不够鲜明、发展活力不足等问题，与建设文化强省战略布局及满足群众精神文化需求之间还存在着较大差距。因此，将地处全国中部、经济发展水平中游、文化资源丰富的湖北作为县级博物馆现场调查的样本省份，对全国其他省份开展县级博物馆治理相关研究，具有代表性和重要的参考价值。

2016年4月至10月，组织对湖北省黄石、襄阳、宜昌、荆州、荆门、鄂州、孝感、黄冈、咸宁、随州、恩施11个市州所辖的56个县级博物馆进行了现场问卷调查，并对回收的问卷进行了整理分析。现场调查以定性资料收集和定量实证研究相结合。

①县级博物馆管理者调查问卷：问卷主要内容包括三部分，一是调查对象（即县级博物馆中高层管理者）的基本信息；二是县级博物馆功能问卷；三是县级博物馆存在的问题。其中，县级博物馆中高层管理者调查基本情况详见表一。

表一　县级博物馆中高层管理者基本情况分析

类别构成	男性	女性	合计
性别构成（%）	141（61.0）	90（39.0）	231（100.0）
年龄构成（%）			
≤29	4（2.9）	6（6.7）	10（4.3）
30～39	19（13.6）	21（23.3）	40（17.4）
40～49	61（43.5）	51（56.7）	112（48.7）
≥50	56（40.0）	12（13.3）	68（29.6）

① 李鸿忠：《奋力推进湖北由文化大省向文化强省的跨越》，《党建》2011年11月。

② 余萍：《提质增效拓展服务——湖北博物馆事业蓬勃发展》，《中国文物报》2016年6月10日。

续表

类别构成	男性	女性	合计
学历构成（%）			
高中 / 中专	22（15.9）	12（13.5）	34（15.0）
大专	69（50.0）	52（58.4）	121（53.3）
本科	47（34.1）	24（27.0）	71（31.3）
研究生	0（0）	1（1.1）	1（0.4）
最高学历的专业构成（%）			
专业 1	20（14.9）	4（4.1）	24（10.3）
专业 2	33（24.6）	39（39.8）	72（31.0）
专业 3	18（13.4）	13（13.3）	31（13.4）
专业 4	23（17.2）	23（23.5）	46（19.9）
其他专业	40（29.9）	19（19.3）	59（25.4）
职务构成（%）			
高层（博物馆领导班子成员）	89（66.9）	29（38.2）	118（56.5）
中层（博物馆内设部门负责人）	44（33.1）	47（61.8）	91（43.5）
职称构成（%）			
无职称	21（15.3）	16（18.2）	37（16.4）
初级	39（28.5）	20（22.7）	59（26.2）
中级	66（48.2）	49（55.7）	115（51.1）
副高及以上	11（8.0）	3（3.4）	14（6.3）
参加工作年数分组构成（%）			
0～9 年	7（5.0）	8（8.9）	15（6.4）
10～19 年	14（9.9）	18（20.0）	32（13.9）
20～29 年	60（42.6）	41（45.6）	101（43.7）
30～39 年	57（40.4）	23（25.6）	80（34.6）
⩾40 年	3（2.1）	0（0）	3（1.3）
博物馆工作时间分组构成（%）			
0～9 年	45（32.6）	28（31.5）	73（32.2）
10～19 年	29（21.0）	25（28.1）	54（23.8）
20～29 年	53（38.4）	29（32.6）	82（36.1）
⩾30 年	11（8.0）	7（7.9）	18（7.9）

注：1. 表中专业划分包括，专业 1：考古、文物保护、博物馆与历史相关专业；专业 2：管理学相关专业（包括行政管理、公共管理、MBA/MPA 等）；专业 3：经济、会计、金融、市场相关专业；专业 4：中文、文学、新闻、媒体、传播相关专业；专业 5：其他专业。经调查，无社会学、心理学、建筑与工程等相关专业。

2. 表中均为回答该指标项问题的有效人数。

3. 回收的有效调查问卷中，少数调查问卷存在年龄、学历、职务、职称、博物馆工作时间指标项未填写、最高学历指标项多选的情况。

② 县级博物馆观众调查问卷：包括观众基本信息、县级博物馆服务的需求和利用情况、对县级博物馆服务的评价。同时，也对博物馆服务利用情况进行了现场调查。此次共调查县级博物馆观众 1080 人，观众基本情况如下表所示（表二）。

表二　县级博物馆观众基本情况分析

性别构成（%）	男性	女性	合计
	567（54.62）	471（45.38）	1038（100.00）
文化程度（%）			
小学及以下	32（5.68）	25（5.38）	57（5.54）
初中	106（18.83）	80（17.20）	186（18.09）
高中 / 中专 / 技校	175（31.08）	126（27.10）	301（29.28）
大专	132（23.45）	109（23.44）	241（23.44）
本科	104（18.47）	110（23.66）	214（20.82）
研究生及以上	14（2.49）	15（3.22）	29（2.83）
身份（%）			
在校学生	107（19.96）	125（27.84）	232（23.55）
从事农业劳动	74（13.81）	43（9.58）	117（11.88）
从事非农业劳动	276（51.49）	223（49.67）	499（50.66）
离退休	54（10.07）	28（6.24）	82（8.32）
无业或失业	25（4.67）	30（6.67）	55（5.59）
属性（%）			
本地居民	423（76.49）	343（75.05）	766（75.84）
游客	130（23.51）	114（24.95）	244（24.16）

注：1. 表中均为回答该指标项问题的有效人数。
2. 回收的有效调查问卷中，少数调查问卷存在文化程度、身份、属性指标项未填写的情况。

③ 关键知情人访谈：通过对省级和县级文化文物行政管理部门人员、县级博物馆中高层管理者、县级博物馆人事部门管理人员等进行访谈，了解各级政府对县级博物馆价值、功能定位的认识，县级博物馆管理的政策导向，以及对图书馆、文化馆、博物馆“三馆”协同的态度，县级博物馆未来发展方向的认识等关键问题。

（3）定性分析

主要对研究中获取的省市县文化行政管理部门、博物馆中高层管理者等关键知情人访谈信息进行整理分析。同时，为了更深入了解县级博物馆管理政策与法规等，还收集了部分关于博物馆和县级博物馆、现代公共文化服务体系建设的政策文件、工作报告、年鉴资料等，并对这些资料进行整理分析。

第一章　县级博物馆及其核心价值

一、县级博物馆的概念与辨析

（一）关于"县"、"县级"与"县域"

县作为行政区划名称，始于春秋时期。《说文解字》："天子畿内，县也。"秦始皇统一中国后，在全国推行郡县制，将全国分为36郡，郡下设县，成为县制正式设置的开端。司马迁《史记》："县集而郡，郡集而天下，郡县治，天下无不治。"通过郡县制，秦始皇有效加强了中央集权统治，郡县制对我国的国家治理制度产生了深远影响。汉朝时期，郡、国管县。隋唐时期，县相继隶属于府、州（郡），或军、监、厅。宋沿唐制，地方政府机构实行州（府、军、监）、县二级制。元设行省制，省下为路、州（府）、县，历经元明清三代。民国时期，县初为道所辖，后撤道制，直接隶属于省（特别行政区），后改隶属于行政督察区、直辖市或特别行政区。中华人民共和国成立以后，随着行政督察区名称的变更，县隶属于专区（行政督察专区）、地区或地级行政区，行政地位与市辖区、县级市、自治县、旗、自治旗、特区、林区相同，属县级行政区，由地级市、地区、自治州、盟、直辖市管辖或由省直接管辖。县是中国法定的二级行政区、事实上的三级行政区。截至2017年12月31日，全国共计有2851个县级行政区，包括962个市辖区、363个县级市、1355个县、117个自治县、49个旗、3个自治旗、1个特区、1个林区[①]。从县两千多年历史沿革来看，其属较低行政层级、地域范围相对稳定的区划设置一脉相承，且历经几千年社会变化，逐渐形成了带有浓郁地方特色的历史文化、方言习俗乃至生活方式。这也是中国800多个千年古县[②]至今仍存的原因之一。

"级"本义是指丝的优劣次第，引申为等级，特指官阶爵位的品级。《说文解字》："级，丝次弟也。"《广雅》："级，等也。"《声类》："级，阶次也。"《礼记·月令》："以别贵贱等级之度。"《左传·僖公九年》："以伯舅耋老，加劳，赐一级，无下拜。"进入现代社会以来，"县级"逐步成为一个在政治学和行政管理学领域广泛使用的专门词汇，带有强烈的行政体制的色彩，强调县级政权、行政机构在国家权力体系中的层次、

---

① 中华人民共和国民政部：《中华人民共和国行政区划统计表》（截至2017年12月31日），http://xzqh.mca.gov.cn/statistics/2017.html。

② 大型电视文献片《千年古县》图书编纂委员会：《千年古县》，上海科学技术文献出版社，2008年。

级别或管辖范围，其上级一般包括市级、省级和中央级三个层次，其下级为乡（镇）级。在我们党的组织结构和国家政权结构中，县一级处在承上启下的关键环节，是发展经济、保障民生、维护稳定的重要基础①。

随着经济社会的发展进步，逐步出现了一个与“县级”类似的概念——“县域”，但实质上二者在内涵与外延上存在明显区别。县域是指以县城为中心、乡镇为纽带、农村为腹地的地理空间区域，它强调的是县级政权辐射的空间范围或地理区域②。2002年，党的十六大首次正式提出“县域”概念，发出了“壮大县域经济”的号召。2003年，党的十六届三中全会又进一步强调“要大力发展县域经济”。县域概念的提出之所以最早发端于经济领域，缘于经济是县域发展的主要内容和重中之重。县域经济虽然是在县级行政区划范围内形成的，接受国家、省级宏观经济政策的指导和领导，具有地域特色并与其地理区位、历史人文、特定资源相关联，但它又不同于县级行政区划。随着市场经济的发展，县域经济的独立性与能动性越来越明显，表现在意愿上和事实上经常突破县级行政区划的约束，在更大的区域内进行资源配置，以获取更大的竞争优势。党的十八大之后，党和国家对城镇化越来越重视。城镇化作为我国最大内需潜力所在与实现现代化的重大战略选择，在我国宏观经济转型升级的时代背景下，发挥着前所未有的重要作用。县域是城镇的载体，因而县域经济势必在城镇化的大潮中扮演更加重要的角色。在经济社会现实刚性需求和政府的大力推动下，县域发展研究机构、研究成果乃至各种县域百强排名，如雨后春笋般大量出现。同时，省域、市域等类似概念也相继提出，并扩展到政治、经济、文化、社会、生态等各领域得到广泛使用。

县域文化与县域经济紧密联系，随县域经济受社会重视程度的加深而得到相应发展。有学者认为，县域文化是以县域经济为基础，以县情为依据，以开发本地历史文化资源为重点，以建设现代文明为方向，以人民群众为主体的一种特定文化现象。也有学者认为，它是指在县的行政区划内经过长期积淀而形成的独特的文化，这种文化是以县城文化为中心、以镇乡文化为依托、以村社文化为背景、以家庭文化为细胞的。还有学者认为，县域文化是一种区域文化，它的核心是植根于区域文化土壤和民众心灵的价值观念，文化是我们民族的灵魂，县域文化则是这灵魂的摇篮③。县域文化具有区域性、系统性、独立性、能动性、拓展性的特点。有学者提出，从共性来看，县域文化建设发展应重点突出优秀作品生产、服务体系构建、文化产业发展、文化体系建设、文化遗产保护④。随着国家“五位一体”总体布局、“四个全面”战略布局的提出，对县域文化的建设与研究日益得到文化部等国家部委及各级地方政府、相关研究机构

---

① 习近平：《同中央党校第一期县委书记研修班学员座谈时的讲话》，2015 年 1 月 12 日。

② 丁志刚、陆喜元：《论县级政府治理能力现代化》，《甘肃社会科学》2016 年第 4 期。

③ 王思铁：《县域文化是民族灵魂的摇篮》，《中国县域经济报》2017 年 4 月 3 日。

④ 王思铁：《县域文化建设要突出发展重点》，《中国县域经济报》2017 年 4 月 6 日。

的重视。特别是针对加快构建覆盖城乡、便捷高效、保基本、促公平的县域现代公共文化服务体系，国家出台了一系列政策性文件、制度，不断加大资金投入，现代公共文化服务体系建设取得令人瞩目的成绩，呈现出整体推进、重点突破、全面提升的良好发展态势[①]。

因此，尽管本书研究的对象是“县级博物馆”，但在将其置于当前国家实施现代公共文化服务体系建设的历史背景下时，它就与“县域”这个具有特定含义的词语紧紧联系在一起了。

（二）县级博物馆及相关概念

在当前博物馆行业管理与理论研究中，“县级博物馆”“中小（型）博物馆”“基层博物馆”是被大家经常使用且看起来性质比较接近的概念。但是，由于这几个概念缺乏准确的界定，所以导致在很多场合存在使用不严谨和混淆的情况，并由此带来了一系列深层次的问题，值得引起博物馆行业管理部门及研究者的注意和探讨。

县级博物馆一般指由县级地方政府或有关单位举办，选址在县域范围内，规模相对较小的博物馆[②]。县级博物馆是按照我国行政管理体制进行管理的具有中国特色的基层博物馆，是保护文物、传播文化、提供公共文化服务的基层文化机构。其限定性修饰语“县级”是相对于国家级、省级、地市级等行政层级而言[③]。县级博物馆是一个具有中国特色行政级别烙印的特殊群体，但是在官方的博物馆管理体系中，仅仅在《中国文物年鉴》中有“中央”“省市”“县级”的提法，其他几乎找不到有关它的正式的表述[④]。严格意义上说，县级博物馆只是一个非正式的、口语化的、小范围使用的称谓[⑤]。

中小（型）博物馆，即中型和小型博物馆的合称，其概念是从博物馆建设规模的角度来界定的，重点包括馆舍面积和藏品数量。根据《博物馆建筑设计规范》，博物馆分为大、中、小型。大型馆（建筑规模大于10000平方米）一般适用于中央各部委直属博物馆和各省、自治区、直辖市博物馆；中型馆（建筑规模为4000～10000平方米）一般适用于各系统省厅（局）直属博物馆和省辖市（地）博物馆；小型馆（建筑规模小于4000平方米）一般适用于各系统市（地）、县（县级市）局直属博物馆和县（县

① 张永新：《着力提升人民文化获得感》，《人民日报》2017年9月29日。

② 理智：《县级博物馆研究》，陕西师范大学出版社，1999年。

③ 张晓云：《现代公共文化服务体系视角下的县级博物馆》，《中国文物报》2016年4月13日。

④ 经检索，仅2010年国家文物局《博物馆事业中长期发展规划纲要（2011—2020年）》、2014年国家文物局《关于加强博物馆安全管理工作的通知》中正式出现“县级博物馆”的提法。2016年5月19日，文化部召开“文化部关于推动文化创意产品开发工作新闻发布会”，在会上提到“县级博物馆文化创意产品开发较少”。

⑤ 在国家文物局《国家文物博物馆事业发展“十二五”规划》中的提法有“地市级博物馆”“文物大县博物馆”“县级文物管理所”“中小型博物馆”，但无“县级博物馆”。

级市）博物馆①。从该《规范》的表述来看，博物馆建设规模与其行政级别有着非常紧密的联系。县级博物馆的规模、硬件设施等，无疑应纳入小型博物馆的范畴。

基层，作为一个政治学范畴的概念，指各种社会组织中最低的一层，它跟群众的联系最直接②。根据国家最新的有关政策性文件，国家治理体系中的基层具体指乡镇（街道）、村（社区）③。我国一般把县级、市级的博物馆都划入到基层博物馆的行列。尽管真正的基层博物馆毫无疑问应该仅是县级博物馆，但是在实际使用中，那些在各省区域内的大大小小的博物馆，不论是地市一级，还是县区一级，甚至是省一级，似乎都更愿意把自己列入到基层博物馆的范畴，这种将基层的范围泛化的示弱心理应与基层博物馆似乎可享受到更多的优惠政策不无关系。基层博物馆无形中失去了其应有的准确的含义。

综上，可以得出如下结论。第一，县级博物馆、中小（型）博物馆、基层博物馆三个概念，尽管是从不同的角度、不同的标准来对博物馆进行分类，但由于它们均与行政级别、政策扶持等联系紧密，且在地域范围上有部分的重合，成为了容易将三者混淆使用的直接原因。同时，在现有博物馆管理体制下，与行政级别相关就意味着还有一个隐含的前置定语——国有，且一般默认指文化文物系统所属。非国有博物馆在研究与日常称谓中，一般不列入这个范畴。第二，三个概念从不同的角度、在有明确限定条件的范围内均可独立使用，以表达不同的涵义和内容。但是，如作为政策研究、行业管理，如果对三者不加以区分，笼统地放在一起，必然会“以其昏昏，使人昭昭”，引发一系列问题。比如笼统地规定政策、资金、项目向基层博物馆倾斜，这里的基层博物馆就显得过于宽泛。第三，中小（型）博物馆的概念，将中型、小型博物馆相提并论，实则二者有较大差异。二者不仅仅是建筑规模、行政级别上的明显差异，中型博物馆的财政资金保障、专业人员配备、区域文化影响力等，均远非小型博物馆所能比拟。

在当前博物馆行业管理与理论研究的概念运用中，除了以上所谈到的县级博物馆、中小（型）博物馆、基层博物馆，还有县域博物馆、社区博物馆、地方博物馆等其他几个概念。因它们与县级博物馆也比较接近，往往也被混淆使用。在杨道以先生的《关于搞活县域博物馆陈列展览的思考》④一文中，将“县域”和“县级”混同使用，都强调以县为区域范围，同时概念中隐含了县级或县域博物馆作为区域博物馆之首的行政色彩，代表着县域特征。社区博物馆的“社区”由英文“community”一词翻译而来，一般强调区域性，但并不强调行政性。同时，社区博物馆是从社会学角度而言，

---

① 中华人民共和国行业标准：《博物馆建筑设计规范》（JGJ66-2015），2015 年 6 月 30 日。

② 360 百科：https://baike.so.com/doc/216648-229158.html。

③《中共中央、国务院关于加强基层治理体系和治理能力现代化建设的意见》，2021 年 4 月。

④ 杨道以：《关于搞活县域博物馆陈列展览的思考》，《南方文物》2001 年第 2 期。

注重突出社区区域内居民举办、参与博物馆的自发性，具有浓厚的社会学色彩。地方博物馆即地方所办（属）的博物馆，概念强调的是与中央这个特定的层级相对应，与基层博物馆相比，地方博物馆范围更广，一般将省级、地市级博物馆也涵盖在内。当然，由于以上概念是从不同的角度、范围分别对博物馆进行划分和界定的，所以导致现实中有很多博物馆往往同时属于其中的某几类，如某一个县级博物馆，同时又是地方博物馆、基层博物馆、社区博物馆、县域博物馆、小型博物馆。

从以上的辨析，我们大体可以从区域性、行政性和规模等三个主要特征来看出县级博物馆与其他相关概念的差异，县级博物馆是上述一众概念中唯一同时对区域性、行政性和规模有明确限定要求的概念（表三）。

表三　县级博物馆及相关概念的特征对比

博物馆概念	区域性	行政性	规模
县级博物馆	√	√	√
县域博物馆	√		
基层博物馆	√	√	
地方博物馆	√	√	
中小（型）博物馆			√
社区博物馆	√		

从博物馆政策管理的角度看，由于县级博物馆、中小（型）博物馆、基层博物馆等几个概念混用，不可避免地会导致如下几个问题。

一是政策指向不明确。在中国，博物馆的生存发展是与国家相关政策、经济发展水平、社会文明程度等内外部环境和条件息息相关的。博物馆的生存发展，须臾离不开这些外部环境和条件。县级博物馆、中小（型）博物馆、基层博物馆，作为中国博物馆的弱势群体，由于行政层级低、经费来源渠道单一，对政策的依赖性更强，受外部环境的影响表现更明显①。“十二五”时期，尽管国家和各省在博物馆事业发展政策上对博物馆中的弱势群体不断释放红利，先后实施了中小博物馆振兴计划、对口帮扶、县级博物馆陈列展览改造提升工程等一系列的扶持措施，取得了一定成效，但由于有的政策指向性不明确，享受政策的范围缺乏科学精准的界定，导致在对政策认识和具体执行上存在很多差异，实行效果受到了一定影响。

二是发展导向不明确。县级博物馆是博物馆事业发展的基础，其公共文化服务能力是博物馆建设的重中之重。县级博物馆虽然在文物等级、建筑规模、展示服务条件等方面与地市级以上博物馆普遍存在差距，但因其数量大、分布广泛、连接城乡，且具有地域文化浓厚、传统特色突出、观众覆盖面广的特殊优势，所以在促进博物馆事

① 张晓云：《论现代公共文化服务体系视角下的县级博物馆》，《中国文物报》2016 年 4 月 13 日。

业整体发展和推动城乡公共文化服务中的地位和作用不容忽视①。构建现代公共文化服务体系作为保障人民群众基本文化权益、改善文化民生、建设社会主义文化强国的重要制度设计，为县级博物馆的系统研究、价值重估提供了新的视角。应从国家的层面，支持县级博物馆的发展，加大扶持力度，充分体现“十三五”时期构建现代公共文化服务体系背景下博物馆事业重点提升县级博物馆公共文化服务能力的发展导向。

三是管理体系不明确。当前我国两个博物馆管理体系并存：一个是2008年以来由国家文物局倡导推行的以博物馆评估定级为核心的业务分级管理体系②；另一个是数十年来以国家、省级、地市级、县级等行政级别划分的行政分级管理体系。由于行政层级的高低，直接关系到经费来源、人员编制、建设规模、职称评定等，同时，由于业务分级管理体系是事实上的精英管理，大多数博物馆特别是县级博物馆未被授予级别，被排斥于业务分级管理体系之外，亦缺乏短时间进入业务分级管理体系的信心与实力，所以两个管理体系对县级博物馆所发挥的作用、认可度差异较大。就长远发展而言，全面实行博物馆业务分级管理是大势所趋③，但是在目前国家政策及管理状况下，行政级别仍是具有最大实际意义的。县级博物馆、中小（型）博物馆、基层博物馆这些概念，还必将存在相当长的时间。

由于博物馆种类繁多，其分类标准复杂多样，归纳起来，主要包括从资金投入性质、展示主题内容、建设形式、行政层级、业务层级、行业归属、地域归属、时代归属、政策归属、规模大小、藏品性质等方面予以划分，有的还多个分类标准同时交叉使用。国家文物局2012年发布的《博物馆事业中长期发展规划纲要（2011—2020年）》与《国家文物博物馆事业发展“十二五”规划》、2017年发布的《国家文物事业发展“十三五”规划》中，按照行政级别、建设规模等七大标准，将博物馆分为20余小类，反映了国家在继续重视传统的行政层级的同时，业务层级、弱势与特色群体、新型模式等也成为新时期博物馆行业管理者关注的内容。具体详见表四。根据以上文件的表述，对县级博物馆的总体发展目标、馆舍建设、陈列展览等提出了明确的要求④⑤，由国

① 张晓云：《论现代公共文化服务体系视角下的县级博物馆》，《中国文物报》2016年4月13日。

② 国家文物局：《关于印发〈全国博物馆评估办法（试行）〉、〈博物馆评估暂行标准〉和〈博物馆评估申请书〉的通知》（文物博发〔2008〕6号），2008年2月5日。

③ 国家文物局《博物馆事业中长期发展规划纲要（2011—2020年）》明确提出，“要克服博物馆行政化倾向，逐步取消实际存在的行政级别”。

④ 国家文物局《博物馆事业中长期发展规划纲要（2011—2020年）》明确提出，“2015年实现每个地级以上中心城市拥有1个以上功能健全的博物馆，东部经济发达地区县级博物馆实现现代化；2020年基本实现全国县级博物馆的现代化”。

⑤《国家文物事业发展“十三五”规划》明确提出，“新建和改扩建一批地市级综合性博物馆和文物大县博物馆及其他县级博物馆；推进地市级博物馆和文物大县博物馆及其他县级博物馆陈列展示质量提升达标”。

家文物局主编的年度《中国文物统计年鉴》《中国文物统计提要》等也对县级博物馆专门做出数据统计，这些都显示国家对县级博物馆的重视并给予明确的政策支持。

表四　博物馆类别及特征对比

划分标准	博物馆类别	区域性	行政性	规模
行政层级	国家级博物馆		√	√
	中央地方共建国家级博物馆	√	√	√
	省级博物馆	√	√	√
	地市级博物馆	√	√	√
	地市县级博物馆	√	√	√
	县级博物馆	√	√	√
建设规模	大中型博物馆			√
	中小（型）博物馆			√
	小型博物馆			√
业务层级	一、二、三级博物馆			√
地理区域	革命老区、民族地区、边疆地区、贫困地区博物馆	√		
	中西部博物馆	√		
	东部（地区）博物馆	√		
	西部博物馆	√		
展示内容	专题（性）博物馆			
	工业遗产博物馆			
	艺术类博物馆			
	建筑及遗址类博物馆			
	自然科技类博物馆			
	历史类博物馆			
资金来源	国有博物馆		√	
	非国有博物馆			
理念发展	生态博物馆			
	智慧博物馆			
	新形态博物馆			
	节约型博物馆			
	流动博物馆			

注：以上根据《博物馆事业中长期发展规划纲要（2011—2020 年）》与《国家文物博物馆事业发展“十二五”规划》、《国家文物事业发展“十三五”规划》整理。

县级博物馆概念所具有的群体性，客观上要求我们在对其进行相关政策和业务研究时，应充分注意群体内部彼此之间的差异。随着中国经济社会和行政管理体制的发展变化，建国以来县级行政区划类型越来越多，除了传统意义的县，还包括市辖区、县级市、自治县、旗、自治旗、特区、林区等。因此，我们也不能简单地将所有的县级博物馆相提并论，置于同一标准下来研究制定政策和实施管理，比如一些副省级以上城市下辖的县[①]，再如人口数量、密度特殊的县[②]，而应综合考虑这些市辖县与其他类型县级行政区划在城市经济发展水平、博物馆城市总体布局、城市人口人均拥有博物馆数量、农业和农村人口比例、行政级别等方面存在的巨大差异，尽力避免采取“一刀切”式的做法，出现政策落地不适应、不匹配等问题。

二、县级博物馆的发展变化

（一）县级博物馆的发展历程

从1905年至今，中国的博物馆事业自开始创办到逐步形成中国自己的特色，已走过了百余个春秋的路程，无论博物馆的管理实践还是科学研究，都取得了不俗的成就，我国的博物馆事业呈现稳步上升的趋势。县级博物馆作为与基层民众联系最密切的博物馆，基础相对薄弱，多年来一直是中国博物馆事业发展的难点所在。现将县级博物馆的发展历程概述如下。

1. 中华人民共和国成立前县级博物馆思想的萌芽与零星实践，凸显自张謇创办中国近代博物馆一以贯之的教育性

理智认为，县级博物馆的思想是与中国近代博物馆同时萌生的[③]。中国近代博物馆的鼻祖、南通博物苑的创始人张謇在他的著名的《上南皮相国请京师建设帝国博览馆议》奏折中，建议在建立国家博物馆之后，“可渐推行于各行省，而府而州而县”，首次明确提出了在县一级建立博物馆的思想。此后，在长达近半个世纪的战乱纷争、艰难困苦之中，开始了寥若晨星的县级博物馆建设实践活动。如建于1915年的松江教育图书博物馆[④]、建于1932年的山西辽县博物馆[⑤]和1949年之前就存在的泾川县古物陈列所等[⑥]。尽管它们或转瞬即逝，或毁于战火，有的甚至不为世人所知，更未形成系统的实践方法，但是这些零星的、短暂的探索和实践，践行了张謇“开启民智、教育救国”的先进理念[⑦]，教育性成为中国县级博物馆最根本的特性，弥足珍贵、意义非凡。

---

① 比如直辖市重庆市下辖的城口、丰都等县，省会城市石家庄市下辖的井陉等县、成都市下辖的金堂等县。

② 比如中国人口最多的县安徽省临泉县（230万人），最少的县西藏自治区札达县（6384人）。

③ 理智：《县级博物馆研究》，陕西师范大学出版社，1999年。

④ 中国博物馆学会：《中国博物馆志》，华夏出版社，1995年。

⑤ 梁吉生：《中国近代博物馆事业纪事》，《中国博物馆》1991年第2期。

⑥ 中国博物馆学会：《中国博物馆志》，华夏出版社，1995年。

⑦ 崔新进：《爱国企业家张謇的“教育救国”》，《学习时报》2020年10月30日。

2. 20 世纪 50 年代我国提出“县县办博物馆”，县级博物馆数量增多，功能上侧重于歌颂新中国的建设成就

1949 年后，我国就把博物馆按照行政级别实际划分为中央、省、市、县四级，并按行政级别进行博物馆的经费、人员、藏品等管理。20 世纪 50 年代，受当时社会政治环境的影响，中国的县级博物馆大都参照苏联地志博物馆的模式[①]，其主要展示内容为历史、自然、革命斗争史、社会主义建设。50 年代后期，随着“县县办博物馆，社社办展览室”口号的提出[②]，地方政府激情豪迈地投入县级博物馆的建设，县级博物馆遍地开花，以惊人的速度猛增，仅在 1958 年，全国新增的 865 个博物馆全部为县、乡、村博物馆。在功能发挥上，刚成立的新中国以博物馆作为文化工具来鼓舞人民、稳定社会，表现出鲜明的政治性和人民性。广泛存在的县级博物馆为人民认识自己的历史和创造力提供了有利的条件，获得了人民群众普遍和热情的支持[③]。县级博物馆在中国博物馆事业中的基础性地位得到初步确立。

3. 60 至 70 年代，县级博物馆受到“文化大革命”的影响，整体发展停滞不前

这一时期，由于国家政治形势的变化，打乱了博物馆事业正常的发展轨迹，许多依托古建筑建立的县级博物馆和馆藏珍贵藏品，被视为“四旧”而惨遭破坏。全国县级博物馆数量锐减，博物馆事业遭受历史性重创。70 年代末期，在“文化大革命”中被迫关闭的部分县级博物馆得到恢复，但由于条件所限，这种恢复在很多地方只表现为重新挂起一块博物馆的牌子，博物馆的主要职能以文物保护为主，此后，这种“挂牌馆”现象持续多年[④]。

4. 80 年代起，县级博物馆开始新建或改扩建的热潮，开始注重博物馆的发展质量、开放功能和管理的科学性、规范性

从 20 世纪 80 年代开始，随着国家政治、经济走入正轨，中国博物馆事业逐步复苏。一方面是各地县级博物馆纷纷新建和改扩建，数量逐年增多，“县县建博物馆”的口号再次被提出[⑤]。另一方面是县级博物馆的管理逐步走向专业化、规范化，强调突出博物馆的开放服务功能。这一时期，一部分经济发达地区的县级博物馆在藏品保护、陈列展览、社会教育和科学研究等方面脱颖而出，如上海地区的部分博物馆被誉为全国县级博物馆的典范。但大多数县级博物馆的发展状况差强人意，如中西部地区很多

---

① 王成兰：《新时期区县级博物馆面临的问题与应对之策：从上海闵行区博物馆新馆的基本陈列谈起》，《博物馆研究》2015 年第 2 期。

② 《关于县县办博物馆、社社办展览室的建议》，《文物参考资料》1958 年第 10 期。

③ 理智：《县级博物馆研究》，陕西师范大学出版社，1999 年。

④ 理智：《县级博物馆研究》，陕西师范大学出版社，1999 年。

⑤ 理智：《论“县县办博物馆”》，《中国博物馆》1994 年第 2 期。

县级博物馆由于财政投入少，博物馆馆舍条件简陋，缺乏陈列展览等专业人员，藏品征集不足，无法正常开展业务活动。总体而言，这一时期的县级博物馆类型仍比较单一，以地志综合性历史博物馆为主，开始逐步注重挖掘藏品特色，提升展陈质量，以及科研和公共服务业务活动的开展。县级博物馆继 20 世纪 50 年代以后，再次回归成为中国现代博物馆体系的重要基础。

5. 2008 年全国博物馆免费开放至今县级博物馆向现代化的方向迈进，重点提升博物馆公共文化服务和社会教育功能

进入 21 世纪，国家日益重视博物馆文化事业发展，不断加大政策扶持和财政投入力度，这也对博物馆事业的发展提出了新的更高的要求。《国家博物馆事业中长期发展规划纲要（2011—2020）》提出，“2015 年东部经济发达地区县级博物馆要实现现代化，2020 年基本实现全国县级博物馆的现代化，推进地市级博物馆及其他县级博物馆陈列展示质量提升达标”[①]。在国家政策、经费扶持下，以免费开放绩效评估、博物馆评估定级为抓手，有力地促进了县级博物馆公共文化服务功能的提升。县级博物馆类型日益丰富，在数量逐年稳步增长的同时，软硬件条件普遍得到极大改善，在带动地方经济建设和满足人民群众精神文化生活方面的作用也越来越突出。少量县级博物馆被授予国家三级以上级别。这一时期，国家重点强调县级博物馆的公益性、公共性、教育性，要求其向现代博物馆转变。

这里需要指出的是，在县级博物馆艰难、曲折的发展历程中，理清其社会功能的教育性和在中国博物馆事业中的基础性地位，同时熟悉其“两次回归”的发展脉络，对于评估认识县级博物馆新时期的独特价值与发展方向，具有重要意义。

（二）县级博物馆的数量变化

根据中国文物年鉴，笔者对 1996 年至 2015 年十年间的全国博物馆变化趋势予以分析。从图二可见，我国博物馆数量一直处于上升趋势，特别是 2008 年全国博物馆实施全面免费开放政策以来，博物馆数量明显增加。与此同时，我国居民每百万人拥有的博物馆数也在上升，1997 年每百万人拥有 1 个博物馆，2009 年每百万人拥有 1.5 个博物馆，2012 年每百万人拥有 2 个博物馆，2013 年每百万人拥有 2.5 个博物馆。截至 2015 年，我国居民每百万人拥有的博物馆机构数为 2.802 个。

在全国博物馆蓬勃发展的同时，县级博物馆的发展也在加快提升。2012 年至 2015 年，我国县级博物馆数量分别是 2240、2549、2683 和 2818 个，年平均增幅超过 10%，从业人员也由 35020 人上升为 45916 人，增幅达到 31.11%（图三）。

从以上统计图表可以看出，第一，县级博物馆的总量呈逐年持续增长的良好发展

① 国家文物局：《博物馆事业中长期发展规划纲要（2011—2020 年）》，2011 年 12 月 28 日。

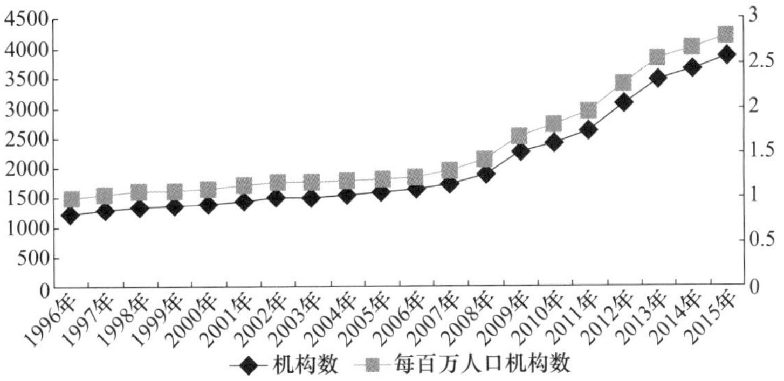

图二　1996 年至 2015 年全国博物馆机构数

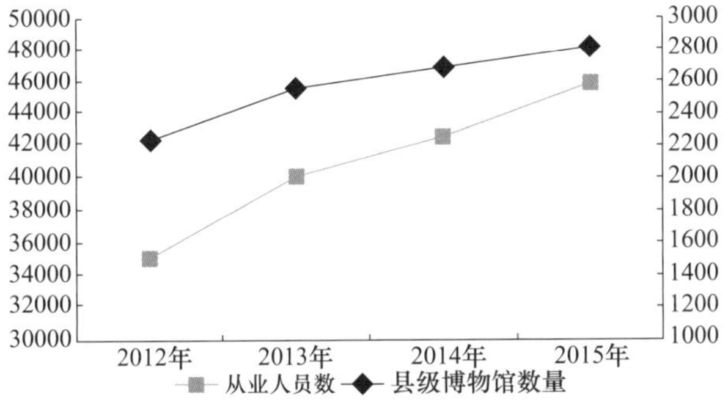

图三　2012 年至 2015 年全国县级博物馆机构数和从业人员数

趋势[①]。第二，县级博物馆建设的决定性因素，仍然是地方政府的态度和热情，政府热，博物馆建设就热。虽然经济条件、文化资源丰富程度是县级博物馆建设的重要因素[②]，但并非决定性因素，比如少数经济百强县和民族文化资源丰富的少数民族自治县，至今博物馆建设仍是空白，很多经济条件一般、文化资源条件看似寻常的县却同时拥有多个博物馆，关键还是在于政府的重视和挖掘。相反，对于县域非国有博物馆，地方经济发展水平却是建设的关键性因素，具体表现在非国有博物馆的“五多一少”现象[③]。第三，“一县多馆”逐渐成为新时期县级博物馆建设的新常态，即同时拥有两个以上博物馆的县越来越多，有的县甚至拥有 3～7 个[④]，县域博物馆群的建设在浙江安吉、

① 根据中国文物统计年鉴，2016 年至 2018 年，全国县级博物馆数量分别为 3025、3531、3691 个，从业人员分别为 48547、56828、58881 人。2018 年，全国平均每县 1.3 个博物馆。

② 根据初步统计，目前县级博物馆数量位居全国前列的省份（自治区）分别是山东、浙江、河南、福建、甘肃、广东、内蒙古、安徽、四川、陕西。

③ 葆森、罗继尧：《非国有博物馆应强化精品意识走规范发展的道路》，《中国文物报》2018 年 10 月 23 日。该文提出的非国有博物馆“五多一少”，指经济发达地区较多、文物资源丰富的地区较多、文化特色鲜明的少数民族地区较多、综合素质较高的收藏家群体活动地区较多、东部经济较为发达的地区总量较多；一少，即西部经济欠发达地区的总量较少。

④ 比如内蒙古自治区的扎兰屯市（7 个）、科尔沁右翼前旗（4 个）、黑龙江省泰来县（4 个）、北安市（4 个）、江苏省高邮市（4 个）。

松阳、武义等少数县初见成效[①]。从地域分布来看，“一县多馆”现象分布较为广泛，不仅是在江苏、浙江等经济发达省份，在内蒙古自治区、黑龙江等少数民族地区、边疆地区，同时拥有2～3个博物馆的县亦不在少数[②]，这反映了长期以来我国对少数民族文化遗产保护利用的高度重视和取得的显著成效。第四，我国政府行政管理体制对县级博物馆的建设具有潜在的突出影响，比如省级政府的高度重视和强力推进会直接影响到全省各地市、各县的态度，再如一些地市下辖所有的县都拥有功能完备的县级博物馆，折射出地市级政府对各县明显的影响力。还有部分省会城市所辖的县区博物馆建设空白较多，反映出该类型县区对主城区的文化依附状态，自身缺乏文化建设的主动性和积极性。第五，未来相当长时期县级博物馆建设的空间依然巨大。根据最新有关统计数据，全国每县平均人口为50多万[③]，按2018年平均每县1.3个博物馆计算，我国县域平均每40万人拥有一座博物馆，与我国部分省会城市平均10万人一座博物馆相差甚远[④]，亦低于当前全国每25万人拥有一座博物馆的平均水平[⑤]，同时，还有约1000个县没有博物馆[⑥]，空白率仍然较大，反映出县级博物馆资源整体薄弱，人均供给尤其不足，建设任重而道远。

三、县级博物馆的核心价值

（一）为何要关注博物馆的核心价值

核心价值（Core values）一词出自《基业长青》一书，此后核心价值逐渐成为企业文化相关理论中最重要的概念之一，并在其他社会领域广泛应用[⑦]。核心价值是一个组织拥有的最基本、最持久、不可替代的组织特质和信念，是该组织区别于其他组织的分界线。研究者普遍认为，核心价值作为现代组织管理理论研究的热点之一，是指行业组织持久发展的原则和信念，是不受外界评判的永久性指导原则和价值观念。核心价值是组织的灵魂与中心，植根于组织文化中，渗透于组织发展的整个过程和任何层次，并影响组织的发展结果。它是组织核心能力和核心竞争优势形成的基础和决定性

---

① 季一秀：《古典中国的县域标本 生态博物馆创造崭新意义的传统》，《博物馆中国》公众号，2021年1月6日。

② 如内蒙古自治区的巴林右旗、鄂托克旗、鄂温克旗，黑龙江省宾县、宁安、五大连池等县。

③ 搜狐网：https://www.sohu.com/a/310210834_166075，2019年4月25日。

④ 翁淮南：《新发展理念下的中国博物馆发展趋势探析》，《文博学刊》2020年第1期。

⑤《国际博物馆日活动开幕 刘玉珠：博物馆进入最好发展时期》，人民网，http://culture.people.com.cn/n1/2020/0518/c1013-31713724.html，2020年5月18日。

⑥ 段勇：《当代中国博物馆》，译林出版社，2017年。

⑦ 360百科：https://baike.so.com/doc/6025709-6238708.html。

因素①，组织的核心价值应独立于环境、竞争要求和管理模式。

长期以来在博物馆领域，博物馆学研究更关注博物馆的定义及其修订。博物馆的定义，是回答“博物馆是什么”的本体论的问题。博物馆的定义与博物馆的核心价值，从所涵盖的内容、层面、属性以及与博物馆功能的关系来看，二者既联系紧密，又区别明显（表五）。国际博物馆协会几十年不断修订博物馆定义，在增加博物馆外延（如功能、对象、方式等）包容性的同时，也造成了博物馆内涵（如性质、价值、目的等）的不确定性，并引起国际博物馆界的疑虑和分歧②。博物馆定义的变化集中体现了博物馆社会功能的变化。单霁翔认为，能否自觉地坚守博物馆核心价值，直接关系到博物馆本质特征和社会职能作用在新时代的全面发挥，也是检验博物馆在新的历史时期的应变力、亲和力、吸引力和感染力以及在社会公众中的形象的标准③。开展博物馆核心价值研究，既是对博物馆作为公共文化机构实现身份识别和行业认同的需要，也是明确博物馆社会责任、使命、价值所在，更是指引博物馆未来发展的需要。

表五　博物馆的定义与核心价值概念差异分析

概念	主要区别			相同点
	内容	层面	属性	
博物馆的定义	性质、功能、对象、方式、目的等	机构、法律、政策	显性、易变	与功能密切相关；易受社会发展影响；关系未来发展方向
博物馆的核心价值	责任、使命、意义、精神等	社会、伦理、道德	隐性、不变	

1. 博物馆核心价值受到冲击

根据核心价值的概念，博物馆核心价值应指博物馆本身和内部人员坚守的根本原则和信念。自世界上第一个现代公共博物馆——英国牛津大学阿什莫林博物馆创建起，博物馆就拥有其区别于其他组织的特质，其主要特征是重视社会教育作用，注重为社会服务④。几个世纪以来，博物馆的教育职能更加显著，成为重要的社会文化机构⑤。特别是二战结束以来，世界政治格局沧桑巨变，科学技术突飞猛进，全球经济趋于一体，

---

① 陈波：《浅谈博物馆的“核心价值”》，中山市博物馆网站，https://www.zsmuseum.cn/jiaoyu/xsyj/4890.html，2015 年 5 月 29 日。

② 段勇：《当代中国博物馆》，译林出版社，2017 年。

③ 单霁翔：《从“馆舍天地”走向“大千世界”——关于广义博物馆的思考》，天津大学出版社，2011 年。

④ 于萍：《博物馆性质与文化传播》，《丝绸之路》2011 年第 2 期。

⑤ 单霁翔：《从“数量增长”走向“质量提升”——关于广义博物馆的思考》，天津大学出版社，2019 年。

世界范围内诸多领域发生了翻天覆地的变化，经济、文化、民族、宗教、国家利益之间产生深层次冲突，面对纷繁复杂的局面，各种学说、思潮不断涌现。为适应外部世界的变化，博物馆也主动或被动地调整和应对[①]。伴随着这些变化，以变革传统博物馆为诉求的新博物馆学运动兴起，博物馆传统的价值理念、核心功能被解构和削弱，公益性受到挑战，原有的形象被颠覆[②]。随着遗产概念逐渐替代“实物”的概念，保护和利用遗产成为包括博物馆在内的诸多遗产机构的共同责任。博物馆已经不再是人类遗产保护和利用的唯一形式和力量[③]。

自改革开放以来，我国博物馆界一直在努力进行着探索和尝试，通过不断借鉴吸收国际上的新思想、新理念以及公共管理学思维，内强管理，外塑形象，展陈手段内容不断多样，文物保护与信息技术创新应用，社会教育、志愿者和“博物馆之友”等开放性工作日益深入展开，特别是 2008 年全国博物馆全面实施免费开放，开启了博物馆公共服务新时代，博物馆工作重心向优质服务转移，博物馆进入服务时代[④]，折射出博物馆环境、功能、技术等因素的改变和对社会的融入。当然，这些变化和创新并不意味着为了单纯追求所谓的新时代精神，可以全盘否定和抛弃博物馆过去那些传统的、有价值的东西。

2. 研究博物馆核心价值的紧迫性

近年来，中国博物馆界对博物馆核心价值进行了积极有益的探索。2007 年，中国博物馆学的拓荒者苏东海先生在接受记者采访时指出，“博物馆在快速发展过程中不能迷失自我，还要回到‘博物馆是什么’这个根本的问题，回到‘什么是博物馆的核心价值’这个问题”。他认为，“博物馆要发挥自己的作用，实现博物馆的价值与社会使命，还是要回到藏品、回到遗产这个问题。离开这个，博物馆就不是博物馆了”[⑤]。2010 年，在宁波举办的以“21 世纪博物馆的核心价值与社会责任”为主题的“携手 2010：宁波国际博物馆高峰论坛”，中外博物馆学者多视角地审视了“博物馆与社会责任”的问题[⑥]。2011 年，陈彤提出，“博物馆核心价值集中反映了博物馆的社会性、开放性、公益性的本质特征，并在博物馆职能总体中永远处于领先和主导地位”[⑦]。2012 年，甄朔

---

① 苏东海：《当代博物馆发展中的几个基本问题》，《博物馆的沉思：苏东海论文选（卷二）》，文物出版社，2006 年。

② 张文立：《关于博物馆核心价值讨论的前提性思考》，《中国博物馆》2013 年第 1 期。

③ 张文立：《关于博物馆核心价值讨论的前提性思考》，《中国博物馆》2013 年第 1 期。

④ 宋向光：《博物馆进入服务时代》，《物与识——当代中国博物馆理论与实践辨析》，科学出版社，2016 年。

⑤ 苏东海：《关于博物馆的核心价值——苏东海先生访谈》，《中国文物报》2007 年 12 月 28 日。

⑥ 中国博物馆协会、宁波博物馆编：《21 世纪博物馆核心价值与社会责任》，科学出版社，2010 年。

⑦ 陈彤：《博物馆核心价值的反思和守望》，《中国文物报》2011 年 2 月 23 日。

南先生撰文强调“坚守博物馆核心价值”[①]。2013年,《中国博物馆》以“博物馆的核心价值”为主题专门组织进行专题讨论,田军[②]、兰维[③]、张文立[④]、陈波[⑤]等学者对此发表了不同的观点。总体而言，学界对博物馆核心价值的认识未能形成广泛的共识。

由于对博物馆核心价值认识的模糊甚至偏离，给中国博物馆的实践带来了一系列不容忽视的问题。最明显的表现是博物馆的泛化和异化[⑥]。不乏一些不具备相关条件的非国有博物馆进入博物馆行业，使博物馆的门槛越来越低，整体质量也堪忧。有些以私人收藏为支撑的民办博物馆刚成立不久即陷入运行危机，难以为继。也有少数地方政府为搞形象工程、政绩工程建博物馆，缺乏对当地文化资源、经济实力、群众需求等的系统评估。很多基层博物馆管理者对博物馆缺乏理解，在实施免费开放之前，很多基层的博物馆是典型的“挂牌馆”，常年没有业务活动，免费开放政策实施专项经费补贴后，情况稍有改观，但是距离博物馆核心价值的真正实现仍有较大差距。

任何事物过量、过度、过滥，就很容易走向另一个完全相反的极端。当博物馆为了活跃展览形式而将大量新技术、新手段用于陈列展览时，客观上导致了物与技术的对立，给博物馆带来了冲击和疑惑。很显然，展览技术和方法只是实现博物馆核心价值与社会使命的工具，而不是博物馆自身所要追求的核心价值。少数民办博物馆私下实行的“以收养藏”，如此种种不符合博物馆核心价值的观念和做法，背离了博物馆的价值观、公益性和道德规范，导致社会对博物馆的误解和隔膜。坚持博物馆传统的人们也不禁困惑了，这难道是我们想要的博物馆吗？

（二）博物馆核心价值研究综述

1. 以物为本

这是从博物馆工作物质基础的角度界定博物馆的核心价值。此观点中的物包括有形和无形两种。有形之物如博物馆的藏品，无形之物指通过藏品展示出的文化、历史、风俗等。基于此，博物馆核心价值应以物为本，进行藏品的保存与收藏、展示、交流和教育。苏东海先生曾指出，“博物馆的核心是博物馆中的收藏，是遗产，即人类生存及其环境的物证”，关于博物馆应不应该收藏和展览复制品的讨论，他认为是对博物馆核心价值的困惑甚至背离[⑦]。我们必须承认藏品在博物馆中的根本地位，藏品是博物馆

---

① 甄朔南:《坚守博物馆的核心价值观》,《博物馆学季刊》2011年第1期。

② 田军:《求真趋美：博物馆永恒的价值追求》,《中国博物馆》2013年第1期。

③ 兰维:《文化认同：博物馆核心价值研究》,《中国博物馆》2013年第1期。

④ 张文立:《关于博物馆核心价值讨论的前提性思考》,《中国博物馆》2013年第1期。

⑤ 陈波:《阐释与对话：博物馆核心价值研究》,《中国博物馆》2013年第2期。

⑥ 张文立:《关于博物馆核心价值讨论的前提性思考》,《中国博物馆》2013年第1期。

⑦ 苏东海:《关于博物馆的核心价值——苏东海先生访谈》,《中国文物报》2007年12月28日。

的立足基础[①]，也是博物馆区别于其他组织的根本特质。无论时代环境和价值观念如何演变，围绕博物馆开展的任何工作、理论研究等都应该首先承认藏品之于博物馆的根本性地位。当然，博物馆开展收藏工作的目的是通过研究、展示发挥藏品价值，为大众服务。“天下之公器不得私执”，博物馆应是人类财富的合法授权保管者，有将藏品用于促进人类进步、社会公平等方面的责任[②]。国际博物馆协会（ICOM）对博物馆藏品的认识，经历了“物件”—“物证”—“物质和非物质遗产”的调整变化[③]。

2. 以人为本

这是从博物馆的目的角度界定博物馆的核心价值[④]。此观点中的人指博物馆的受益者。博物馆核心价值是满足人的需求，如社会公众了解历史文化的需求、学者研究历史的需求、子孙后代保存历史的需求，博物馆通过收藏、展览、社会教育等适宜形式，组织和吸引人的参与、互动，发挥博物馆的功能。在此过程中，由于生活方式、教育程度、文化需求、社会关系、政治意识等发生变化，人对博物馆的需求也会不断变化。

3. 以教育等为本

这是从博物馆功能的角度界定博物馆的核心价值。此种观点认为教育应该是博物馆的核心价值[⑤]，文化遗产的保存、延续与交流是博物馆的核心价值等[⑥]。从实践角度看，美国所有博物馆的建馆宗旨都包含教育这一项内容[⑦]。1984 年出版的《新世纪的博物馆》一书将教育比喻为博物馆的灵魂。

4. 人与物的统一

价值一般分为价值主体和价值客体。马克思认为价值是“揭示外部客观世界对于满足人的需要的意义关系的范畴，是指具有特定属性的主体对于客体需要的意义”，即价值是“客体对主体的有用性”，只有两者的有机结合才能被认为有价值。博物馆核心

---

① 张文立：《关于博物馆核心价值讨论的前提性思考》，《中国博物馆》2013 年第 1 期。

② 郭长虹：《社会发展与博物馆社会服务观念的变革》，《博物馆观察》，学苑出版社，2005 年。

③ 崔波、杨亚鹏：《博物馆定义大盘点 新时代博物馆定义大思考》，《中国文物报》2017 年 10 月 25 日。

④ 马自树：《以人为本 博物馆不断追求的核心价值》，《文博余话》，http://www.ccrpf.org.cn/tabid/77/infoID/791。

⑤ 甄朔南：《坚守博物馆的核心价值观》，《博物馆学季刊》2011 年第 1 期。

⑥ 侯春燕：《〈中国博物馆〉2013 年 1 期主题阐释与约稿——博物馆的核心价值》，中国博物馆杂志，http://blog.sina.com.cn/u/2211559273。

⑦ 单霁翔：《博物馆的社会责任与社会教育》，《东南文化》2010 年第 6 期。

价值的主体是社会大众（即人）①，是博物馆的受益者，客体是物，是博物馆中存在和展示的历史文化遗产。因此，博物馆欲实现其核心价值主体和客体的协调统一，须通过较好地开展活动、发挥功能，让价值主体真正理解博物馆的特质，从社会教育、参观、研究、学习中去了解掌握价值客体，同时，博物馆应利用丰富的收藏、科学研究、多样化的展示及多渠道的传播途径，通过服务社会的价值手段，实现促进文化认同的价值目标，达到物和人、内和外的统一（图四）。

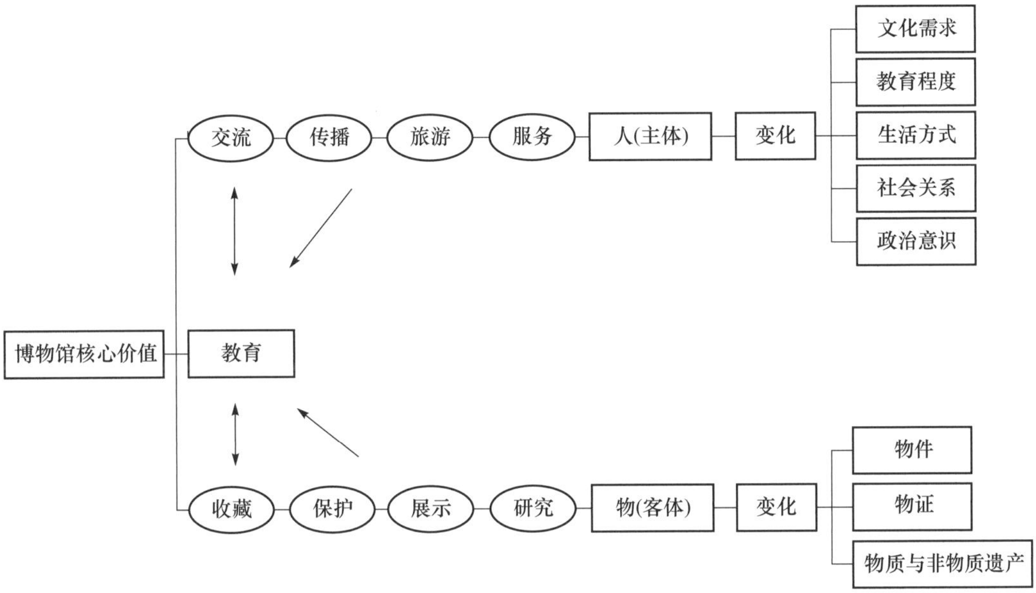

图四　博物馆核心价值结构及变化因素

博物馆的实践性与核心价值并不是直接的因果关系。博物馆的实践性充分体现了博物馆的核心价值。但无论博物馆如何变化，在现代社会条件下它首先面对的是与人、与社会的关系。而博物馆并不为一人存在，也不为一时存在，人的复杂与社会的复杂并不能够说明从中提炼出的博物馆的核心价值观也一定复杂②。

从博物馆数百年发展史来看，对博物馆核心价值的认识呈现出动态性、阶段性、时代性的特点，其原因既与人的参与、各种活动的举办密切相关，又受到经济社会发展、科学技术进步和国家相关政策环境深刻影响。博物馆核心价值统一体内各个维度的诸多因素都非常活跃，经常此消彼长。讨论博物馆核心价值，不能脱离特定的历史阶段、特定的社会环境。在一个总体平衡的价值体系内，不论是三个维度，还是多个维度③，

① 左玉河：《人民群众是践行社会主义核心价值观的唯一主体》，光明网，https://theory.gmw.cn/2014-12/04/content_14051207.htm，2014 年 12 月 4 日。

② 张慧国：《博物馆：一切皆有可能——博物馆实践性散议》，《中国文物报》2008 年 10 月 17 日。

③ 谷遇春：《博物馆核心价值体系构建及制度保障措施探究》，《吉首大学学报（社会科学版）》2009 年第 5 期。

我们需要高度注意尽量保持主体与客体的协调、平衡，防止片面、极端，导致出现博物馆核心价值发展导向与实现方式的重大偏差。

因此，笔者认为博物馆的核心价值是让人（主体）通过物（客体）去了解历史文化遗产。随着博物馆免费开放的推行，社会大众有更多机会走进博物馆，博物馆走进老百姓的生活。但大多数老百姓在逛博物馆时，并不是定位为了解历史和学习知识，而纯粹是为消磨时光。对此，博物馆在管理中需要积极思考观众的心理特征，形式多样地发挥博物馆功能，让遗产的价值得到阐释和认识。

（三）如何实现博物馆的核心价值

博物馆核心价值应指引和约束博物馆的发展，博物馆的一切工作都必须在博物馆核心价值的规范内进行。博物馆的核心价值，需要从博物馆自身、政府管理部门、社会公众等多个维度予以共同强化。

1. 对博物馆自身来说

博物馆的核心价值是博物馆存在的根本，在不断变换的外部环境下，只有确切把握其核心价值，才不会在具体工作中迷惘，从而偏离博物馆的初衷[①]。具体而言，博物馆自身必须要明确什么才是真正的博物馆？博物馆与其他公共文化机构的本质性区别在哪里？这两个问题的正确回答，有助于博物馆在各种变化和诱惑面前不迷失自我，不断适应环境的变化，培养实现核心价值所需要的藏品管理与研究、社会教育等核心能力，有效承担社会责任。

2. 对政府管理部门来说

在当前“博物馆热”的社会背景下，博物馆逐渐成为城市地标性建筑和重大文化民生工程，行业及民办博物馆亦风生水起。政府管理部门应正确理解博物馆的核心价值，依靠正确的理念、完善的法律法规规范和引导博物馆建设与发展实践。在博物馆的管理与指导中，颁布的管理规范和法律法规应充分体现博物馆的核心价值，为博物馆核心价值的实现提供保障，特别是不能以经济与市场指标、政绩指标来硬性约束博物馆的建设和发展。对此，博物馆行业管理部门的作用十分关键，既要对外抵制来自其他政府部门及社会某些不符合博物馆核心价值做法的压力，又要对内规范博物馆行业管理，引导大环境下博物馆的建设发展坚守其独立性。

3. 对社会公众来说

社会公众或博物馆捐赠者、志愿者应理解博物馆与其他的公共文化机构的区别。

---

① 陈波：《浅谈博物馆的“核心价值”》，中山市博物馆网站，https://www.zsmuseum.cn/jiaoyu/xsyj/4890.html，2015 年 5 月 29 日。

同时，博物馆从业者也要理解对博物馆价值、功能的认识往往会基于文化程度、兴趣等个体情况而存在差异，让社会公众真正明白博物馆的核心价值更需要时间。

（四）县级博物馆的核心价值

核心价值是博物馆的共有价值，对县级博物馆同样适用。但由于县级博物馆所在区域、层级、观众对象等的不同，在具体的价值实现中，从物、人、功能等三个不同维度呈现出自身的独特性（图五）。

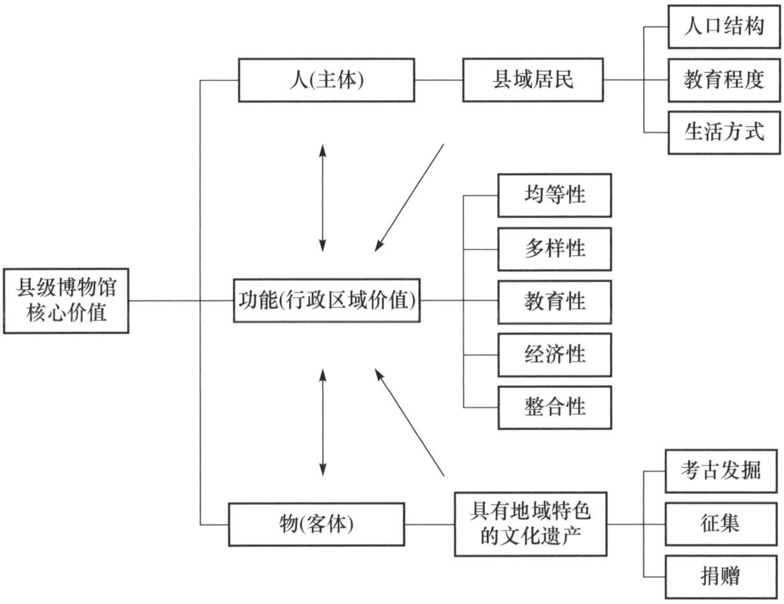

图五　县级博物馆核心价值（统一体）结构及变化因素

1. 从物的维度——县级博物馆的原生文化遗产价值

县作为一级行政区域，其形成有一定的历史渊源，再加上千差万别的自然条件，这就使得此一地与彼一地形成或多或少的差异和特点。而这些差异和特点，诸如生产方式、民间工艺、宗教民俗、物产以及自然资源等都可作为博物馆资源得到开发[①]。无论是依托古建筑、古遗址建立的博物馆还是新建的博物馆，其收藏、展示的藏品或出土于本县域的古遗址古墓葬，或向本县群众征集，或接受与县域先贤、先烈、名人、重大事件有关的社会捐赠，都具有强烈的原生性。这些藏品潜移默化地铸造着县域人文精神。

从物的维度看，原生性是县级博物馆藏品收藏的重要特点。县级博物馆作为县域物质文明与精神文明的窗口，应着重征集、收藏、展示、研究原生性地方文化遗产。

① 理智：《县级博物馆研究》，陕西师范大学出版社，1999年。

假如一个县级博物馆征集、收藏、展示、研究的藏品以县域外为主，那么其核心价值是存在一定问题的。约翰·科顿·达纳认为“一个好的博物馆在于它的使用”①。县级博物馆通过征集、收藏、展示、研究县域原生性文化遗产，传承地方文脉，增加本地民众的文化自信和乡土情结，增强文化凝聚力和认同感，引起精神上的共鸣。

在实践中，县级博物馆由于受到经费、藏品、规模、能力等限制，不能够有效展示独特的地方文化，展览的质量和科学性还有较大提升空间。同时，由于藏品的更新速度较慢，不利于保持观众热情②。如何在有限的藏品、经费、规模等条件下，较好地坚守县级博物馆的核心价值，实现博物馆物与人的统一，值得研究者和管理者思考。

2. 从人的维度——县级博物馆的乡土性

县域居民按照其居住地的不同，可分为县城居民、小城镇居民和乡村居民等三类，其中乡村居民多年来一直占据绝对多数。伴随着近年来城镇化的推进和综合交通体系的逐渐完善，过去按照行政层级形成的“城—镇—村”的传统城乡关系正在发生巨变③。一方面，县城作为县域行政、商业和文化资源中心，持续集聚发展，承接乡镇转移人口，提供县域基本公共服务④。另一方面，受乡镇人口聚集县城的影响，乡镇萎缩，乡村解体，小城镇居民和乡村居民融入县城城市圈，引起县域居民人口结构、教育程度以及生活方式的变化。县级博物馆对县域居民新的人口流动以及引起的一系列变化应予以高度关注。

县级博物馆主要服务对象是县域内居民，与省会城市、地市级城市的居民相比，县域内居民的文化程度、专业领域都不相同，即使对于本县历史文化遗产，不同人群也理解不同。县域内基本没有高校和专业科研机构，客观上缺少较高层次的历史文化研究者。县级博物馆应该立足县城，面向广大城乡人民特别是青少年，掌握服务对象的特征和需求。

在文化遗产展示方式陈旧、县域居民对博物馆价值理解不到位的情况下，县级博物馆往往容易走向迎合观众、降低博物馆精神文化品位的错误路子。如将一些外域娱乐性、商业性、时尚性的项目引进博物馆，以此吸引观众，提升观众量。个别博物馆甚至以市场经济收益为标准衡量县级博物馆的运营情况。这些都是现代公共文化体系建设中偏离县级博物馆核心价值需要注意防范的做法。

---

① John Cotton Dana. A Plan For A New Museum, The Kind Of Museum It Will Profit A City To Maintain. The Elm Tree Press, 1920.

② 窦志斌：《博物馆公共文化服务创新探析》，《鄂尔多斯文化》2013 年第 3 期。

③ 黄缘罡：《人口流动新格局下的县级国土空间规划应对探讨》，https://www.sohu.com/a/421765121_275005，2020 年 9 月 29 日。

④ 王凯、林辰辉、吴乘月：《中国城镇化率 60% 后的趋势与规划选择》，《城市规划》2020 年第 12 期。

3. 从功能的维度——县级博物馆的行政区域价值

第一是均等性价值。基本公共服务均等化的实质是一种基本公共品的分配正义，代表着政府与政策体系的核心目标与价值[①]。县级博物馆应成为博物馆家族中构建现代公共文化服务体系均等化责任的主要承担者，而非仅由国家、省级大型博物馆、地市级中型博物馆唱主角。县级博物馆是一个县经济社会发展程度的集中体现。"十三五"是国家扶贫攻坚全面建成小康社会的关键期。国家通过政策、资金、项目的"重心下移"，加强县级博物馆建设与发展，可以切实保障基层人民群众文化资源共享的权力和机会的均等，推进中国文化民主化进程，加快公共文化均等享有目标的实现。在实现全部脱贫、全面小康后，"十四五"时期，县级博物馆仍将为深化巩固脱贫摘帽效果发挥独特作用。

第二是多样性价值。文化多样性指的是世界上每个民族、每个国家都有自己独特的文化。文化多样性是人类社会的基本特征，也是人类文明进步的重要动力。县级博物馆应成为体现民族、宗教、区域文化多样性、包容性的主要载体和重要展示平台。通过加强县级博物馆建设与发展，突出其作为社区、社群、社会活跃参与者的角色定位，以高质量的文化供给，充分展示县域范围内的地方历史、区域文化、地方名人及其他特色文化资源，开展乡土历史文化宣传教育，获得本地群众普遍的文化认同感、自豪感，增强文化自信和凝聚力，提高公众的幸福感和获得感，促进民族团结、共同繁荣。县级博物馆集中体现了文化的平等、多元和包容[②]。

第三是教育性价值。博物馆是典型的社会教育公共机构，有着与报刊、广播、电视、学校等机构和场所不同的教育形式，在对公众进行社会教育方面有着不可忽视的强大优势[③]。凭借内涵丰富的馆藏文物，博物馆可以针对不同年龄、不同层次、不同群体的需求，履行全方位的教育功能[④]。县级博物馆应成为国民教育体系中社会教育的主要载体。通过加强县级博物馆建设与发展，让博物馆成为从小进入博物馆的学生们分享知识和喜悦、获取灵感和创造的知识殿堂。同时，也有效改变县级博物馆文化资源利用率不高，而国家、省级博物馆资源过度开发利用、展厅人满为患的博物馆发展不平衡的问题。

第四是经济性价值。博物馆藏品具有不可再生性和经济价值增值性，陈列展览为

---

① 姜晓萍、康健：《实现程度：基本公共服务均等化评价的新视角与指标构建》，《中国行政管理》2020 年第 10 期。

② 国际博协（ICOM）正式发布 2020 年国际博物馆日主题为"致力于平等的博物馆：多元和包容"（Museums for equality: Diversity and Inclusion），中国博物馆协会官网，http://www.chinamuseum.org.cn/a/xiehuizixun/20191212/13142.html。

③ 吕忠民：《博物馆的公众教育功能》，《剧影月报》2012 年第 3 期。

④ 单霁翔：《博物馆的社会责任与社会教育》，《东南文化》2010 年第 6 期。

公众提供服务性消费，通过消费链带动国民经济发展，其突出表现之一就是促进旅游消费[①]。县级博物馆应成为文化精准扶贫中驱动文化旅游、文化产业发展的重要载体。目前大部分国家级和省级贫困县，均缺乏一座功能健全、高质量的博物馆。中国人口多，基数大，各地资源特色鲜明，具有细分发展的先天优势。通过加强县级博物馆建设与发展，可以宣传打造区域文化品牌，带动和促进文化旅游和经济社会发展。“十四五”时期，建议国家鼓励逐步消除县级博物馆的空白，在缺乏博物馆的县雪中送炭支持建设凸显地方资源特色的小型专题博物馆，在具备条件的省份（或地区）逐步推进“县县建博物馆”的进程，而非在已有博物馆的县锦上添花建设更多甚至打造博物馆群。

第五是整合性价值。组织结构整合是最常用的组织结构变革方式，通过对组织机构和制度进行必要的调整或重建，以实现组织协同、组织整合，从而实现最佳协同效应，提高运作效率。在新时代中国特色社会主义发展的大背景下，我国政府机构改革呈现出职责化、协同化、整合化和规范化的演进趋势[②]。县级博物馆应成为基层文博单位体制改革新的突破口。“十四五”期间，可以研究考虑在具备相应条件的区域逐步实施“县县建博物馆”，撤并原有文管所，将文管所和博物馆业务职能整合，建立由文管所向博物馆整合发展的新模式[③]，使博物馆除拥有宣传展示、社会教育、研究整理等基本职能外，还负责县域范围内不可移动文物保护与管理，向文物保护田野一线作战方向发展，这对于缓解基层编制不足、人手紧张的现状或许具有一定的现实意义。此外，要进一步厘清博物馆、图书馆、文化馆等公共文化服务机构的边界，在充分研究各自核心价值的基础上探索建立“三馆”协同发展机制，加大对公共文化资源的整合力度，既强调突出各自特色，又推进公共文化服务互联互通，建设博物馆及其他公共文化服务机构的横向、纵向、区域联盟，促进不同类型公共文化服务机构的协同发展、整体发展，实现区域文化的共建共享[④]。

---

① 吕建昌：《博物馆与当代社会若干问题的研究》，上海辞书出版社，2005 年。

② 邱实：《新时代政府机构改革的演进趋势》，《中国社会科学报》2020 年 8 月 19 日。

③ 王世昌、张廷皓：《从文管所向博物馆发展途径的探讨——茂陵、昭陵、乾陵博物馆的建馆经验》，《中国博物馆》1985 年第 2 期。

④ 张晓云：《论现代公共文化服务体系视角下的县级博物馆》，《中国文物报》2016 年 4 月 13 日。

第二章　县级博物馆功能定位的理论分析

一、博物馆的核心价值与功能的关系

对博物馆核心价值的分析，突出县级博物馆在强调实现核心价值时，应更加注重其地域、行政、服务对象等方面的特殊性。同时，应注意博物馆的价值与功能之间的密切联系。

在马克思主义哲学中，价值被定义为“揭示外部客观世界对于满足人的需要的意义关系的范畴，是指具有特定属性的客体对于主体需要的意义”。价值是客体对主体的有用性。博物馆的核心价值是让物（客体）通过人（主体）去发挥作用。

博物馆的价值和功能的关系可以阐述为两点。

第一，功能发挥是价值实现的过程。博物馆的价值不在于其规模的大小、级别的高低，而在于其发挥作用的大小。博物馆的价值需要通过功能发挥得以实现，也就是说失去了功能发挥这个渠道，博物馆的价值是虚幻的。例如失去了收藏功能，博物馆就不能称为博物馆，失去了面向观众的展示和教育，博物馆就只能充当仓库，而不能发挥其传承历史文化遗产的价值。

第二，核心价值是功能的指导。博物馆的功能定位，应围绕着博物馆的核心价值展开。例如，当前人们非常注重居家品味，喜欢用历史文物去装点修饰家庭。文物显然是不能被随意销售的，复制品就成了首选。如果博物馆抛开历史文化遗产的核心价值，去大量地复制文物以迎合观众的消费需求，那么博物馆的功能定位是存在问题的。因此，博物馆的价值为其合理的功能定位指引了方向。

功能定位至少有三个方面的重要意义。一是为了取舍功能，即在众多机构可以做的事情中，我能做哪些；二是为了认定方向，即确定机构的方向，让本机构区别于其他机构；三是为了追求目标。这三点都能回归到机构的价值本原中去。

二、县级博物馆功能定位的原则

在博物馆前面加上“县级”二字，并不仅仅是对博物馆行政级别的限定，而且是对博物馆的价值、功能定位提出了特殊要求。在探讨县级博物馆的功能定位时，需要坚持四个原则：一是服从于博物馆的基本功能；二是紧抓县级博物馆的特征；三是体现博物馆的公益性质；四是服务于县域公共文化服务体系建设。

（一）服从博物馆的基本功能

在博物馆核心价值的指导下，博物馆进行基本功能定位。博物馆价值是主体和客体的统一，藏品等历史文化遗产是博物馆的核心和起点，服务社会是博物馆的价值手段，促进文化认同是博物馆的价值目标。以往学者在对博物馆功能研究中，将其定位为“收藏、研究和教育”三大基本功能，较好地吻合了博物馆的核心价值。县级博物馆功能定位中，收藏、研究和教育功能亦是其基本功能。只不过在功能发挥方式和实际所产生的作用时区别于县级以上的博物馆。

（二）紧抓县级博物馆的特征

县级博物馆突出了县域特征，因此在其功能定位中，应从县级的层面出发，将功能定位与县域特征相结合，包括县地理特征、历史人文特征、经济特征、社会风俗特征等。这些县域特征影响了县级博物馆的基本功能，也约束了功能发挥的方式。在收藏功能上，县级博物馆更多以本地历史藏品为主，而不像县级以上博物馆那样藏品丰富；在服务社会的方法和手段上，由于地方财政投入有限，县级博物馆的技术特别是无线数字技术、投影技术等无法与上级博物馆媲美。

（三）体现博物馆的公益性质

对于博物馆的定义，国际博物馆协会对博物馆的定义为：“博物馆是集收集、研究、传播、保护、展览于一身的公开性、公益性机构。”[①]这一概念侧重于认定公益性质，公益性质为博物馆的经营管理、功能定位限定了方向。在公益性质下，博物馆的运营管理将避免以经济收入为导向，在藏品展示、展览组织和设计、社会教育等功能体现时，基于民众的文化需求为主要出发点。

（四）服务于县域公共文化服务体系建设

县级博物馆的功能定位和发挥应与县域公共文化服务体系建设相融合，思考在县域“三馆”服务体系下县级博物馆如何与文化馆、图书馆的公共文化服务功能相协同。在 2017 年发布的《关于推进县级文化馆图书馆总分馆制建设的指导意见》[②]中提到，鉴于县域内公共文化资源缺乏整合，要求县级政府发挥作用，建立上下联通、服务优质、有效覆盖的县级文化馆、图书馆总分馆制。博物馆同属于县级公共文化范畴，也应该

① 国际博物馆协会：《国际博物馆协会章程》，2007 年 8 月 24 日。

② 文化部、新闻出版广电总局、体育总局、发展改革委、财政部：《关于推进县级文化馆图书馆总分馆制建设的指导意见》，2016 年 12 月 29 日。

在功能定位和发挥中融合到县域公共文化服务体系建设中去。围绕此，笔者将在后文中予以重点阐述。

总之，博物馆的核心价值是多维度的，博物馆的功能定位应该也是多元的。我们探讨博物馆的功能定位，不仅要考虑建设博物馆的目的，也要遵循博物馆的核心价值；不仅要考虑博物馆功能发挥的形式，也要考虑功能中蕴含的本质和内涵；不仅要考虑社会需求、科学技术和国家政策法规对博物馆功能的影响，还需要考虑博物馆的伦理。

三、县级博物馆的基本功能

1786年，美国人查尔斯·威尔逊·皮尔在创办美国第一个公共博物馆——费城博物馆时，提出“收集并且保存能够得到的各种动物标本和化石，将其向公众展示，是创办这所博物馆的第一个目的”，蕴含了博物馆具有收藏和大众服务的功能与理念[①]。1979年Edward P. Alexander出版*Museums in Motion*一书，对博物馆的定义进行了进一步解释，同时分析了博物馆的功能与作用[②]。

就我国的具体情况而言，《博物馆》是最早讨论博物馆性质及其功能的书籍，该书认为，博物馆具有“保存有价值之物品、辅助研究工作、实施实物和精神教育”[③]的功能。1956年，召开了全国博物馆工作会议，会议提出博物馆是科学研究机关、文化教育机关、物质文化和精神文化遗存或自然标本的主要收藏所的三重性质，再次确定了博物馆的“收藏、研究和教育”基本功能[④]。苏东海先生指出，收藏、研究和展示服务是博物馆依序出现的几种功能，而且晚出现的功能随着时间推移与社会进步会日益重要。当前我国博物馆展示服务功能受到强调是一种结构性的需求[⑤]。由于社会转型与政策影响而产生了许多新的博物馆类型，博物馆的功能一直在扩展[⑥]。

（一）收藏保护功能

文物藏品作为博物馆等文物收藏保管单位的核心资源，是开展科学研究、展览展

① Hugh H. Genoways, Mary Anne Andrei. Museum Origins. Left Coast Press. 2008: 28.

② Edward P. Alexander, MaryAlexander. Museums In Motion: An Introduction To The History. AltaMira Press, U.S.; 2ndRevised edition, 1988.

③ 曾昭燏：《博物馆》，《曾昭燏文集》，文物出版社，1999年。

④ 王宏钧：《中国博物馆学基础》，上海古籍出版社，2006年。

⑤ 曹兵武：《博物馆热·博物馆学·博物馆文化——博物馆发展的关键是博物馆人》，《中国博物馆》2008年第3期。

⑥ 崔波、杨亚鹏：《博物馆定义大盘点 新时代博物馆定义再思考》，《中国文物报》2017年10月25日。

示、社会教育、文化传播等各项业务工作的重要基础。藏品体现了博物馆的特色和办馆宗旨，是一个博物馆区别于其他文化机构的核心资源。没有藏品，就不称其为博物馆[①]。《简明不列颠百科全书》认为，征集、保藏、陈列和研究代表自然和人类的实物，是现代的博物馆的主要职能。日本《博物馆法》规定，“博物馆是收集、保存、展出有关历史、艺术、民俗、工业、自然科学等资料的机构”。毫无疑问，“收藏保护”是博物馆一直以来的核心基本功能。

随着时代的变迁，博物馆收藏保护的范围不断外延扩展，从“保护文物藏品”延伸到“保护文化遗产”[②]，博物馆藏品类型也日益扩大，不再局限于物。相比过去，博物馆整体呈现出文物保护功能弱化、公共文化服务功能强化的趋势。

从藏品收藏保护的情况来看，相较于省级以上大馆，县级博物馆大都场地狭小、文物保管和展出的设备简陋、设施缺乏，库房建设、设施设备、信息化管理水平等跟不上时代发展和技术标准要求。馆藏文物数量相对偏少，类型相对集中，文物征集工作难度较大，藏品修复保护专业人员匮乏，藏品利用手段单一，藏品价值研究不足，藏品在博物馆事业发展中的基础性作用还有待提升。

（二）展示教育功能

展览展示是博物馆直接面向公众进行宣传展示和教育服务的重要手段，在现代博物馆事业发展体系中具有举足轻重的地位。高质量的博物馆陈列展览，对于充分发挥文物价值、提升博物馆公共文化服务水平和质量、弘扬传承中华优秀传统文化具有重要作用。当前，随着科技进步、经济共享、文旅融合、国际交流给博物馆事业发展带来的新机遇，博物馆展览展示工作逐步呈现社会化、系统化、国际化等新趋势，亟须进一步创新加强展览展示工作，推动构建中国博物馆事业展览展示学科体系、话语体系、管理体系，推进博物馆事业改革发展，激发博物馆创新活力，全面提升博物馆的核心竞争力和社会影响力。2007 年，国际博物馆协会（ICOM）对博物馆定义进行了重新修订，首次将“教育”作为博物馆的第一功能予以阐述，博物馆的“征集、保护、研究、传播”等各项业务活动都要贯彻“教育”的目的[③]。在现代博物馆的经营管理中，“展示”“教育”不仅是博物馆对社会的责任，也成为实现其核心价值首要的手段和目的。

国外博物馆非常注重发挥博物馆的教育功能。1976 年美国《博物馆服务法》规定

---

① 王宏钧：《中国博物馆学基础》，上海古籍出版社，2006 年。

② 单霁翔：《博物馆功能和职能的加强与完善》，《在国际博物馆协会第 22 届大会管理委员会学术会议上的发言》，2010 年 11 月 9 日。

③ 宋向光：《国际博协“博物馆”定义的新调整》，http://blog.sina.com.cn/s/blog_90120c810100yfkf.html。

"鼓励和支持它们（博物馆）与正规的初等、中等和中等以上教育系统以及与所有不同年龄组的非正规教育活动协力合作"。1984 年，美国《新世纪的博物馆》（*Museums for a New Century*）即对博物馆的教育意义作了如下描述："如果说藏品是博物馆的心脏，那么，展示藏品和教育工作就称之为博物馆的灵魂。"美国博物馆协会在解释博物馆定义时，将"教育"和"为公众服务"并列为博物馆的两大功能，并强调"教育已经成为博物馆服务的基石"[①]。资料显示，美国博物馆的年观众量（达 8 亿人次）是其人口总量的三倍[②]，人们通常形容美国孩子是"在汽车和博物馆里长大的"[③]。正是由于对青少年教育的重视，美国将博物馆视为"儿童最重要的教育资源之一和最值得信赖的信息资源之一"。美国很多学校正式课程在博物馆展厅、教室、库房、图书馆等地进行。美国博物馆每年用于学生教育项目的开支多达 1.93 亿美元，教育时间至少 400 万小时[④]。英国认为博物馆教育可达到课程教学和道德教育的双重目标，自小学起就有在博物馆内授课的课程，并且这些课程还会根据各馆的发展而调整设置，使教学内容与时代同步。授课人员有学校教师，也有博物馆工作人员。法国制定一系列相关措施让孩子们走进博物馆，并提供了一条长期、持久的途径，发展博物馆的教育职能。

当前，县级博物馆在展示教育功能发挥方面存在的主要问题：一是主动性不足，对于展示教育功能的认识还有待提高，在缺乏相关标准规范和考核监督机制、馆校合作机制等情况下，博物馆难以重视和考虑青少年教育项目实施的需求，以及中小学生利用博物馆开展课程学习、实践活动和研学旅行等需求，展示教育工作易陷入可有可无、聊胜于无的尴尬境地；二是原创性不足，由于对藏品、展览和青少年生理心理特点的研究、挖掘不够，围绕展览项目开发设计原创性社会教育项目严重不足，未形成针对不同学段的富有本馆特色的教育项目体系；三是保障性不足，表现在展示教育项目所需的活动场地、经费、专业人员十分匮乏，上级部门和社会力量支持力度有限。在国家越来越重视博物馆展示教育功能的大形势下，县级博物馆与省级以上馆之间的差距日益拉大。

（三）学术研究功能

对博物馆的学术研究功能，老一辈学人多有论述。20 世纪 40 年代有曾昭燏的"保存、辅助科研、实物教育、精神教育"四大功用说和杨钟健的"研究、教育与保管"三大功能说[⑤]，80 年代改革开放以后有学者提出了"三 I"（调查研究 Investigation、教育

---

① American Association of Museums(1992). Excellence & Equity: Education & The Public Dimension Of Museums. American Association of Museums.

② 马自树：《序言》，《博物馆展览：策划设计与实施》，学苑出版社，2005 年。

③ 郑奕、陆建松：《博物馆要"重展"更要"重教"》，《东南文化》2012 年第 5 期。

④ 张和清：《美国博物馆的管理与运作》，《中国文物报》2008 年 10 月 22 日。

⑤ 徐玲：《中国博物馆学学科发展的回顾与反思》，《东南文化》2014 年第 5 期。

Instruction、激励 Inspirator）[①]，后来干脆合成为教育、收藏、研究、展览（或传播）等四大功能。尽管多种功能众说纷纭，但研究始终是得到最普遍认同的博物馆核心功能。

学术研究既是博物馆的功能、任务，也是博物馆自身可持续发展的内在需要。博物馆的收藏为其学术研究提供了先天的优势条件。博物馆教育、展示等功能的发挥，必须以学术研究为基础。博物馆的学术研究，既可以是博物馆馆内专业人员对藏品、展览、社会教育、博物馆管理等进行研究，也可以是博物馆为馆外研究人员的文物保护、博物馆学、地方志等学术研究提供服务和帮助。博物馆学术研究的领域，以其藏品体系为基础，涉猎广泛。县级博物馆因其藏品极具地方文化特色，所以对于地方史、文化史、民俗学等方面的研究具有获得第一手资料得天独厚的先决条件，县级博物馆科研前景广阔，大有潜力可挖[②]。但同时，因受认识水平和专业能力、设施条件等各种因素的限制，县级博物馆的学术研究普遍存在面窄、量小、质低等问题。

（四）行政综合功能

2016 年，国务院《关于进一步加强文物工作的指导意见》指出："文物保护，基础在县。县级人民政府应根据本地文物工作实际，明确相关机构承担文物保护管理职能。"[③] 目前，县域的通行做法是，要么在县文化局下设立文物局，要么是将相关职能交由县级博物馆（或文管所）承担。当然，也有相当多的县级博物馆与县文物局合署办公，一套班子、两块牌子，行使博物馆的职能以及相应的文物保护行政管理职能。在具体实践中，一个县几乎没有同时设立博物馆与文管所两个县级文物保护管理机构的情况。很多县级博物馆，都是由最早的文管所转变而来。因此，除了一般县级以上城市博物馆的共同的功能外，县级博物馆还普遍承担着县域范围内（特别是广大农村地区）不可移动文物保护管理、文物执法等行政职能[④]，有的甚至还肩负着非物质文化遗产保护的任务。

在 2018 年以来的地方机构改革中，全国市县级的基层文物机构队伍大大萎缩，严重削弱，"小马拉大车"现象十分严重[⑤]。在当前文物安全形势依然严峻的大背景下，如果一个县的国保、省保文物保护单位和不可移动文物数量过多，在某种程度上，无疑更是加大了县级博物馆的工作强度，分散了博物馆发展核心业务的能力。

---

① 艾进、谢敬凤、吴瑾：《城市遗址博物馆的文化产业开发及其内涵与途径》，《环球人文地理》2014 年第 4 期。

② 理智：《县级博物馆研究》，陕西师范大学出版社，1999 年。

③ 国务院：《国务院关于进一步加强文物工作的指导意见》，2016 年。

④ 理智：《县级博物馆研究》，陕西师范大学出版社，1999 年。

⑤ 刘玉珠：《开启新时代文物事业改革发展新篇章——国家文物局局长刘玉珠谈学习贯彻落实党的十九届四中全会精神》，新华网，http://www.xinhuanet.com/politics/2020-01/10/c_1125445925.htm，2020 年 1 月 10 日。

四、县级博物馆的现代功能

由于博物馆管理的不断更新，学者开始从新的视角思考博物馆的功能。有学者对新时代背景下的博物馆功能进行了深入思考和大胆创新。如李西兴在《试论博物馆的服务功能》一文中，在否定当时流行的博物馆“三重性质”科学性的基础上，提出了博物馆“为教育、游览和研究服务三项功能”[①]。有学者认为现代博物馆已形成了三个新的功能，即基本功能、科学研究功能和社会服务功能[②]。也有学者对公共文化服务体系视野下的博物馆功能定位问题进行了研究，提出“博物馆在公共文化体系的架构中，功能应当从当代性出发，有重点、有层次、有针对性地确立自身功能，成为保存人类文化遗产、开展社会教育、传播文化科技知识、促进文化消费、提升国民素质的工具”[③]。翁淮南认为，社会信息化在更高的层次、更广的范围、更深的程度上拓展了博物馆的内涵和外延，重新定义了博物馆的功能。逐步走向承担传承文明、服务社会、促进人类和平发展的多重功能。在此基础上，博物馆的社交功能和休闲功能也愈发凸显，博物馆俨然已成为新的公共社交休闲空间[④]。

县级博物馆是否具有这些功能？或者基层环境与需求对县级博物馆的功能是否提出了新的要求？县级博物馆究竟应该发挥什么样的功能，具备哪些条件才能充分保障这些功能的发挥？在现代公共文化服务体系中，图书馆和文化馆均有着其明确的功能定位，县级博物馆的功能定位到底在哪里？目前我国对这些问题的研究仍显不够。

随着社会的不断进步，政治、经济、文化和社会四大领域的不断融合，县级博物馆需要在坚守博物馆核心价值的前提下，思考其在政治、经济和社会领域的新职能，做到既存本、又求变。之所以提出要“坚守博物馆核心价值”这个前提，源于学术界一直对博物馆核心价值的争议。博物馆核心价值与功能之间紧密关联，博物馆只有通过功能发挥，才能承担在县域发展中的作用，真正实现其核心价值。县级以上的中央、省市级大馆功能上基本上是综合性的，收藏、教育、研究、旅游等各项功能均衡发展，而县级博物馆的主要功能集中于收藏、教育（展示是实现教育的一种手段），研究、旅游等功能相对较弱。县级博物馆开展收藏是对历史、对民族、对人类而言的历史责任，开展教育是对当地民众精神需要、对人的终身发展的现实责任。应防止将县级博物馆职能要么无限拔高和放大、追求“大而全”，要么陷入“博物馆无用论”的认识误区。应始终坚持实事求是、科学客观地界定县级博物馆核心的、应有的功能。

---

① 李西兴：《试论博物馆的服务功能》，《中国博物馆》1985 年第 1 期。

② 刘春艳：《博物馆的功能及其发展问题分析》，《社科纵横》2013 年第 28 期。

③ 刘舜强：《公共文化服务体系视野下的博物馆功能定位》，《学理论》2014 年第 10 期。

④ 翁淮南：《新发展理念下的中国博物馆发展趋势探析》，《文博学刊》2020 年第 1 期。

（一）县级博物馆现代功能定位原则

界定县级博物馆的现代功能，可以从以下几个方面进行考虑。

第一，遵循县级博物馆核心价值的导向性。核心价值始终是博物馆在现代社会安身立命、生存发展的基本原则，是研究县级博物馆现代功能的主线与必须把握和明确的方向。界定县级博物馆的现代功能，不能随意自立门户、另起炉灶，脱离其核心价值及其基本功能。

第二，遵循现代公共文化服务体系建设对博物馆的新要求。构建现代公共文化服务体系，要求坚持以人民为中心、政府主导、社会参与、共建共享、改革创新的基本原则，以改革创新为动力，以基层为重点，以实现基本公共文化服务标准化、均等化为基本目标。县级博物馆通过借力于县域基层公共文化服务机构的协同建设，提升公共文化产品有效供给的能力，促进城乡均等、区域均等、人群均等，探索公益性公共文化服务机构整合共建的有效途径，达到现代公共文化服务体系建设对公共文化服务均等性、便捷性、传播性更高的目标和要求。

第三，遵循物质与非物质文化遗产价值的统一性。县级博物馆以收藏、展示、传播本地的文化遗产为主，是书写历史和风俗的城市名片。非物质文化遗产与物质文化遗产共同承载着人类社会的文明，是世界文化多样性的体现。加强非物质文化遗产保护，不仅是国家和民族发展的需要，也是国际社会文明对话和人类社会可持续发展的必然要求①。2007 年国际博物馆协会在发布的博物馆新定义中将“非物质遗产”正式纳入，博物馆应积极推动地方政府和社会力量对县域非物质文化遗产进行保护，争取多方支持和投入。

第四，遵循县级博物馆在现代区域经济社会发展中的带动性。从历史经验看，经济和文化往往相互依存、相互促进，经济发展能带来人类思想和文明的提升，同时也带来崭新的精神文化需求。县域历史文化中，不乏历史名人、古迹名胜等，应充分挖掘这些深具地方特色的文化经济价值潜力，将其创立为地方历史文化品牌，找到文物博物馆事业发展与经济发展的最佳结合点。县级博物馆在核心价值指导下，能够较好地发挥对区域经济发展的带动功能。

（二）县级博物馆现代功能的划分

将县级博物馆的现代功能主要划分为文化功能和经济功能两个部分。前者包括地方名片、信息传播、文化扶贫和非物质文化遗产保护；后者包括旅游休闲功能和经济驱动功能。

---

① 彭岚嘉：《物质文化遗产与非物质文化遗产的关系》，中国非物质文化遗产网，http://www.ihchina.cn/luntan_details/8461.html，2008 年 6 月 4 日。

1. 县级博物馆的文化功能

县级博物馆是县域“两个文明”的窗口，承载区域集体记忆，传承城乡历史文脉，展示县域经济社会文化变迁，激发公众爱国主义精神。20世纪50年代末，我国深受前苏联博物馆事业的影响，县级博物馆主要以地志类博物馆为主，其目的主要是为弘扬社会主义建设的伟大成就，综合展示县域的自然地理、物产分布、矿产资源、工农业生产、文化建设、经济发展、历史文物等各方面的状况[①]，公共文化功能并不十分突出。随着时代进步，21世纪的县级博物馆逐步成为城市文化建设不可分割的组成部分，能够让广大县域居民更好地就近享受到均等化文化服务。博物馆成为保护传统、引领未来、推动当代社会经济发展的重要力量。

第一，县级博物馆是地区的名片。博物馆作为城市的公共文化服务机构，也是一座城市的基因库。县级博物馆见证着县域特别是县城城市的发展历史，承载着土生土长的文化记忆和社会信息资源，是一张浓缩着县域文化精髓的名片。这也是为何县级博物馆往往被认为是一个地方的文化标志的原因。

第二，县级博物馆的信息传播功能。当今世界，网络信息技术日新月异，云计算、大数据等现代信息技术深刻改变着人类的思维、生产、生活和学习方式，全面融入社会生活，深刻改变着全球经济格局。谁能更好认识和把握信息化大势，以信息化培育新动能，用新动能推动新发展，谁就能在竞争中占有先机[②]。信息化为中华民族带来了千载难逢的发展机遇[③]。在文化领域，图书馆信息化建设走在了前面。博物馆的信息化工作主要是利用网络、计算机、通信等现代信息技术，通过对信息资源的深度开发，不断提高收藏、研究、陈列、宣传、管理和服务的效率和水平的过程[④]。日本京都国立博物馆馆长佐佐木承平认为，“今后博物馆在扮演角色时，收集、保护和展示文物是不够的，还应承担起传播文化的职责”[⑤]。县级博物馆应该加大新媒体、交互式、数字化传播技术在陈列展示、公众教育、咨询服务中的应用力度，提升信息传播效率和观众体验，拉近博物馆与观众的距离，讲好乡土故事、传播好百姓声音、诠释好县域特色。

第三，县级博物馆的文化扶贫功能。文化扶贫概念自1993年提出至今已二十余年[⑥]，但在工作开展中，很多人将文化扶贫工作更多地归纳到传统的公共文化部分，如图书馆、文化馆、电影电视、媒体教育等，忽视了最能从深处激发本地居民文化意识

---

① 王宏钧：《中国博物馆学基础》，上海古籍出版社，2006年。

② 张胜磊：《向网络强国迈出坚定有力步伐》，中国青年网，http://news.youth.cn/jsxw/201804/t20180423_11604581.htm，2018年4月23日。

③ 刘玉珠：《探索文物保护利用数字互联新格局》，国家文物局官网，http://www.ncha.gov.cn/art/2020/9/18/art_722_163039.html，2020年9月18日。

④ 秦新华：《关于博物馆信息化建设的思考》，《文物世界》2009年第3期。

⑤ 李玉：《博物馆担负传播文化职责》，《中国社会科学报》2015年9月16日。

⑥ 陈建：《我国文化扶贫政策的历史变迁与未来走向》，《图书馆论坛》2020年第3期。

的县级博物馆的作用。扶贫须先扶志、扶智，扶贫还须扶精神，县级博物馆在扶贫工作中具有独特的优势。在贫困地区、偏远山区，博物馆资源相对匮乏，但老百姓同样具有走进博物馆、感受地方文化的强烈精神文化需求。县级博物馆应改变等客上门的被动局面，主动出击，调研掌握县域农村居民的实际文化需求，送上更多健康时尚、走心暖心、形式新颖、“有高度、有深度、有温度”的公共文化产品，让贫困地区的人民也可以像城市市民一样公平、便捷地享受到公共文化服务。

第四，县级博物馆的非物质文化遗产保护功能。传统博物馆一般重视“物”，这一点从博物馆的名字就可以反映出来，长期以来博物馆的收藏品主要为可移动的物质文化遗产。同时，县级博物馆往往还承担了县域内不可移动文物的保护管理工作，任务十分繁重。非物质文化遗产作为物质文化遗产“活”的形态与可视化表现，二者的有机结合，是未来县级博物馆丰富藏品的重要手段，也有助于其找到发展特色。相较于地市级以上大中型馆，县级博物馆具有保护非物质文化遗产的良好基础条件和内在动力，通过对县域内物质与非物质遗产开展整体性、系统性保护，对于新时期重塑博物馆核心价值与社会形象，提升博物馆学术研究水平，让博物馆及其藏品“活起来”，夯实可持续发展基础，具有重要意义。

2. 县级博物馆的经济功能

县级博物馆的经济功能，主要包括发展县域休闲旅游和推动经济发展两个方面。县级博物馆在当地经济建设中的作用是显而易见的，其作用大小与其业务能力的强弱成正比。博物馆旅游是以博物馆资源为核心，整合周边配套资源，并将这些资源转化成各种特色旅游产品，吸引游客旅游学习的活动。县级博物馆由于基本上都已免费开放，博物馆本身并没有获得直接的经济收益，但是参观博物馆对所在县域特别是博物馆周边有着巨大影响。我们知道，经济和文化是互动与依存关系，文化是经济发展的内在动力。如何利用好本地文化资源优势，将文化资源开发转化为经济资源，培育新的经济增长点，带动一批优势特色文化产业，从而拉动地方经济协调发展，县级博物馆应有所思考和大的作为。

五、县级博物馆功能定位理论模型

通过对博物馆功能的界定，从博物馆的层次出发，县级博物馆的功能关系如下图所示（图六）。

第一，核心价值是县级博物馆的“魂”。博物馆的核心价值是让人（主体）通过物（客体）去了解历史文化遗产，主体需要借助适宜的客体表现形式，去回顾历史、反思当下、展望未来。县级博物馆与大型博物馆、大中城市博物馆的核心价值并不完全相同，其功能分类、功能侧重、功能发挥等须与县域居民需求、文化资源、行政管理体

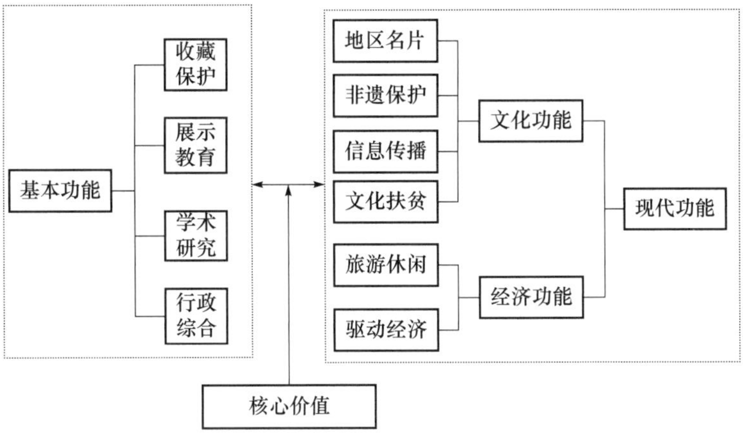

图六　县级博物馆的功能定位理论模型

系等地域性特征相适应。为此，县级博物馆必须为主体提供科学合理的、符合县域历史文化遗产特征的客体表现形式与渠道，这个过程就是县级博物馆功能发挥的过程。

第二，县级博物馆功能划分为基本功能和现代功能两个部分。基本功能包括收藏保护、学术研究、展示教育、行政综合等功能。县级博物馆的现代功能主要包括文化和经济两个层面。其中，文化功能包括地区名片、非遗保护、信息传播、文化扶贫等功能，经济功能包括旅游休闲、驱动经济等。总体而言，县级博物馆的功能类似于省级以上馆，各项功能发挥程度亦不平衡。

总之，博物馆的核心价值统一体整体比较稳定，但在其指导下的博物馆具体功能却非常活跃，特别是现代功能随时代的发展而不断拓展变化。应科学认识和统筹处理好县级博物馆核心价值不变与功能多变之间的辩证关系。

第三章　县级博物馆功能定位的实证研究

一、县级博物馆功能认同调查分析

为了解博物馆行业从业者对县级博物馆功能的认同情况，笔者专门设计了县级博物馆中高层管理者调查问卷。调查内容包括县级博物馆的功能及在此方面存在的问题。问卷采取打分制，0～10 分，分值越大，说明调查对象对该问题的表述越认同。调查对象基本情况在第一章中已详述。

（一）管理者对县级博物馆功能的认识

1. 对县级博物馆基本功能的认同情况

调查显示，调查对象对县级博物馆的基本功能认同度较高，特别是收藏保护功能和展示教育功能，说明在县级博物馆的日常运营中，这两大功能在中高层管理者头脑中非常稳固。学术研究功能得分较低，这与县级博物馆专业人员素质整体不高、县域内高校与研究机构缺乏、文化遗产研究者不多存在一定的关系。文物行政管理综合功能得分较低，直接反映出县级博物馆在目前整个文物管理体系中权责较低、基层文物管理力量分散的现状。此外，尽管高层和中层之间对四大基本职能的重要性评价有所不同，但经统计学方差分析显示，差异不存在统计学意义（P＞0.05）。详见表六。

表六　管理者对县级博物馆基本功能认同情况

基本功能	高层		中层		F 值	P 值
	均值	标准差	均值	标准差		
收藏保护功能	9.44	1.18	9.55	0.96	0.53	0.469
展示教育功能	9.47	1.07	9.25	1.28	1.79	0.182
学术研究功能	8.53	1.79	8.63	1.64	0.14	0.706
行政综合功能	8.59	2.13	8.94	1.55	1.72	0.191

2. 县级博物馆的现代文化功能

调查数据显示，在县级博物馆四大现代文化功能中，中高层管理者对县级博物馆的信息传播功能和地区名片功能认同较高，表明县级博物馆机构日常运作中对博物馆所应承担的区域文化形象代表的职能认识比较到位，调查结果显示县级博物馆助力文化扶贫的独特作用并未得到重视和挖掘。管理者对县级博物馆的文化扶贫功能重要性打分较低，既反映了现状，也说明管理者的思想认识不到位。此外，尽管高层和中层之间对四大现代文化功能的重要性认识有不同，但经统计学方差分析显示，差异不存在统计学意义（P＞0.05）。详见表七。

表七　管理者对县级博物馆现代文化功能认同情况

基本功能	高层		中层		F 值	P 值
	均值	标准差	均值	标准差		
信息传播功能	9.36	1.21	9.34	1.05	0.02	0.886
地区名片功能	9.18	1.60	9.23	1.35	0.04	0.839
文化扶贫功能	7.63	2.11	7.83	2.03	0.45	0.505
非遗保护功能	8.20	2.17	8.34	2.01	0.22	0.638

3. 县级博物馆的经济功能

县级博物馆在核心价值指导下，能够发挥对区域经济发展的带动功能。在县级博物馆所在区域内，通过博物馆文创产品的研发、加工和批量生产，发展相关服务产业，促进博物馆建立完善的旅游服务体系。同时，博物馆的公益属性决定了博物馆经济发展的方向和特性，是为了促进旅游、文创产业发展，满足观众“把博物馆带回家”的心理需求。调查显示，管理者对县级博物馆的旅游休闲功能观点一致，对区域经济推动功能的重要性认识之间不存在差异（P＞0.05）。详见表八。

表八　管理者对县级博物馆现代经济功能认同情况

基本功能	高层		中层		F 值	P 值
	均值	标准差	均值	标准差		
驱动经济功能	8.06	2.20	8.13	1.80	0.06	0.804
旅游休闲功能	8.45	1.96	8.64	1.57	0.57	0.450

（二）观众对县级博物馆主要功能的认识

为集中了解观众对县级博物馆功能的认识，笔者专门设计了县级博物馆观众调查问卷，对观众最熟悉的博物馆功能进行调查，结果如表九。显示观众对县级博物馆功能定位主要集中于文物及其所代表的文化，75.30% 的观众对县级博物馆承担休闲娱乐场所的功能持不认同的观点。

表九 观众对县级博物馆功能的认识

县级博物馆功能	具有该项功能	不具有该项功能	对该功能认同度排序
文物保护场所	632（58.90）	441（41.10）	2
文物的展览和宣传	650（60.58）	423（39.42）	1
教育和知识普及	546（50.89）	527（49.11）	3
科学文化研究	351（32.71）	722（67.29）	4
代表着城市的历史和文化	632（58.90）	441（41.10）	2
休闲娱乐场所	265（24.70）	808（75.30）	5

二、县级博物馆功能发挥现状和利用的调查分析

（一）管理者对县级博物馆功能发挥现状的自评

本研究拟通过统计分析管理者对县级博物馆功能发挥现状的自评数据，同时结合上文中的功能重要性进行比较，以期发现对县级博物馆功能定位的理论认识和管理实践之间的差距。从数据统计分析来看，管理者对县级博物馆功能现状自评得分均值均低于重要性得分均值，两者之间具有显著性差异（$P<0.000$）。从排序上看，每个功能的重要性和现状自评排序相接近，位于前五位的依次是收藏保护功能、展示教育功能、信息传播功能、城市名片功能和行政综合功能。详见表十。

表十 管理者对县级博物馆功能重要性和现状评价

县级博物馆功能	重要性		现状自评		重要性排序	现状排序
	均值	标准差	均值	标准差		
收藏保护功能	9.49	1.09	8.40	1.62	1	2
展示教育功能	9.37	1.18	8.05	1.78	2	3
学术研究功能	8.58	1.73	6.82	2.07	6	8
信息传播功能	9.35	1.14	8.42	6.17	3	1
城市名片功能	9.20	1.49	7.68	2.20	4	5
文化扶贫功能	7.72	2.07	6.03	2.46	10	10
行政综合功能	8.75	1.90	8.02	2.23	5	4
非遗保护功能	8.27	2.10	6.85	2.77	8	7
旅游休闲功能	8.54	1.80	7.29	2.20	7	6
经济驱动功能	8.09	2.03	6.04	2.39	9	9

另外，在调查中有博物馆管理者提出，除了上述功能外，县级博物馆还发挥着配合开展考古发掘、保护不可移动文物、开展红色旅游和传播科学知识等功能；同时，也有博物馆管理者认为专门针对中小学生开展的爱国主义教育功能发挥程度较高，而培养艺术素养的功能发挥程度较低。

（二）县级博物馆观众对功能利用的情况

调查结果显示，观众前往县级博物馆参观出于科学研究的目的很少，仅占8.19%，但基于个人兴趣和学习知识的目的而来的观众比例约占45%。同时，尽管观众认为县级博物馆更多的是文物和文化传播功能，休闲娱乐仍不是博物馆的主要功能，但仍有31.47%承认为了个人兴趣和学习知识来到博物馆的同时，也是为了休闲娱乐。详见表十一。

表十一　观众来县级博物馆的目的

目的	是	否
个人兴趣	462（43.10）	610（56.90）
休闲娱乐放松	338（31.47）	736（68.53）
学习和知识教育	474（44.13）	600（55.87）
科学研究	88（8.19）	986（91.81）
陪别人来	186（17.32）	888（82.68）
其他	77（7.17）	997（92.83）

三、县级博物馆的功能发挥：投入与产出

（一）投入情况

主要从人员投入、财政投入、固定资产投入、用房四个方面衡量县级博物馆的投入情况。从调查数据看，从2013年至2015年，湖北省在博物馆机构数和人员数两个方面均增长缓慢，但对县级博物馆的财政补助增长较快，2015年财政补助达到2013年的1.5倍，高于整个湖北省在博物馆方面财政补助增长的速度（2015年为2013年的1.19倍）。固定资产投入较大且存在波动，实际使用房屋面积缩小，从侧面反映出县级博物馆场馆建设过去存在的历史欠账，以及对基础设施建设的逐步重视和一定程度的改善。展览用房面积处于波动状况，反映出县级博物馆每年举办陈列展览特别是推出临时展览数量的不稳定性，以及对展览工作缺乏应有的重视和严格的计划性、系统性。文物库房面积相对稳定，反映出县级博物馆文物收藏保护工作的常规性、稳定性，以及藏品来源相对单一、文物征集工作仍需加大力度的现状。详见表十二。

表十二　2013 年至 2015 年湖北省博物馆的投入情况

年份	级别	机构	人员	财政投入（万元）			用房面积（万平方米）			
		机构数（个）	从业人员数（人）	财政补助	其中：基建拨款	上级补助收入	实际使用房屋建筑面积	展览用房	文物库房面积	实际拥有产权面积
2013	湖北省	170	3,360	439,538	100,419	50,357	99.146	66.614	6.977	51.198
	县级	138	1,906	96,304	10,163	42,278	71.310	54.965	2.887	34.823
2014	湖北省	174	3,380	465,025	67,107	53,293	66.331	32.212	7.172	52.942
	县级	141	1,959	126,255	6,019	48,555	39.219	20.809	2.776	36.566
2015	湖北省	175	3,449	524,588	39,601	27,900	66.845	33.234	7.297	48.667
	县级	142	1,932	145,280	14,543	2,418	39.172	22.101	2.875	35.291

（二）产出情况

主要从博物馆文物藏品的收藏、修复、观众参观人次以及科研成果等三个方面衡量县级博物馆的产出情况。从调查数据看，2013 年至 2015 年三年间湖北省县级博物馆藏品数量占全省博物馆藏品总量的比例上升比较缓慢，但年新增藏品数、三级以上珍贵文物增长数、年修复文物数增长幅度较大，反映了县级博物馆在开展文物藏品征集、考古发掘品入藏、文物鉴定定级以及文物科技保护修复等业务方面发挥了积极的作用，三级以上珍贵文物修复数占修复总数的 11%～38%，波动幅度较大，反映了县级博物馆在文物修复保护方面以一般文物为主且修复总量较大，珍贵文物尤其是一级文物的修复需求量较小，修复工作的计划性还有待加强。县级博物馆文物修复的实施情况，与县级博物馆藏品种类、珍贵文物在藏品中的占比情况基本一致。文物收藏保护功能，在县级博物馆所有业务工作中，居于核心地位。详见表十三。

表十三　2013 年至 2015 年湖北省博物馆文物情况

年份	级别	藏品情况				年新增藏品数	修复文物情况			
		藏品数	一级品	二级品	三级品		年修复文物数	一级品	二级品	三级品
2013	湖北省	1,668,740	2,638	7,602	85,151	25,545	3,609	13	348	1,423
	县级	755,934	396	1,454	8,613	2,265	744	3	62	216
	比例	45.30%	15.01%	19.13%	10.11%	8.87%	20.62%	23.08%	17.82%	15.18%
2014	湖北省	1,676,518	2,643	7,934	87,264	7,778	6,282	21	141	1,353
	县级	761,733	401	1,671	10,711	5,799	2,512	3	23	247
	比例	45.44%	15.17%	21.06%	12.27%	74.56%	39.99%	14.29%	16.31%	18.26%
2015	湖北省	1,703,757	6,643	10,139	97,441	27,239	3,448	92	230	955
	县级	774,992	4,408	3,890	22,284	13,259	1,291	0	114	254
	比例	45.49%	66.36%	38.37%	22.87%	48.68%	37.44%	0	49.57%	26.60%

从 2013 年至 2015 年县级博物馆参观人次数据看，观众逐年增加，但增长以成年人为主，未成年参观人次保持在同一水平，一方面反映了人民群众对博物馆的文化需求日益旺盛，另一方面也说明当前对未成年人进入博物馆，还可能缺乏相应的激励政策和有效的保障机制，应引起博物馆、学校相关管理部门的重视与思考，同时，县级博物馆在如何吸引更多的中小学生进入博物馆，有效开展未成年人社会教育，发挥博物馆教育功能方面还存在较大的上升空间，需要采取更加积极主动的措施。详见图七。

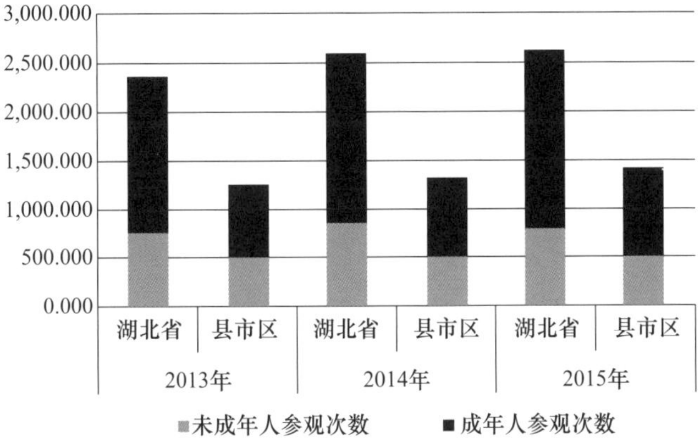

图七　2013 年至 2015 年县级博物馆参观人次

从 2013 年至 2015 年县级博物馆科学研究数据看，县级博物馆获得省部级及以上科研课题数、出版专著及图录数、获得省部级奖励数、获得专利数四项均有快速飞跃，获得专利数占全省比例较高（2013 年甚至达到 100%），反映出县级博物馆的科学研究功能逐渐得到各方面的重视，这有助于基层专业人员产生更多个人研究成果，提升个人职称。特别难得的是，2015 年湖北省县级博物馆获得两个国家级奖励。发表论文数、参与古建维修项目、出版考古发掘报告数等三项总体保持一定数量、相对稳定，说明县级博物馆拥有相对稳定、具备一定研究能力的专业干部群体。从出版成果的类别、内容来看，既有专著、论文、图录，还有古建维修、考古发掘报告，反映了县级博物馆工作人员专业研究领域在不可移动文物保护、考古等方面的积极拓展。详见表十四。

表十四　2013 年至 2015 年湖北省博物馆科学研究情况

年份	级别	省部级及以上科研课题数（个）	专利（个）	专著或图录（册）	论文数（篇）	古建维修、考古发掘报告（册）	获国家奖（个）	获省、部奖（个）
2013	湖北省	14	2	33	220	26	3	9
	县级	2	2	6	38	8	1	0
2014	湖北省	17	0	29	223	40	6	10
	县级	7	0	8	46	9	0	3
2015	湖北省	23	3	14	134	7	14	46
	县级	15	1	8	41	1	2	41

四、县级博物馆的功能发挥：服务质量

通过笔者设计的调查问卷，县级博物馆观众从展厅秩序、展品丰富性、博物馆环境、纪念品丰富程度、服务态度、博物馆趣味性六个方面，对县级博物馆的服务质量进行评价。通过调查分析发现，观众对博物馆比较满意的是服务态度和展厅秩序，反映出自 2008 年博物馆免费开放以来博物馆充分发挥传统展示功能与现代文化功能，贯彻以人为本的理念，加强规范管理、提升服务质量取得的成效。观众最不满意的两项为展品丰富性和纪念品丰富程度，反映出县级博物馆相比于省级以上馆在藏品数量、质量及展览策划方面的薄弱，在文创产品开发销售方面还亟待加强。同时，通过对本地居民和外地游客比较发现，两者对展厅秩序的评价具有统计学意义（χ^2=13.11 P＜0.001），外地游客对展厅秩序的评价要低于本地居民，反映了外地游客对博物馆怀有更高的期望值。详见表十五。

表十五　观众对博物馆的评价（1）

	本地居民	外地游客	χ^2	P
1. 展厅秩序				
好	676（84.82）	191（74.90）	13.11	0.000
不好	121（15.18）	64（25.10）		
2. 展品丰富性				
好	480（60.23）	151（59.22）	0.08	0.774
不好	317（39.77）	104（40.78）		
3. 环境				
好	605（75.91）	180（70.59）	2.89	0.089
不好	192（24.09）	75（29.41）		
4. 纪念品是否丰富				
是	285（35.89）	75（29.41）	3.598	0.058
否	509（64.11）	180（70.59）		
5. 服务态度				
好	726（91.09）	226（88.63）	1.37	0.243
不好	71（8.91）	29（11.37）		
6. 博物馆是否有意思				
是	532（66.75）	157（61.57）	0.29	0.130
否	265（33.25）	98（38.43）		

注：1. 表中均为回答该指标项问题的有效人数。

2. 回收的有效调查问卷中，少数调查问卷存在纪念品是否丰富指标项未填写的情况。

如果对博物馆评价进行赋分，其中好为 1 分，不好为 0 分，综合每位观众对以上六个问题的评价总分合计，评价满分为 6 分。结果如表十六所示，评分集中于 5 分和 6 分。以 60 分为及格标准，按照四舍五入的原则，有 351 个观众认为县级博物馆服务不合格，占总人数的 32.6%，即近三分之一的观众对县级博物馆并不认可，这个结果反映了县级博物馆基本功能与现代功能的整体性发挥还存在突出短板，与观众日益多元的预期值之间存在较大出入，值得县级博物馆管理者和上级行政管理部门思考。

表十六 观众对博物馆评价总体情况

	得分	频数（人）	比例（%）
不合格	0	33	3.06
	1	84	7.80
	2	100	9.29
	3	134	14.44
合格	4	192	17.83
	5	281	26.09
	6	253	23.49
合计		1077	100.00

五、县级博物馆的功能发挥：可及性

公共文化的出发点，是服务大众。从我国公共文化建设的情况来看，不可避免仍存在一定的问题，比如一些地方耗费巨资兴建了功能齐全、设施先进的公共图书馆、博物馆、文化馆、艺术馆等，免费向市民开放，除了开馆初期短暂的火爆外，日常去看书、观展的人却寥寥无几，尽管部分场馆使出浑身解数，在展览、活动的内容、形式以及对外宣传上下足功夫，但依然是门可罗雀、冷冷清清，最终难以有效达到服务大众的目的。无疑，造成这种群众用脚投不赞成票的尴尬现象的原因是多方面的，其中我们不能忽视的重要一点，就是公共文化服务的可及性问题。

可及性（Access）概念最早由美国卫生领域专家卢·安·阿德（Lu Ann Aday）和罗纳德·安德森（Ronald Andersen）在 1974 年提出，主要指可获得性。后来学者将可及性概念进一步延伸为可获得性、可接近性、适合性、可承受性和可接受性五个方面[①]。可及性概念中并不是单纯指物理因素，与距离远近带来的可及性不同，该概念同时还涵括了经济因素、组织因素、社会因素等多个方面，经济因素如支付能力的大小，组织因素如服务项目的内容和服务的方式等，社会因素如是否存在社会歧视等。在县域公共文化服务体系构建中，可及性是直接关系到公共文化服务机构是否能够有效发挥

① 吴理财：《县域公共文化服务体系应延伸到村社》，《光明日报》2014 年 9 月 13 日。

功能、服务好大众的关键性问题。县级博物馆的文化服务与图书文化、群众文化艺术等提供服务的模式不同，它往往受到文物存储保护、展示场地、经费投入等条件的限制，难以做到流动便捷、参与互动等。除了地理因素外，县级博物馆应如何科学定位，从经济因素、组织因素、社会因素等方面消除对观众生理、心理上造成的不可及性的影响，系统提高和改善博物馆的可及性，满足不同观众目标人群共性和个性的需求，确实值得探讨。

2008 年全国博物馆向社会全面实施免费开放以来，除了一部分博物馆讲解服务收费、遗址类古建类博物馆门票收费外，我国在经济因素、社会因素等方面基本消除了博物馆的可及性障碍[①]。为此，笔者坚持问题导向，对县域本地居民、外地游客关于县级博物馆可及性问题进行了调查，重点从地理因素、组织因素的角度选择服务地点、服务时间两个核心可及性因素进行统计和分析。

（一）服务地点

在所调查的本地观众中，居住在县城 558 人（占 69.23%）、县郊 108 人（占 13.40%）、乡镇 111 人（占 13.77%）、村落 29 人（占 3.60%）。这反映出一方面在县域范围内，日常对公共文化服务设施的利用，主要集中于县城及县郊居民（占 82.63%），深刻说明了公共服务首先必须坚持地理可及性就近原则；另一方面来自乡镇和村落的农村居民在随机抽取中占到 17.37%，间接反映出近年来农村居民日益旺盛的文化需求及对公共文化服务设施的利用情况。超过 80% 的农村居民限于各种原因无法来到县级博物馆，博物馆应积极探索有效方式，解决这个庞大群体享受普惠均等公共文化服务的需求。

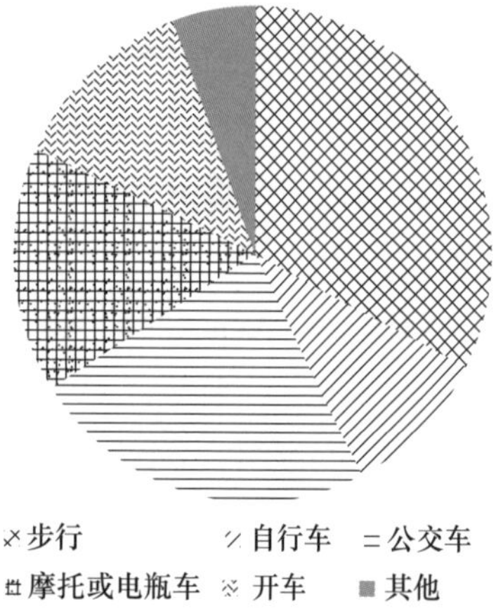

图八　县级博物馆观众的交通方式

过去，县级城市主城区一般面积较小，博物馆建设选址如果不是太偏，原则上不会造成多大的地理可及性障碍。但是，近年来随着县级城市建设的快速发展，主城区面积越来越大，当博物馆面临择址新建的情况时，就不得不对博物馆地理可及性问题预先做好系统谋划，给予本地观众尽可能多的方便。同时，在步入全域旅游的时代后，对于外地游客而言，博物馆的地理可及性也是需要充分考虑的问题。从调查情况看，在到达博物馆交通方式的选择上，263 人采取步行方式（占 32.43%），191 人乘坐公共交通（占 23.55%），这两个指标集中反映出县级博物馆的便捷程度（图八）。

① 据统计，截至 2017 年底，全国免费开放博物馆数量从 2008 年的 1023 个增长到 2017 年底的 4518 个，年参观人数从 2.8 亿增长到 9.7 亿，人均拥有一座博物馆的人数从 45 万人提升到 27 万人。

通过分析不同居住地点的本地观众对县级博物馆交通便捷性的评价，发现对于县城和县郊的观众而言，分别有 78.14% 和 47.17% 认为到博物馆便捷，这说明县级博物馆选址建设在县城，对县城主城区观众群体最为便利。对于乡镇和村落的居民而言，分别仅有 20.94% 和 31.03% 认为到县级博物馆不方便，这反映出近年来我国城镇化过程中连接城乡的交通基础设施建设、交通组织方式等方面取得的良好效果。超过 50% 的县郊观众不认为到博物馆方便，反映了县域交通基础设施建设、交通组织方式上在城乡接合部还存在短板，公共服务“最后一公里”的问题亟须解决。详见图九。

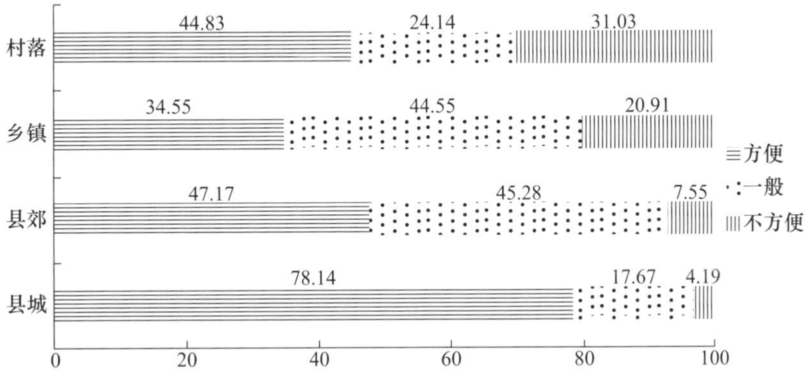

图九　县级博物馆观众对交通便捷性的评价

（二）服务时间

组织因素一般包括服务项目的内容和服务的方式等。对于县级博物馆的陈列展览、社会教育、信息传播等服务内容以及开放服务方式等，已在前面相关章节进行了探讨。这里，我们重点就服务方式中的开放时间进行观众调查。根据国家有关文件要求，县级博物馆全年对外开放总时间无正当理由不得少于 10 个月[①]，但未对每个博物馆每周、每日具体开放时间做出强制性规定，通行的做法一般是每周二至周日 9：00～17：00 开放（重大节假日将另行提前公告）。根据调查显示，工作日、周末和节假日到县级博物馆的观众人数分别为 174 人（占 22.19%）、303 人（占 38.65%）和 307 人（占 39.16%）。经卡方检验，不同居住地点的观众人群之间到县级博物馆的时间没有差异，但在不同身份之间差异有统计学意义（χ^2=51.84　P=0.000）。在校学生和非农业劳动者在周末到博物馆的比例相对较高，离退休人员更多选择工作日。相反，农业劳动者更多倾向于节假日。详见表十七。

① 文化部:《博物馆管理办法》，2005 年 12 月 22 日。

表十七 不同观众的参观时间构成

	工作日	周末	节假日	χ^2	P 值
居住地点					
县城	116（21.52）	215（39.89）	208（38.59）	1.56	0.956
县郊	23（21.91）	39（37.14）	43（40.95）		
乡镇	28（25.22）	39（35.14）	44（39.64）		
村落	7（24.14）	10（34.48）	12（41.38）		
身份					
在校学生	18（10.06）	79（44.13）	82（45.81）	51.84	0.000
农业劳动者	29（32.22）	26（28.89）	35（38.89）		
非农业劳动者	77（20.27）	159（41.84）	144（37.89）		
离退休	28（47.76）	17（28.81）	14（23.73）		
无业或失业	19（37.26）	14（27.45）	18（35.29）		

通过对博物馆开放时间合理性评价发现，本地居民认为博物馆开放时间比较合理高于外地游客（χ^2=7.17 P=0.007），究其原因，外地游客由于旅途时间安排紧凑，更希望博物馆能提前开放并延迟闭馆时间。但由于县级博物馆综合考虑参观人数、运营成本、维护需要、四季气候、作息习惯等因素①，一般难以实现在 9：00 以前开馆，并且会在 16：30 甚至更早开始不再接受观众入场。在本地居民中，不同居住地人群对合理性评价没有差异。总体上认为时间合理，但也有 118 人（占 14.81%）提出时间不合理的问题。反映出当前博物馆普遍实行的开、闭馆时间总体合理、有效，但也还需要适当研究本地旅游市场规律，关注外地游客的特殊需求。详见表十八。

表十八 观众对县级博物馆服务时间的评价

	时间合理		时间不合理		χ^2	P 值
身份						
本地居民	679	85.19	118	14.81	7.17	0.007
外地游客	199	78.04	56	21.96		
本地居民居住地点						
县城	480	86.02	78	13.98	2.03	0.566
县郊	91	84.26	17	15.74		
乡镇	91	81.98	20	18.02		
村落	23	79.31	6	20.69		

注：1. 表中均为回答该指标项问题的有效人数。

2. 回收的有效调查问卷中，少数本地居民调查问卷存在开放时间评价指标项未填写的情况。

① 张晓云：《对博物馆免费开放时间的分析》，《湖北文化》2009 年第 1 期。

第四章　县级博物馆功能发挥的主要困境

随着党和国家对博物馆事业前所未有的重视，博物馆行业迎来了一系列重大发展机遇。特别是十多年博物馆全面免费开放政策的实施，有力地促进了我国博物馆事业快速发展，降低了博物馆参观门槛，保障了人民群众基本文化权益，博物馆公共服务能力水平得到了有力提升。但是，在肯定成绩的同时，我们也应该清醒地认识到，当前博物馆的发展尚不能适应人民群众精神需求、社会需求、物质需求等多层次、多元化的美好生活需要，新时代博物馆面临的新的问题和挑战不断涌现。在现代科技和信息高度发达的社会，人民群众文化需求日益多样，不同性质、不同类型的博物馆层出不穷，县级博物馆如何才能有效应对各种变化和挑战？在功能发挥、实现博物馆核心价值方面，县级博物馆将主要面临哪些困难？为了回答这些问题，本章将从政府、机构和社会等三个层面展开系统探讨（图十）。

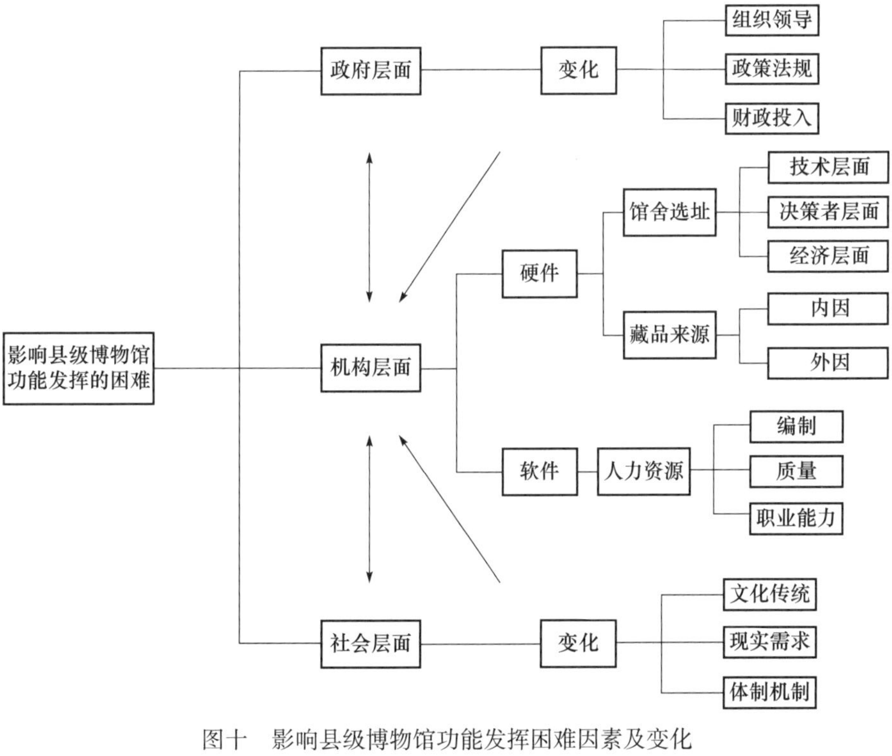

图十　影响县级博物馆功能发挥困难因素及变化

一、政府层面

县级区域文化机构的发展不仅受国家宏观层面和省级中观层面的影响，同时更受到县级地方政府微观层面的影响。一般来说，宏观、中观层面的影响是间接的、长期的、隐性的，微观层面的影响是直接的、短期的、显性的。县级博物馆是构建文化强县的重要载体，是展示县域文化底蕴和文化水平的窗口。县级地方政府在组织领导、政策法规、经费投入等方面的支持，是保障县级博物馆总体稳定发展的重要因素，对县级博物馆的功能发挥起直接的主导性作用。

（一）组织领导

从地方政府的角度来说，加强对博物馆事业的组织领导是其法定职责所在。国家发展博物馆事业、文物保护事业被写入《中华人民共和国宪法》[①]《中华人民共和国文物保护法》[②]，并明确规定“地方各级人民政府负责本行政区域内的文物保护工作”。从县级博物馆的角度来说，争取地方政府的重视和支持是其建设发展的内在需要。随着经济社会的快速发展，外部政策环境的不断变化，特别是事业单位分类改革和“放管服”改革[③]，对博物馆工作提出新要求，很多博物馆并不适应，一些新的问题逐步暴露出来，需要通过改革来调整应对，增进发展能力，增强发展活力。地方政府除了财政投入、人事安排、监督考核等常规的组织领导形式，还需要在改革创新方面给予博物馆政治指导、组织保障，以及更大的办馆自主权。

县级地方政府是一个复杂的、庞大的自我运行系统，在每个时间发展阶段无疑有其自身的关注点，这是客观存在的事实。比如，党和国家、省级党委政府的大的政策形势和工作要求首先必须贯彻落实，脱贫攻坚、发展经济、安全稳定的任务必须摆在第一位，医疗、教育、养老、社会保障和老人、未成年人、残疾人等是必须关注的重点领域和重点人群。再如，上级的硬性考核任务与监督检查，特别是涉及一票否决的

---

① 《中华人民共和国宪法（2018 最新修正版）》，法律出版社，2018 年。

② 《中华人民共和国文物保护法（2015 最新修正版）》，法律出版社，2015 年。

③ 2015 年 5 月，国务院召开全国推进简政放权放管结合职能转变工作电视电话会议，首次提出“放管服”改革的概念。“放管服”为简政放权、放管结合、优化服务的简称。“放”即简政放权，降低准入门槛。“管”即创新监管，促进公平竞争。“服”即高效服务，营造便利环境。党的十八大以来，党中央、国务院把处理好政府与市场关系、转变政府职能作为全面深化改革的关键，不断将“放管服”改革推向纵深。2021 年 5 月，中宣部、国家发展改革委、教育部、科技部、民政部、财政部、人力资源社会保障部、文化和旅游部、国家文物局印发《关于推进博物馆改革发展的指导意见》（文物博发〔2021〕16 号），提出“深化博物馆领域‘放管服’改革，探索管办分离，赋予博物馆更大的自主权”。

重点考核。还有，列入县域经济社会发展总体规划目标、政府工作报告年度重点工程项目的工作。在通常情况下，很多地方政府对县级博物馆事业关注不够，县级博物馆的工作难以进入地方政府视野。

作为地方政府，要正确有效地发挥组织领导作用，应从贯彻落实“四个自信”的高度，进一步提高认识，依法把博物馆事业纳入国民经济和社会发展规划，保证博物馆事业随着地方经济的发展而发展，指导帮助博物馆解决现实突出问题和实际困难，在减少对博物馆微观事务干预的同时，给予博物馆在人事、财务、业务等方面更大的自主权，不因地方政府领导的注意力的转移或个人喜好而影响到对博物馆事业的组织领导。作为博物馆，应摒弃“等、靠”的思想，积极融入大局，主动加强宣传，大胆创新、积极探索，在机构和人才队伍建设、资金保障、活动开展等方面提出具体改革实施方案，争取地方政府重视和支持，形成双向的良性互动，有效发挥博物馆功能，为满足人民美好生活的向往提供更多的文化产品，助推县域经济社会可持续发展。

（二）政策法规

政策法规、行业标准、规章制度等，对博物馆事业发展具有重要的法治保障作用。近年来，国家不断完善政策法规顶层设计，全面实施《文物保护法》《公共文化服务保障法》《博物馆条例》等法律法规，制定发布博物馆事业中长期发展规划及定级评估、文物登录等近百项标准规范，出台免费开放、藏品管理、社会教育等一系列规范性文件，逐步建立现代法人治理结构，依法加强博物馆行业规范化、法治化管理。在全面依法治国的今天，随着国家进一步推进简政放权、放管结合、优化服务改革，更大程度上激发市场、社会的创新创造活力，政策法规的作用将更加重要、更加突出。

但是，由于国家出台的政策法规、文件等，往往是宏观的、综合性的、共性的，不同行业部门之间法规制度有时又缺乏衔接，而中国地大物博，各省、各县情况差异较大，导致很多政策法规在具体执行时难以真正落地。同时，一些方面还存在政策法规的空白，由于涉及面太广、难度太大导致出台周期旷日持久，无法满足当前依法规范管理的迫切需要。现有政策法规的不完善和相对滞后，对博物馆事业发展支持的力度远远不够，使博物馆管理体制、运转机制与社会发展形势不相适应，博物馆与社会各方面积极性得不到有效激活。很多县级博物馆展览展示条件简陋，展览主题肤浅，陈列周期过长，陈列手段单一，文化内涵不够，展示辅助手段的科技含量不高，但以现行的管理运行体制和社会环境，县级博物馆在社会筹资和经营创收方面难以有所作为，创新活力不足，社会服务功能弱化，文物藏品资源不能充分发挥作用。

应根据管辖层级、范围、类别、法律效力等建立周密完善的博物馆立法体系，分层组织实施。国家层面负责制定全国性法律法规、宏观性政策、统一性行业标准等，省级层面负责制定符合本省实际的省级法规规章、全省性政策、地方性标准等，县级层面负责制定符合本县实际的县级政策、服务标准、管理制度等。特别需要强调的是，国家层面需要及时制定公布全国中长期立法计划、宏观政策与行业标准制定计划、本级不予制定政策法规清单、建议地方制定政策法规清单等，明确层级分工、进度安排，以充分调动地方积极性，据此制定本级博物馆法治建设的时间表、路线图，形成各级齐头并进的良好局面，避免出现下级等上级，一级等一级，很多亟需的政策法规最终迟迟难以出台。

地方政府以法治建设加强组织领导支持县级博物馆的发展，空间广阔，大有可为。从实践来看，省会城市、副省级城市、区域中心城市出台本地支持博物馆发展的制度、政策性文件较多，如郑州、深圳、宁波等地，县级地方政府在此方面基本上还是空白。县级地方政府特别是拥有地方自主立法权的少数民族区域自治县，可以结合自身县域实际，发挥船小好掉头的优势，研究出台具有地方特色、针对性和可操作性的地方性法规和政策性文件[①]，比如博物馆开放时间、服务标准、运行保障、文创收入分配机制、人才奖励激励机制、社会力量参与等，以解决本地博物馆功能发挥的实际问题。

（三）财政投入

根据《中华人民共和国文物保护法》第十条“国家发展文物保护事业。县级以上人民政府应当将文物保护事业纳入本级国民经济和社会发展规划，所需经费列入本级财政预算。国家用于文物保护的财政拨款随着财政收入增长而增加”。根据《博物馆条例》第五条“国有博物馆的正常运行经费列入本级财政预算”，第三十三条“国家鼓励博物馆向公众免费开放。县级以上人民政府应当对向公众免费开放的博物馆给予必要的经费支持”。上述法律法规对博物馆运行开放经费、文物保护经费、财政投入增长机制等做出了明确规定。博物馆是一项不以营利为目的的社会公益事业，在公益性和公共产品特征下，政府财政投入作为博物馆事业发展的原始基础，不论过去、现在还是将来，一直是促进博物馆事业发展的重要保障。

随着博物馆事业的发展，在国家级财政投入持续加大的情况下，地方各级财政配套投入虽有所增加，但资金量十分有限，仍以“保人员工资、保基本运行、保基础业务”为主。地方财政投入不足成为影响县级博物馆功能发挥的突出短板。很多县级地方政府属于吃饭财政，往往迫于民生领域资金投入的巨大压力，造成对博物馆等文化事业财政投入不足。长期以来，我国博物馆主要依靠政府投入，经费来源渠道单一，社会多元投入机制尚未完全建立，面对县级博物馆馆舍兴建、日常运营、展览教育等活动的开展、现代化设备的购置等经费需求，地方政府难免捉襟见肘，无法满足博物馆实际需求，博物馆功能的发挥受到极大制约。

地方政府对县级博物馆的财政投入力度与地方经济水平密切相关。从世界范围来看，经济发达国家对博物馆财政投入总体较高，其博物馆普遍比经济欠发达国家的博

---

① 张晓云：《加强地方立法推动文物法制建设——以〈唐崖土司城址保护管理办法〉立法实践为例》，《中国文物报》2014年4月25日。

物馆发展得好。从我国博物馆的发展情况来看，东部经济发达地区的博物馆总体上比西部经济欠发达地区的博物馆发展得好[①]。在经济不发达省份特别是中西部地区，如何争取财政投入支持，拓展经费来源渠道，成为县级博物馆一道长期存在的必答题。这需要博物馆积极调整思路，既开源，又节流。地方政府对博物馆的财政投入，可以是多元的、立体的、鲜活的，不应将思维仅仅局限在单一的经费投入上；除了经费支持外，还有土地、藏品、设备设施、政府其他部门相关项目支持、购买部分社会服务，以及公益性免税、免除水电等各种税费、减免开支的政策性优惠、促进文创产业收益等一系列间接性财政投入。通过将大的财政支持政策用足用好，尽量消除直接性财政投入不足给博物馆功能发挥带来的困扰。

二、机构层面

一个合格的博物馆要能够实现自身的功能，需要从软件和硬件两个方面去满足。软件设施是组织的软实力，软实力的强弱直接关系到组织是否能够发展壮大。软实力与人直接或间接相关，人力资源的数量和质量直接决定和影响软实力。同时，人力资源队伍又深刻影响着组织结构、管理水平、组织制度和组织文化。从博物馆的性质与功能来看，博物馆应是一个知识密集、人才荟萃的机构[②]。在强调软实力的同时，我们也不能忽视硬件的基础性作用。硬件是建好博物馆的必要条件。博物馆藏品保护、展览展示、科学研究、社会教育等各项功能的发挥，都对硬件提出了基本条件要求。在满足基本条件基础上，博物馆硬件设施的改善，有助于在博物馆服务的可及性、满意度、舒适度等各方面提高服务质量，不断增强公共服务能力，提升博物馆社会效益。

长期以来，县级博物馆功能的发挥受到自身软实力和硬件条件两个方面的共同制约。我们可将县级博物馆面临的机构困境分为软件困境和硬件困境，从对博物馆功能发挥影响的角度，软件困境、硬件困境将分别重点围绕人力资源问题、馆舍选址问题、藏品来源问题进行探讨。从某种意义上来说，博物馆所有软件困境的源头在于人力资源，所有硬件困境的源头在于馆舍选址、藏品来源。因此，加强对人力资源问题、馆舍选址问题、藏品来源问题的研究，对于推动解决博物馆功能发挥机构层面的困难，具有重要意义。

（一）软件困境——人力资源问题

1. 县级博物馆人员编制不足

编制通常是指组织机构的设置及其人员数量的定额和职务的分配，由财政拨款的

---

① 中国博物馆协会、宁波博物馆编：《21世纪博物馆核心价值与社会责任》，科学出版社，2010年。

② 张晓云：《湖北省博物馆事业发展现状及思考》，《文物工作》2010年第3期。

单位，编制数额由各级编办制定。对于博物馆这些事业单位来说，编制是设置岗位、核定收支和财政补助的依据。在中国，编制意味着旱涝保收的财政供养，也就是人们常说的铁饭碗。为了有效控制编制数量，减轻财政负担，编制由地方专门的编制管理部门按照相关程序和要求进行严格的统一管理。

编制是公有体制内的具有强烈政治保障色彩的人事管理制度。人员编制问题对于县级博物馆而言具有特殊重要的意义。与国家级、省级馆不同，县级博物馆的编制是吸引优秀专业人才的重要指标。从小的方面来讲，编制直接决定了领导职数、正式员工数量、财政拨款数量、博物馆的行政级别、部门设置、职称结构、规模大小；从大的方面来讲，编制间接决定着博物馆未来可持续发展的空间大小。

编制数是衡量人力资源数量（即行业统计年鉴中的从业人员数）的重要指标，对于县级博物馆，谈人力资源无法回避编制问题。从全国的情况来看，县级博物馆人员编制数普遍紧张，即使是博物馆事业发达的某些东部省份县级博物馆的编制一般也只有 2～9 人①。除去馆领导、安全、后勤、财务、人事等必不可少的综合部门人员，从事文物藏品保管、研究、展览、社会教育、文创产品等方面的专业人员数量是少之又少，即使采取身兼多职、一人多用的方式，仍无法满足实际工作需要②。一些县级博物馆实际在岗有时仅有 3 人，有些甚至出现仅有馆长 1 人的情况③。同时，很多县级博物馆由于现有人员编制满员甚至超编，无编制招考相关专业人员，处于想招外面的专业人员进不来，里面不想用的人员又走不了的尴尬境地。根据有关资料，2018 年县级博物馆从业人员数占全国博物馆从业人员总数的 54.77%④，似乎是形势一片大好，实际仍隐含着县级博物馆的编制数量严重不足的问题。

从湖北省的情况来看，根据《2015 年湖北省文化文物产业统计资料》，2015 年湖北省内博物馆机构数 175 个，从业人员数 3449 人，其中县市区博物馆机构数 142 个，从业人员数 1932 人，分别占机构和人员总数的 81.14% 和 56.02%。平均每县市区博物馆从业人员数 13.6 人，专业技术人员 6.3 人。而在研究抽样调查的 56 所县级博物馆中，平均从业人员数 15.3 人，其中专业技术人员数 6.9 人。在此基础上，如果进一步细分人力资源队伍的构成、衡量人力资源质量等，发现当前县级博物馆人力资源数量远远不能满足文物收藏保护、展示宣传、科学研究等岗位工作的需求。详见表十九。

2008 年开始，国家通过财政补贴的方式全面实行博物馆免费开放政策后，由于开放运行的压力剧增，以及各地博物馆新馆建设项目纷纷上马，建筑面积超过 5000 平方米的县级博物馆比比皆是，博物馆人员编制不足的问题更加突出。尽管通过社会招聘、

---

① 田帅：《国有基层博物馆人员缺乏，如何破解？》，《中国文物报》2021 年 1 月 19 日。

② 根据段勇先生在《当代中国博物馆》一书中的观点，一个博物馆的最低职员数量不宜少于 6 人。

③ 田帅：《国有基层博物馆人员缺乏，如何破解？》，《中国文物报》2021 年 1 月 19 日。

④ 国家文物局：《2019 中国文物统计提要》，内部资料，2019 年。

表十九　湖北省内博物馆 2015 年人力资源数量

	湖北省内博物馆	其中：县市区博物馆	平均	56 所样本博物馆	平均
从业人员（人）①	3449	1932	13.6	859	15.3
专业技术人员（人）②	1689	890	6.3	385	6.9
②/①比例（%）	48.97	46.07	46.33	44.82	45.10

注 1：本表格数据来源于 2015 年湖北省文化文物产业统计资料，湖北省文化厅财务处编印，2016 年 12 月。

注 2：专业技术人员比例 = 专业技术人员 / 从业人员 *100%。

人事代理和购买社会服务的方式，在一定程度上缓解了博物馆的安全保卫、环境卫生、设备维护等方面的压力，但博物馆研究、管理的专业人才仍然十分匮乏。同时，由于“用工双轨制”，出现了编制外人员同工不同酬的新问题。编制问题逐步成为新时期县级博物馆可持续发展的重大瓶颈。

导致这个问题既有历史的原因，更多的还是现实中认识上的原因。长期以来，政府虽然对博物馆的重要性给予充分肯定，但对于博物馆人力资源配置一直未予以重视，对博物馆从业人员的特殊要求理解不足。很多地方上级管理部门甚至博物馆负责人对县级博物馆的核心价值、社会功能、发展定位存在误区，简单认为有几个人守住文物不出事，每天正常开门免费开放，如有余力一年再办几个简单的展览、搞几场活动，就是博物馆工作的全部。有的甚至为节约经费开支，全然不考虑博物馆业务岗位需求，一味压缩人员编制，导致博物馆基本业务岗位因缺编而长期空岗，人员结构畸形。

在当前国家编制总量紧控难以突破的大的政治背景下，县级博物馆应该正确看待编制困境，着眼长远，积极作为，多管齐下，既积极争取当地党委政府的重视支持，借助国家“十三五”期间深化事业单位人事制度改革的契机，从用人制度改革入手，根据博物馆的实际业务需求，科学合理确定并适当前瞻性增加专业人员编制；又不盲目攀比，妥善调节和合理使用现有编制，做好管理梯队、业务梯队“两个梯队”的培养，充分调动员工工作积极性，并逐步尝试采用年薪制、协议工资制、项目工资等多种灵活实用的用工方式，变身份管理为岗位管理，在物业、安保乃至展陈、宣传等领域探索购买社会服务，以有效缓解和解决编制不足的困难，消除县级博物馆可持续发展的瓶颈。

2. 县级博物馆人员总体质量不高

人力资源质量反映人力资源总体素质，指人力资源所具有的体力、智力、知识技能水平、劳动态度等，一般可以用健康卫生标准、教育状况、劳动者的技能等级状况和劳动者的劳动态度指标来衡量。这里将根据对县级博物馆中高层管理者调查问卷中所设计的相关指标，对人力资源质量问题进行探讨。

在被调查的县级博物馆中高层管理者中，高层 118 人，中层 93 人。经分别对他们的年龄结构、学历结构、专业结构、职称结构、工作时间构成进行比较分析（表二十），主要发现如下。

表二十　县级博物馆中高层管理者人力资源构成

类别构成	高层		中层		合计	
	人数	比例	人数	比例	人数	比例
年龄（χ^2=29.368　P=0.000）						
20～29 岁	1	0.85	6	6.45	7	3.32
30～39 岁	8	6.78	28	30.11	36	17.06
40～49 岁	60	50.85	40	43.01	100	47.39
50 岁以上	49	41.52	19	20.43	68	32.23
学历（χ^2=5.367　P=0.114）						
高中或中专	16	13.68	17	18.28	33	15.71
大专	58	49.57	53	56.99	111	52.86
本科	43	36.75	22	23.66	65	30.95
研究生	0	0	1	1.07	1	0.48
最高学历专业（χ^2=6.589　P=0.159）						
专业 1	16	14.04	10	10.87	26	12.62
专业 2	24	21.05	34	36.96	58	28.16
专业 3	19	16.67	13	14.13	32	15.53
专业 4	23	20.18	13	14.13	36	17.48
其他专业	32	28.06	22	23.91	54	26.21
职称（χ^2=11.069　P=0.019）						
无职称	17	14.78	17	18.48	34	16.43
初级	22	19.13	33	35.87	55	26.57
中级	65	56.52	39	42.39	104	50.24
副高及以上	11	9.57	3	3.26	14	6.76
参加工作时间（χ^2=28.637　P=0.000）						
0～9 年	2	1.82	10	11.76	12	6.15
10～19 年	7	6.36	23	27.06	30	15.38
20～29 年	58	52.73	36	42.35	94	48.21
30 年以上	43	39.09	16	18.82	59	30.26
博物馆工作时间（χ^2=14.993　P=0.002）						
0～9 年	33	27.97	31	33.33	64	30.33
10～19 年	20	16.95	34	36.56	54	25.59
20～29 年	49	41.53	22	23.66	71	33.65
30 年以上	16	13.55	6	6.45	22	10.43

注：1. 表中专业划分专业 1：考古、文物保护、博物馆与历史相关专业；专业 2：管理学相关专业（包括行政管理、公共管理、MBA/MPA 等）；专业 3：经济、会计、金融、市场相关专业；专业 4：中文、文学、新闻、媒体、传播相关专业；下表同。经调查，无社会学、心理学、建筑与工程相关专业。

2. 表中均为回答该指标项问题的有效人数。

3. 回收的有效调查问卷中，少数调查问卷存在学历、最高学历专业、职称、参加工作时间指标项未填写的情况。

（1）年龄结构：中高层管理者年龄整体偏高，40 岁以上占 79.62%，50 岁以上占 32.23%，中层管理者更趋向于年轻化（χ^2=29.368 P=0.000）。高层管理者 40 岁以下仅占 7.63%，50 岁以上占 41.52%，反映高层管理者整体老化，年轻的高层管理者极为缺乏。

（2）学历结构：中高层管理者以大专为主，占 52.86%，高层与中层管理者的学历结构没有差异（χ^2=5.367 P=0.114）。高层管理者研究生学历为 0，中层管理者研究生学历仅为 1，反映了基层难以吸引高学历人才。通过进一步将学历和年龄做交叉分析（表二十一），发现 50 岁以上的高中、中专学历比例较大，占 27.54%；随着年龄的递减，本科学历比例加大，反映出对年轻干部知识水平的要求越来越高，学历高低与年龄大小存在较强的关联性。不同年龄阶段管理者的学历结构存在统计学差异（χ^2=21.7600 P= 0.010）。

表二十一 县级博物馆中高层不同年龄段的学历与专业构成

类别构成	29 岁以下	30～39 岁	40～49 岁	50 岁以上	合计
	n（%）	n（%）	n（%）	n（%）	n（%）
学历（χ^2=21.7600 P=0.010）					
高中 / 中专	0（0）	3（7.69）	13（11.61）	19（27.54）	35（15.22）
大专	5（50）	18（46.15）	65（58.03）	35（50.72）	123（53.48）
本科	5（50）	17（43.59）	34（30.36）	15（21.74）	71（30.87）
研究生	0（0）	1（2.57）	0（0）	0（0）	1（0.43）
最高学历专业（χ^2=12.615 P=0.398）					
专业 1	1（10）	3（7.5）	11（10）	11（16.67）	26（11.5）
专业 2	3（30）	15（37.5）	31（28.18）	14（21.21）	63（27.88）
专业 3	3（30）	6（15）	15（13.64）	8（12.12）	32（14.16）
专业 4	2（20）	5（12.5）	28（25.45）	11（16.67）	46（20.35）
其他专业	1（10）	11（27.5）	25（22.73）	22（33.33）	59（26.11）

（3）专业结构：中高层管理者最高学历为考古、文物保护、博物馆与历史相关专业的仅占 12.62%，反映出管理者整体文物博物馆专业背景的不足。高层管理者中最高学历为中文、文学、新闻、媒体、传播相关专业占比最高，为 28.07%，中层管理者中管理学相关专业占比最高，为 36.96%。经统计学分析，中高层之间的专业结构没有差异（χ^2=6.589 P=0.159）。

（4）职称结构：中高层管理者以中级职称为主，占 50.24%，副高级及以上职称仅占 6.76%，反映出管理者文物博物馆专业研究能力的整体不足，存在中级职称“天花板”现象，高层次研究人才缺乏。高层管理者无职称占 14.78%、初级职称占 19.13%，反映出高达三分之一未达到《博物馆馆长专业资格条件（试行）》对县级博物馆馆长应具有中级专业职称的底线要求。高层管理者的职称状况好于中层管理者（χ^2=11.069　P=0.019），不同年龄段管理层职称结构存在差异，年龄越大，职称越高（χ^2=43.8940　P=0.000），反映出职称的高低与行政职务的高低、年龄大小存在较强的关联性。问卷调查结果与全省文化统计年鉴反映的职称比例情况十分接近（表二十二）。

表二十二　湖北省博物馆专业技术职称情况

	湖北省博物馆		其中：县市区博物馆		平均	56 所样本博物馆	平均
	人数（人）	比例（%）	人数（人）	比例（%）	人数（人）	人数（人）	人数（人）
专业技术人员	1689	-	890	-	6.3	385	6.9
其中：正高级	70	4.14	29	3.26	0.2	0	0
副高级	216	12.79	73	8.20	0.5	19	0.4
中级	747	44.23	408	45.84	2.9	193	3.5

注：本表数据来源于湖北省文化统计年鉴。

（5）工作时间：通过对中高层管理者参加工作时间、博物馆工作时间 4 个不同年限区间的人员数量进行比较，发现县级博物馆管理者在总体上具有较好稳定性的同时，也存在一定的流动性。中高层管理者参加工作时间超过 20 年的占 78.47%，在博物馆工作时间超过 20 年的只占 44.08%，后者远低于前者，说明相当多的管理者有在其他单位工作的经历。特别是高层管理者参加工作时间超过 20 年的高达 91.82%，而博物馆工作时间超过 20 年的只占 55.08%，巨大的反差反映了高层管理者的流动性更强，这个现象与专业结构高层专业 1 仅占 14.04%、副高及以上职称仅占 9.57% 的窘况具有较高关联性。中高层管理者参加工作时间 10 年以下的仅占 6.15%，高层即使是参加工作 20 年以下的也只占 8.18%。以上这些极低的占比，反映出对专业背景、研究能力以及对年轻领导干部的重视和培养均亟待加强。中层管理者工作时间明显低于高层管理者，整体相对年轻，这在二者的年龄结构中已经得到证实。

3. 县级博物馆人员职业能力亟待提升

博物馆工作人员应具有相应的职业能力，才能适应博物馆岗位和职业需求。博物馆人员的职业能力往往是动态变化的，它以博物馆功能定位为依据，以满足社会需求为目标，以现代科技和信息技术为手段。由于博物馆功能定位的调整，在不同历史阶段，对博物馆行业从业人员工作能力的要求也不尽相同。即使在一个时期内，博物馆从业人员之间的职业能力亦呈现差异。

近代公共博物馆建立伊始，藏品保护和研究能力是博物馆的核心职业能力。随着博物馆社会化、专业化发展，博物馆功能定位逐步拓展，从业人员职责、工作能力要求也逐渐明确。到 20 世纪中期，博物馆的藏品管理与修复、社会教育、展陈策划等更加重要，对从业人员能力的要求不再像以往那样聚焦于藏品研究层面，展览设计、社会教育、公共服务等成为博物馆业务链中的重要环节。美国提出在21世纪博物馆从业人员应具备能力中，应突出“信息、媒体和技术能力”等方面的要求。有关“数字技术知识及技能”也在英国博物馆工作队伍建设的建议报告中被强调①。

博物馆从业人员的职业能力可以从三个方面进行界定：即劳动者核心能力、博物馆综合职业能力、具体岗位业务能力，其中后两者更加强调博物馆岗位特征。

第一，劳动者核心能力是劳动者在从事任何工作时都应该具备的最基本的素质和技能，如基本业务能力、工作态度、社会交往能力、学习能力等。

第二，博物馆综合职业能力主要围绕博物馆工作任务和环境进行设置。作为博物馆从业人员，应该对博物馆的性质与特点、博物馆功能和价值、博物馆的业务链和产品特征等清晰了解和熟练掌握，同时树立博物馆的职业道德。1997年国家文物局印发《中国文物博物馆工作人员职业道德准则》，提出“坚持正确的政治方向、把社会效益放在首位、个人不得收藏、买卖文物”等十条准则②。2000年国际博协发布的《博物馆专业培训课程指南》中，“综合能力”包括专业、信息技术、交流、研究、环境、项目管理、财务等内容，“博物馆学能力”包括社区、治理、愿景、社会、法律、当前议题等。2004年国际博协发布第四次修订的《博物馆职业道德》，进一步明确了博物馆从业人员最基本的行为和工作标准。这些基本职业能力要求是从博物馆组织发展全局，以及从博物馆从业者职业生涯的整体维度来考察的，是博物馆工作人员必须具备的③。

第三，具体岗位能力指博物馆从业人员在某一个具体工作岗位时应该具备的能力，如博物馆运营、讲解、展览设计、藏品管理、社会教育、安防等，每个岗位均具有不同的岗位侧重和专业要求，其既以在校的专业课程学习为基础，又离不开在职的经验积累、同行交流、技能培训④。根据国际博协发布的《博物馆专业培训课程指南》，博物馆的具体岗位工作能力主要包括“信息及藏品管理、保护能力”“公共项目能力”和“管理能力”等功能性能力⑤。2000、2001年国家文物局先后印发《文物系统安全

---

① 宋向光：《建设正义、热情、高水平的专业队伍——博物馆职业能力建设谈》，http://www.cssn.cn/kgx/kgsb/201702/t20170206_3404292.shtml，2017年2月6日。

② 2001年12月，国家文物局修订颁布为八条。2012年7月，中国文物学会、中国博物馆协会联合修订为忠诚文物事业、严格依法履职、追求科学精神、恪尽职业操守、树立文明新风等五项准则。

③ 宋向光：《建设正义、热情、高水平的专业队伍——博物馆职业能力建设谈》，http://www.cssn.cn/kgx/kgsb/201702/t20170206_3404292.shtml，2017年2月6日。

④ 宋向光：《加强技能培训，建设高效创新的博物馆工作队伍》，《北京博物馆学会第四届学术会议论文集》，北京燕山出版社，2004年。

⑤ 宋向光：《建设正义、热情、高水平的专业队伍——博物馆职业能力建设谈》，http://www.cssn.cn/kgx/kgsb/201702/t20170206_3404292.shtml，2017年2月6日。

保卫人员上岗条件暂行规定》《博物馆馆长专业资格条件（试行）》[①]，2010 年国家质量监督检验检疫总局、中国国家标准化管理委员会印发《博物馆讲解员资质划分》（GB/T 25600-2010），分别对馆长、讲解员应具备的相关岗位能力做出了制度性规定。除此之外，博物馆藏品保管、文物保护与修复、展览设计、社会教育、信息化管理、传播策划、文创研发、安全管理等其他核心岗位的职责、标准均缺乏统一准确的规定。博物馆岗位能力与专业职称是既有一定联系又有明显区别的两个概念，二者不能混同，专业职称条件的设置注重突出业务研究能力和研究成果、任职年限且有结构比例的限定[②]。当前，不论是组织人事部门，还是上级文物行政管理部门，以及博物馆自身都普遍重视专业职称，而忽视岗位能力、制度建设。构建博物馆职业资格认证制度，成为我国博物馆从业人员职业化建设和博物馆专业岗位能力提升的当务之急[③]。

4. 县级博物馆从业人员职业能力现状

根据对县级博物馆中高层管理者调查问卷中所设计的相关指标，拟从理论分析和实证调查两方面分析县级博物馆从业人员职业能力现状。实证调查内容包括县级博物馆从业人员职业能力总况、领导层职业能力状况等两部分，要求被调查者根据实际对本单位人员结构（第 1～4 项）、人员能力与态度（第 5～7 项）、领导能力与意识（第 8～9 项）现状进行打分，分值为 1～10 分。调查结果详见表二十三。

表二十三　对县级博物馆人力资源队伍现状的评价

变量	均值	标准差	标准误	95% 置信区间	
				下限	上限
1）人员的编制数量	6.54	2.30	0.15	6.24	6.84
2）人员的专业结构	6.17	2.30	0.15	5.87	6.47
3）人员的年龄结构	6.45	2.19	0.14	6.17	6.74
4）人员的职称结构	6.44	2.25	0.15	6.14	6.73
5）人员的工作能力	7.41	1.79	0.12	7.18	7.65
6）人员的工作积极性	7.95	1.77	0.12	7.72	8.18
7）人员的现代服务意识	7.94	1.66	0.11	7.72	8.15
8）领导层的管理能力	8.46	1.39	0.09	8.28	8.64
9）领导层的创新意识	8.10	1.53	0.10	7.90	8.30

① 对一个博物馆特别是县级博物馆来说，馆长的能力素质如何，往往具有决定性作用。馆长应是博物馆领域的专家，更应精通管理。《博物馆馆长专业资格条件（试行）》颁布以来，由于其法律和政策的效力十分有限，以及随时代发展而不可避免出现的时代局限性，在人事任免权掌握在组织人事部门的情况下，一直未得到严格贯彻执行。

② 文化部：《文物博物专业职务试行条例》，1986 年。

③ 张昱：《中国博物馆职业资格认证制度研究》，上海社会科学院出版社，2020 年。

（1）综合专业能力不高

由表二十三可以看出，在人力资源现状自评中，得分最低的为人力资源的专业结构（6.17±2.30），年龄结构（6.45±2.19）、编制数量（6.54±2.30）等两项得分也非常低，标准差越大，说明被调查者对该项回答的分数越分散，反映出一个功能完备、运转高效的县级博物馆所需要的藏品征集、艺术设计、信息技术、教育传播、市场营销等各方面人员整体综合专业能力有待提高。同时，根据中高层对县级博物馆藏品丰富程度、数字博物馆建设现状及对本馆影响程度评价得分（表二十四），可以看出他们对藏品管理与信息技术专业人员重要性的认识还有待提高，数字博物馆建设水平明显不适应当前社会需要。县级博物馆要想很好地融入时代，须与时俱进充分吸收新兴技术、服务手段及管理理念，仅靠传统专业结构人才显然已无法满足需要。

表二十四　中高层对县级博物馆现状及对本馆影响程度的评价（1）

	现状评分		对本馆的影响程度	
	均值	标准差	均值	标准差
藏品丰富程度	7.57	1.59	7.26	2.34
数字博物馆建设	5.40	2.80	6.67	2.59

（2）学术研究能力不足

由表二十三可以看出，在人力资源现状自评中，除了人力资源的专业结构（6.17±2.30）得分最低，职称结构（6.44±2.25）得分位居倒数第二，这两项密切相关的指标反映出县级博物馆从业人员整体学术研究能力较弱。前期进人渠道中专业结构不优的问题，直接影响到后期难以产出更多学术研究成果。第1～4项涉及对组织和人员整体的评价，与第5～9项均为对个人的评价不同，评价时基本可以排除社会心理因素的干扰，其普遍较低的得分，真实反映了县级博物馆在人员数量和质量方面均存在突出问题。

（3）现代服务意识还需提升

苏东海先生提出，“博物馆人要把服务的意义看得更重一些，要更用心地去做，博物馆的价值才会真正得到实现”①。博物馆的服务并不仅仅局限于展厅，而是与博物馆的管理、运营、业务开展等各方面都相关。在服务提供中，除需关注服务质量外，服务的主动性、服务形式的适宜性也非常重要。通过调查发现，县级博物馆从业人员工作能力得分为7.41，与间接反映工作能力高低的第1～4项普遍得分在7分以下的情况存在矛盾，同时，人员的现代服务意识、工作积极性等其他两项涉及对人的评价得分亦相对不低，分别为7.94、7.95，结合第8～9项两项得分情况，折射出被调查者作为领导者具有的全局意识，以及高度重视人际关系、维护单位形象的潜在心理。

① 苏东海：《服务也要用心去做》，《中国文物报》2004年11月16日。

（4）创新意识有待提高

第 8～9 项与第 5～7 项均为对人的评价，所不同的是前者为自我评价，后者为对他人评价，相同的是打分时都存在一定程度的心理考量。在实证调查中，县级博物馆中高层对其所在单位管理层的管理能力和创新意识自我评价评分分别为 8.46 ± 1.39 分、8.10 ± 1.53 分，均高于第 5～7 项对他人评价的得分，自我评价中创新意识得分又明显低于管理能力，总体来看评价结果比较客观、谨慎，含蓄地反映了县级博物馆领导层管理能力、创新意识这两项重要的职业能力整体上还有所欠缺。进入新时期，县级博物馆如何整合资源，深挖潜力，突出特色，实现可持续发展，需要县级博物馆管理者在管理能力特别是创新意识方面与时俱进、不断提高。

（二）硬件困境

1. 馆舍选址问题①

博物馆馆址的选择是建设博物馆的第一步，它直接关系到博物馆建成后能否很好地发挥收藏、陈列、社会教育等职能，同时也关系到博物馆对社会开放后的运营压力以及能否有效促进所在城市经济发展等问题。博物馆建设前期以馆舍选址为核心的硬件建设工作，与其后期的运营管理、软件条件首尾相顾，博物馆馆舍选址如出现方向性失误，将致使博物馆先天不足。因此，博物馆馆舍选址问题，历来受到政府、有关部门和社会等各方面的重视。县级博物馆尤其如是。

县级博物馆馆舍选址的确定，受决策者角色和决策方式的影响较大。由于博物馆的选址并非仅是一个只需确定建设地点的单一问题，而是必须预先或同步基本确定博物馆的建设规模、投资多少、如何筹资的综合问题；加之投资金额巨大和项目本身的重要性、复杂性，县级博物馆馆舍选址的决定权一般都紧紧掌握在当地党委政府手中，甚至被列为全县“一号工程”，须由主要领导亲自拍板，而不是文化文物管理部门，更不是博物馆自己决定。此种通行的自上而下的决策方式，一方面体现了政府的高度重视，对推动资金落实、加快建设进度十分有利；另一方面在科学性上也存在天然不足，对于以土地财政、吃饭财政为主的县级政府，县域城区范围的土地面积十分有限（尤其对于山区县、丘陵县），对城区土地的开发利用一般以实现经济价值最大化为首要目的，在博物馆建设巨额投资的压力下，选址决策时难免会优先考虑土地、资金成本和收益，同时主观上又倾向于将项目规模化以充分凸显任期内政绩，无形中加剧了资金短缺与项目需求之间的矛盾，难以从开放运营的角度给予博物馆最合适的地块。博物馆及其管理部门从公共文化服务体系建设角度提出的专业性意见，往往难以被采纳。

县级博物馆馆舍选址的依据，国家有关部门早在 30 年前即颁布了相关行业标准。

---

① 张晓云：《县级博物馆馆舍选址刍议》，《中国文物报》2021 年 7 月 27 日。

1991 年 5 月，建设部、文化部颁布《博物馆建筑设计规范》[①]（JGJ 66-91），首次对博物馆选址提出了交通、安全、干燥等 3 条原则性要求。2015 年 6 月，住房和城乡建设部修订颁布《博物馆建筑设计规范》（JGJ66-2015）[②]，对选址提出规划布局、周边环境、面积大小、交通配套、干燥通风、安全距离 6 条原则性要求，以及 3 条关于安全的禁止性具体规定、1 条关于建筑形式、1 条涉及文物建筑的相关规定，成为博物馆馆舍选址重要的法律依据和技术规范。不论是 1991 年的旧版，还是 2015 年的新版，均是从人（观众）、物（藏品）、功能三个维度做出规定，以“确保安全、发挥功能、留有余地”为目标。但由于对每项规定均无法直接设定相应的数量指标，只能提出原则性、方向性要求，客观上导致了对博物馆馆舍选址起决定性因素的并不是技术性规范，而是土地经济、决策者个人因素等。在一个功能完善、布局良好的县城城区，在主动选择避开工业区、商业区以及高危区、潮湿区后，确定一个技术层面基本满足上述若干项规定的地块并非难事。难的是当同时有很多符合基本条件的地块时，主动放弃巨额商业开发利益，以博物馆和整个城市可持续发展的战略眼光，优先选择周边环境、交通、扩展余地最佳的地块。

从以上梳理，可以得出如下结论。第一，决定县级博物馆馆舍选址的因素其实十分复杂，涵盖技术、决策者、经济等多个层面，而非仅《博物馆建筑设计规范》（JGJ66-2015）所列技术层面，各层面因素既相互关联，又相互影响（图十一）；决定县级博物馆馆舍选址的核心层面仍然是人，即决策者，具体包括决策者的行政地位、政绩心理、认识水平等。第二，县级博物馆馆舍选址的确定，是一个以业务为基础，业务与行政、经济紧密结合的重大行政决策。为提高决策的科学性，应注意建立健全选址决策制度，完善优化决策程序，充分吸收博物馆管理专业部门、有关专家和社会各界的意见建议，多方论证，权衡利弊，尽量减少自上而下决策方式和“经济挂帅”思维模式潜在的负面影响。第三，县级博物馆馆舍选址应该坚持的原则，按照先后顺序可以初步归纳为“实事求是—安全第一—周边环境—留有余地”四项，即摒弃好大喜功的负面政绩心理，根据博物馆功能发挥和事业发展的实际需要，客观、真实、科学地测算博物馆所需占地面积、建筑面积，结合本地财政负担能力，确定性价比高的建筑形式，以有效发挥功能为目的，据此选择确定具备相关安全条件、周边环境、配套设施并适当留有发展余地的地块，将博物馆置于最适合它的地方。

近年来，各地县级政府为了提升城市形象，完善公共文化服务，纷纷扩建或新建博物馆。根据中高层对县级博物馆的坐落位置、馆舍面积、硬件设施等现状及对本馆

---

① 中华人民共和国行业标准:《博物馆建筑设计规范》（JGJ66-91），建设部、文化部 1991 年 5 月 16 日发布，1991 年 8 月 1 日起施行。

② 中华人民共和国行业标准:《博物馆建筑设计规范》（JGJ66-2015），住房和城乡建设部 2015 年 6 月 30 日发布，2016 年 2 月 1 日起施行。

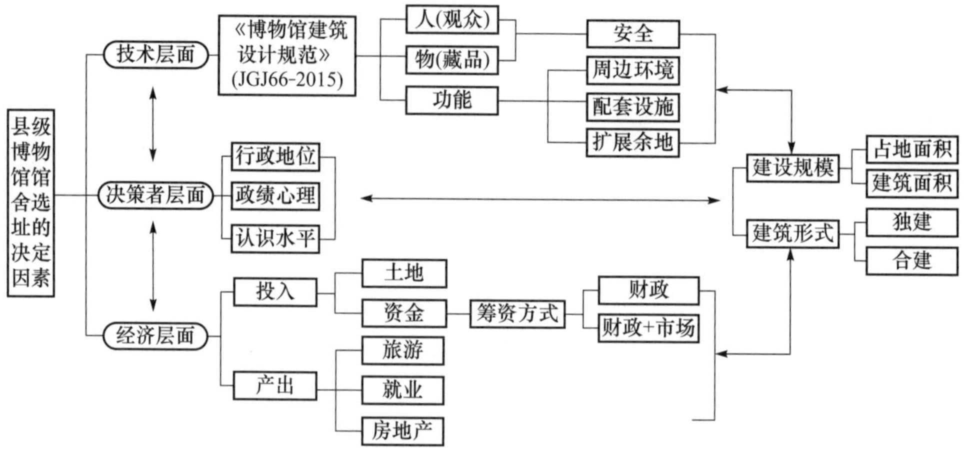

图十一　县级博物馆馆舍选址的决定因素结构图

影响程度评价得分（表二十五），反映了县级政府日益重视博物馆的选址，但对于博物馆的面积与配套的硬件设施建设、财政投入等还有待提高，而这些恰恰是博物馆确定选址时需要同步科学确定和建成后发挥功能必不可少的关键要素。

表二十五　中高层对县级博物馆现状及对本馆影响程度的评价（2）

	现状评分		对本馆的影响程度	
	均值	标准差	均值	标准差
博物馆的坐落位置	8.00	2.27	7.45	2.82
馆舍面积	7.34	2.33	7.35	2.60
硬件设施	6.99	2.07	7.29	2.35
政府的财政投入	7.17	1.89	7.32	2.6

要解决好县级博物馆的馆舍选址问题，让博物馆坐落的位置有利于社会效益和经济效益的发挥，避免出现硬件困境，从宏观层面来说，从实际出发，尊重科技和专业人员，前两项选址原则就可以基本达成，关于后两项原则，其实现程度与决策者看待事务的角度、对文化建设规律的认识等主观因素密切相关，需要决策者综合考量，有所取舍，重点处理好如下三个关系。

一是县城新老城区的关系。随着城市规模的扩大，县城城区一般会出现新老城区同步建设发展的情况。对于博物馆选址而言，新老城区，各有利弊。老城区近在咫尺，交通便捷，人口密集，人气旺盛，但是商业气息浓厚，文化氛围缺乏，而且狭小拥挤，可扩展空间不大，管理难度较大。新城区远离闹市，环境优美，规划有序，可扩展空间较大，管理难度较小，但是相对较远，交通、配套服务设施不足，降低了博物馆服务的可及性，短时间内难以发挥社会效益。

二是博物馆建筑与周边建筑（及环境）的关系。现代城市建设迅猛发展，应充分考虑博物馆周边现有建筑乃至城市发展规划中未来建筑的因素。县域城区范围本就局促，如果博物馆周边的建筑明显过高、过密、体量过大，色彩、风格与博物馆反差过大，或者博物馆周边建筑的商业气息太浓、使用性质和功能与博物馆职能明显冲突，或者博物馆形单影只，周边一定范围内缺乏其他公共文化服务机构，难以形成有效的协同互动，或者博物馆周边缺乏一定的山形水势、古建园林等景观环境，诸如此类的问题，都会造成与博物馆整体的文化氛围不相协调，降低社会公众对博物馆文化形象的认同，即便这个博物馆再有吸引力，也会陷入“酒香也怕巷子深”的窘境。

三是博物馆功能与周边相关配套设施的关系。博物馆功能的有效发挥，离不开公共交通、特色餐饮、文创购物、文娱休闲等配套服务设施。博物馆的观众越来越不再只是作为博物馆文化产品的消费者，还逐渐成为产品内容生成传播的积极参与者。观众在对博物馆自身应该具备的服务功能不断提出新要求的同时，对博物馆基础设施的进一步完善也提出了更高的要求，博物馆及其周边的建设应该紧紧围绕博物馆功能和社会效益的发挥，做到相得益彰。特别是道路交通，应该被纳入博物馆发展的重要影响因素①。出行方便是居民在购房、旅游、就医、娱乐等生活方面首要考虑的因素，对于博物馆服务的利用同样如此。

2. 藏品来源问题②

博物馆藏品来源问题主要包括来源方式（途径）和合法性两个方面。根据《中华人民共和国文物保护法》第三十七条“文物收藏单位可以通过下列方式取得文物：（一）购买；（二）接受捐赠；（三）依法交换；（四）法律、行政法规规定的其他方式。国有文物收藏单位还可以通过文物行政部门指定保管或者调拨方式取得文物”，《博物馆管理办法》③第四条“博物馆享有通过依法征集、购买、交换、接受捐赠和调拨等方式取得藏品的权利”，从法律法规层面对博物馆依法获得藏品来源的主要方式做出了明确规定。结合王宏钧《中国博物馆学基础》“考古发掘、田野采集、民族学调查征集、社会调查征集、收购、接受捐赠、交换、调拨等都属于藏品征集的主要途径”的观点，不论上述何种方式，以及没收与拣选文物移交、海外追索返还等其他方式，从广义上来说，均属于藏品征集工作的范畴。根据《博物馆条例》《国有博物馆藏品征集规程》④，博物馆不得取得（征集）来源不明或者来源不合法的藏品，《文物拍卖管理办法》⑤规定“被盗窃、盗掘、走私的文物或者明确属于历史上被非法掠夺的中国文物、依法应当上交国家的出土（水）文物、依法没收追缴的文物、拣选文物等不得作为拍

① 刘贤强：《浅谈博物馆建设——规划选址》，《才智》2013年第21期。

② 张晓云：《县级博物馆藏品来源与征集困境主要影响因素的探讨》，《中国文物报》2021年10月26日。

③ 文化部：《博物馆管理办法》，2005年。

④ 国家文物局、财政部：《国有博物馆藏品征集规程》，2021年。

⑤ 国家文物局：《文物拍卖管理办法》，2016年。

卖标的”，均对博物馆藏品来源必须具备的合法性做出严格规定。此处仅讨论与博物馆功能发挥密切相关的藏品来源方式问题。

随着我国经济社会的飞速发展，博物馆行业内外部环境发生了深刻变化，博物馆获得藏品来源的方式也产生了结构性变化，传统的藏品来源渠道越来越窄，个别渠道日趋枯竭。主要表现在四方面。一是考古发掘品的移交长期停滞。出土文物移交原有制度设计不能适应当前工作实际需要，机制性障碍问题日益突出，考古发掘品移交相关规定未能有效贯彻执行。考古发掘单位热衷于“博物馆化”，自己直接建设考古博物馆的情况日益增多，展览展示不再是博物馆的专利。二是博物馆购买和社会捐赠趋冷。近年来“国宝帮”等收藏乱象丛生，文物艺术品市场大肆炒作，水涨船高的市场价格让博物馆对于藏品收购只能望而却步。瞬息万变的市场行情与严格按照程序逐级申报购买经费之间的矛盾，往往使博物馆与一些重要文物失之交臂。同时，受收藏市场的负面影响，加之博物馆缺乏相应激励机制和政策宣传，对博物馆进行捐赠的良好社会氛围尚未形成。三是调拨、交换等博物馆馆际交流难以为继。改革开放逐步建立市场经济体制以后，资源配置方式的转化导致了社会利益格局的转变，各文物收藏单位自我法人主体意识、法治意识日益增强，各省市文物商店机构改革基本完成，数量激增的博物馆自身藏品需求旺盛，调拨、交换等依靠行政干预获得藏品的方式无法有效平衡利益关系。四是社会调查征集无处施展。现代社会大规模城镇化建设的飞速发展对传统生活方式、文化多样性、生态环境等造成巨大冲击，大量近现代、民族民俗文物不断被淘汰而消失，很多植物、动物、矿物自然标本采集难度加大，通过民族学、社会学调查、田野采集等“走出去”获得藏品的方式难有用武之地。

尽管藏品来源方式整体面临着前所未有的艰难局面，但我们也欣喜地看到，随着博物馆事业和相关理论的发展，藏品的内涵与外延也逐渐发生了变化，为拓展藏品来源提供了新的视角和有利条件。比如藏品的时空概念不断扩张，不仅要“为今天而收藏昨天”，更要“为明天收藏今天”，许多现代和当代物品，特别是与百姓生活息息相关、反映近现代甚至当代社会生活变迁的实物和档案资料成了博物馆的征集对象。再如藏品的类型不断丰富，科技、现当代艺术、非物质文化遗产类的物品也成为博物馆藏品征集的关注对象。国家文物行政主管部门不断加强顶层设计，先后出台《考古发掘品移交管理办法（试行）》《关于加强我国社会主义时期文物征集保护工作的通知》《文物、博物馆单位接受国外及港澳台地区捐赠管理暂行规定》《近现代文物征集参考范围》《国有公益性收藏单位进口藏品免税暂行规定》等政策法规。2014 年以来先后组织全国博物馆开展司法文物、“经济社会发展变迁物证征藏工作”试点、新冠肺炎疫情防控代表性见证物等专项征集。2021 年 5 月，中宣部等 9 部委印发《关于推进博物馆改革发展的指导意见》提出“健全考古出土文物和执法部门罚没文物移交工作机制，适时开展文物移交专项行动”，国家文物局、财政部联合印发《国有博物馆藏品征集规程》，有力规范和强化藏品征集工作。

藏品的数量和质量，直接关系到博物馆的功能发挥。相比于省级以上大馆，县级博物馆客观上限于经费、专业人员、社会影响力等不足，藏品来源与征集工作的困境更为突出。从观众对博物馆评价、中高层关于藏品丰富程度对县级博物馆影响程度评价的调查情况来看（表二十六、表二十七），县级博物馆在藏品的丰富性、展览观赏性方面有较大提升空间，特别是博物馆管理者对藏品征集工作重要性的认识有待提高。针对县级博物馆（或中小型博物馆）藏品征集的困境，研究者们提出了许多富有特色的方法和创新思路[①]，尽管部分限于个案经验难以复制，但无疑为缓解藏品来源与征集困境提供了有益的借鉴。

表二十六　观众对博物馆的评价（2）

	本地居民	外地游客	χ^2	P
1. 展品丰富性				
好	480（55.30）	151（53.17）	0.08	0.774
一般	317（36.52）	104（36.62）		
不好	71（8.18）	29（10.21）		
2. 博物馆是否有意思				
是	532（66.75）	157（61.57）	0.29	0.130
否	265（33.25）	98（38.43）		

表二十七　中高层对县级博物馆现状及对本馆影响程度的评价（3）

	现状评分		对本馆的影响程度	
	均值	标准差	均值	标准差
藏品丰富程度	7.57	1.59	7.26	2.34
社会捐赠	4.95	2.61	6.13	2.53

影响县级博物馆藏品征集造成困境的因素错综复杂，除了前述社会、行业层面的诸多共性因素，还存在博物馆自身、当地政府层面的个性因素[②]。只有系统梳理，分级分类科学分析各个层次和因素的影响程度、影响的具体内容，才能准确区分各因素之间的关系和存在的薄弱环节、空白区域，根据轻重缓急针对性地提出相应对策，最终走出县级博物馆藏品征集的困境。根据影响因素的重要程度，由高到低可以分为四个层次。其中，第一层次是博物馆，这是内因，也是对藏品征集起决定性作用的核心层次，即藏品征集毕竟是博物馆自己分内的职能，要不要做，如何做，做不做好，归根到底还是取决于博物馆自己（认识、目标、能力等）；第二层次是上级文物管理部门，是通过政策法规、行政命令等对藏品征集起关键性作用的主要外因，它必须通过内因才能起到调控的作用，在一定条件下，能引起事物发生根本性、全局性的变化；第三、

① 理智：《县级博物馆研究》，陕西师范大学出版社，1999 年。
② 谢晓燕：《中小博物馆文物征集工作的现状与思考》，文博圈微信公众号，2019 年 4 月 9 日。

第四层次分别是县级政府、社会，这两个层次是起关联性作用的次要外因，县级政府直接提供藏品征集所需的硬件保障条件，社会环境则间接对藏品征集的某些方式产生影响。第二、三、四层次分别从不同的方面对第一层次产生程度不一的影响。详见图十二。

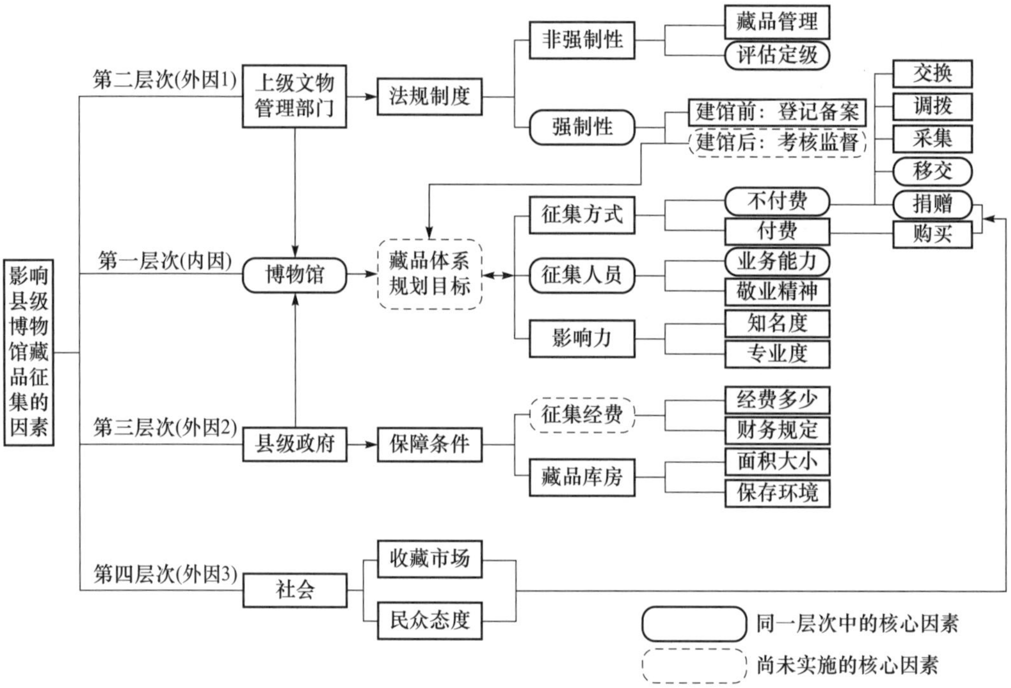

图十二　影响县级博物馆藏品征集的因素结构图

通过以上梳理，可以得出如下结论。第一，藏品体系规划目标是影响县级博物馆藏品征集内因方面的核心因素。藏品征集是一项长期性、系统性、专业性的业务工作，需要长期坚持不断积累，每个博物馆都应积极履职尽责，根据自身性质及实现社会功能的需要，制定本馆藏品体系建设目标和年度计划，有目的地不断征集藏品，有所作为。大多数县级博物馆管理者在建馆前都比较注重藏品征集，但由于对藏品征集重要性和长期性缺乏正确的认识，建馆前后存在巨大差异，建馆后征集工作长期处于可有可无的尴尬状态，未制定系统的藏品征集规划和年度计划，也缺乏专职（或兼职）征集人员，博物馆建成之日即成为藏品来源枯竭之日。第二，考核监督是影响县级博物馆藏品征集外因方面的核心因素。藏品管理包括做加法和做减法两个方面，征集属于做加法。由于藏品是国有资产，要保证其安全与不流失，当前的法律法规对藏品做减法的行为均有强制性、程序性规定和严格的法律责任，比如藏品降级、退出馆藏、调拨、赠予等。相反，对做加法的行为却没有强制性法律责任的规定：仅博物馆登记备案、评估定级时对藏品数量提出明确要求。但是，由于大量县级博物馆业务级别较低或没有业务级别，级别提升难度较大，如果对级别没有追求，博物馆建馆后完全可以不征集藏品，理论上不会被追究任何法律责任。在缺乏考核监督的情况下，藏品征集某种意义上成为了主要靠博物馆管理者的职业道德和专业素养来维系的一项工作。《国有博物馆藏品征集规程》仅从规范程序和预防腐败的角度原则性规定“博物馆应建立藏品征集管理制度、设立专门机构或明确责任部门、拟订藏品征集总体规划、中长期规划和年度计划”，尚待上级文物管理部门出台强制性的专项政策法规，对藏品体系建设、征集人员、工作经费、业务培训等的贯彻落实、考核监督做出制度性系统安排，从制度上消除建馆前后的差异。第三，应客观看待征集经费、库房条件等关联性外因对藏品征集工作的影响。经费的多寡，库房的大小，都是制约藏品征集的因素，但无疑绝不是决定性因素，博物馆更不能以此为借口顺理成章无所作为。藏品征集历来不是仅仅靠钱，购买更不是最主要的方式，而是靠人的工作和时间的积累，很多贫困地区的县级博物馆征集工作依然做得有声有色就是例证。当然，如果县级政府能安排一定的征集经费，即使难以满足直接购买藏品的需求，至少也可以为日常开展征集提供有利条件。第四，应扬长避短突出重点征集方式。县级博物馆普遍存在经费不足、专业能力与社会影响力不高的问题，因此，应结合本县实际，加强人员培训，加大对新建博物馆的宣传力度，重点采用移交考古发掘品、接受社会捐赠等不付费的征集方式，兼顾运用其他多种方式，多方面、全方位拓展藏品征集渠道，丰富馆藏文物体系，夯实公共文化服务体系的物质基础。

三、社会层面

（一）文化传统

博物馆来源于社会，见证、记录社会变迁发展。中国社会几千年深厚文化传统的积淀，为博物馆的产生和发展提供了重要的物质基础。但各省、各地区资源分布并不均衡。一些省市的文物和博物馆资源不论从数量上，还是从质量上，均具有较大的先天优势。

从我国县域管理来看，县域划定一般都考虑了地理因素、人口因素和历史因素，继承了从古至今的历史文化传统。所以，几乎每个县域都或多或少拥有一定的特色的历史文化，或经历史文献记录，或经祖辈代代相传。各个县域留下的众多历史时期的遗物和遗迹，以及各类非物质文化遗产，构成了创办县级博物馆的物质基础。文化丰富、藏品数量多的县域，发展县级博物馆相对会更加便捷有利。相反，一个文化贫瘠的地区，又没有足够的遗物遗迹，是否能有效支撑起一个县级博物馆，将经受更多的考验。

由于文化生态环境的巨大改变，很多文化遗产资源缺乏博物馆这种经常性、长期性的展示平台，不能适应现代社会市场经济条件下的生存要求，受众群体越来越小，生存空间逐渐萎缩，文化传统逐渐被淡化、缺失。部分传统民族民间文化在中老年人中还具有一定影响，而年轻一代大多对其不了解、不熟悉，更谈不上热爱、保护与传承。应高度重视对社会文化传统的培养，结合重大活动、重要节日和纪念日，加强宣传引导，增强全社会的博物馆意识和文化自觉性，既传承好的文化传统又发展新的文化传统，让文化传统融入人们的日常生活，使博物馆事业发展处在政府重视、社会理解的良好社会氛围里，尽力消除文化传统断层对县级博物馆带来的负面影响。

（二）现实需求

博物馆是公益性社会文化机构[①]，所提供的公共产品具有消费的非排他性和非竞争性的特征，这方面不同于其他的营利性机构。县级博物馆的公共性导致民间资本多不愿意介入其中。政府出于其合法性的考虑必须通过国家开支，在公共文化生产和供给中担负主导性作用[②]，最终造成政府主导博物馆主要业务及发展，并纳入到财政预算。但公共产品供给主体的单一，造成政府配置缺乏竞争性，由此不可避免地带来了资源浪费、配置效率低下、服务质量不高等问题。政府主导博物馆的结果使其成为垄断性行业。同时由于政府行为的特性，限制了更多配置方式的产生。

科斯的灯塔理论认为，公共产品可以由市场和社会进行供给，提高产品供给的质量和效率，政府应在私人供给和市场供给中承担不可或缺的监督职责[③]。要发挥市场机制和社会主体在县域公共文化服务供给中的作用，必须以需求为导向，将县域居民的潜在需求转化为现实需求，并保持县域公共文化服务供需的相对平衡。政府和社会也要根据需求的变化，及时调整供给总量。

从社会发展情况来看，社会对博物馆的现实需求越来越高，免费开放从制度设计上较好地满足了广大人民群众的迫切期待。但是，县级博物馆由于其所处的公共产品的垄断性地位，往往对社会的现实需求关注不够，在标准化、均等化、广覆盖、高效能上还存在突出短板。比如专业性、定期性的观众调查基本未开展，流动服务和数字服务等基本服务项目和内容不能有效保障。

（三）体制机制

随着人民群众精神文化需求的日益增强和多元化，社会力量参与公共文化服务体现建设的积极性日益高涨。近年来，国家出台了《中华人民共和国公共文化服务保障法》《中华人民共和国公共图书馆法》《博物馆条例》《关于加快构建现代公共文化服务体系的意见》《关于做好政府向社会力量购买公共文化服务工作的意见》等法律法规和

---

① 刘仲仁：《试论县级博物馆发展方向》，《大众文艺》2012 年第 1 期。

② 宋瑞霞：《我国农村公共文化服务政府供给问题研究》，郑州大学硕士学位论文，2013 年。

③ 缪林芳：《科斯“灯塔理论”给我国公共物品的启示》，《现代经济信息》2012 年第 10 期。

政策性文件，为促进社会力量充分发挥作用，丰富公共文化服务多元供给，提供法律保障和政策支持。

国家对社会力量参与博物馆事业做出了积极的努力和探索。2017年，国家文物局印发的《关于进一步推动非国有博物馆发展的意见》明确提出，要完善政府购买服务机制，探索创新政府与社会资本合作PPP模式，鼓励在县级新建博物馆中探索多元主体合作办馆模式，在不改变国有藏品的所有权属性及馆舍土地使用性质的前提下，允许符合条件的社会力量依法参与博物馆基础设施建设与运营管理、提供专业化服务，从而有效发挥社会力量在资源、技术、收藏等方面的优势。中宣部等7部委印发的《关于深入推进公共文化机构法人治理结构改革的实施方案》，提出把法人治理结构建设纳入博物馆绩效考评体系，以推动社会力量参与博物馆事业的落实落地。根据统计，截至2019年底全国非国有博物馆达到1710个，占全国博物馆总数5535个的30.89%[①]，几乎达到三分天下有其一的程度。

但是，由于地方配套政策不落地、执行不到位，以及社会力量自身认识等问题，当前公共服务领域的市场介入普遍存在门槛较高、回报较少、形式单一等问题，难以吸引和调动社会力量参与的积极性，尤其是县级以下基层。重点表现在社会力量参与县级博物馆共建共治热情不足，社会向县级博物馆进行捐赠尤其较少（表二十八）。应加强体制机制改革，深化博物馆免费开放和社会捐赠激励政策，完善提升保障措施，建立健全博物馆与当地公众的工作联系机制，不断发展壮大“博物馆之友”、志愿者队伍，激发社会参与博物馆管理的热情。

表二十八　中高层对县级博物馆现状及对本馆影响程度的评价（4）

	现状评分		对本馆的影响程度	
	均值	标准差	均值	标准差
社会捐赠	4.95	2.61	6.13	2.53
社会力量参与管理	5.78	2.67	6.52	2.67

四、县级博物馆功能发挥困境的系统诊断

（一）系统诊断技术

任何一项政策的制定、执行、评价、反馈过程，都需要不断循环反复，每个阶段都需要遵循政策原则、寻找依据。县级博物馆的管理和运营中出现的问题，需要从本源上寻找问题根源。对此，系统诊断树可以为本研究提供有效的问题分析路径。

① 《国际博物馆日活动开幕　刘玉珠：博物馆进入最好发展时期》，人民网，http://culture.people.com.cn/n1/2020/0518/c1013-31713724.html，2020年5月18日。

系统诊断树（systems diagnostic tree）是一种分析工具，它提倡由“果”到“因”的分析。因此在分析问题时，先由核心目标出发，不断以“向后追溯式工作方式”（Work backwards）提出“为什么”的问题，直至找到要改进问题的根源，形成完整连续的因果关系链。系统诊断树在运用中强调：第一，向后追溯，寻找原因；第二，逐步分析原因，不能一下子直接跳到结论；第三，尊重证据，要有科学性；第四，要有特异性；第五，利用诊断树，清晰显示诊断过程。

（二）县级博物馆功能发挥中机构层面人力资源问题诊断

根据上一章的研究结果，县级博物馆面临主要的人力资源问题：一是编制不足，二是质量不高，包括人力资源的结构不合理、职业能力、服务意识和管理创新能力不足，无法满足县级博物馆的基本功能的需要，更无法适应县级博物馆现代功能和未来功能发展的需要。

通过县级博物馆人力资源数量问题诊断过程发现，人力资源数量不足的原因主要包括，一是编制限制，主要源于地方政府对编制数量的严格控制，以及对博物馆事业的重视程度不够，不能根据博物馆事业发展的实际需求给予博物馆必要的编制；二是县级博物馆承担的服务功能较多，在当前的运行管理模式下，服务主要由县级博物馆单独提供，未有效地利用资源整合途径，形成县域公共文化服务体系协同治理的局面，县级博物馆现有编制与业务工作量之间的人力资源数量的矛盾较为突出；三是县级博物馆待遇偏低，无法吸引高层次专业人才。加上现代管理意识不强，用人体制机制不活，博物馆职业体系建设不完善，清晰的职业发展规划缺乏，加剧了县级博物馆优秀人才数量不足的局面（图十三）。

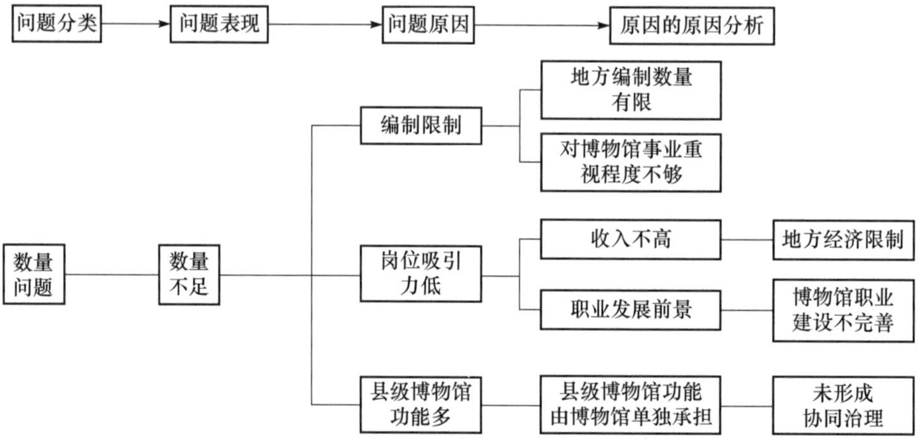

图十三　县级博物馆人力资源数量问题诊断

由诊断分析得知，县级博物馆人力资源质量问题表现有很多方面，如学历层次偏低、职称结构偏低、专业结构不优、能力结构不强。学历层次偏低和职称结构偏低，主要源于岗位吸引力低，加上县域行政区域的限制，人才往上走的“虹吸效应”加大了县级吸引人才的难度。专业结构上，由于缺乏信息科技等新型人才，现有人力资源队伍无法满足现代博物馆开展信息化服务的需求。能力结构上，博物馆员工的综合能力、具体岗位能力、现代服务意识、中高层管理者的领导能力等，都有待提升。博物馆既懂管理，又懂业务的复合型人才极端缺乏。导致这些问题的原因可以归纳为：一是县级博物馆的岗位职责不清，岗位吸引力较低；二是受县级行政区域限制；三是县级博物馆科学、灵活、有效的选人用人机制尚未建立和完善（图十四）。

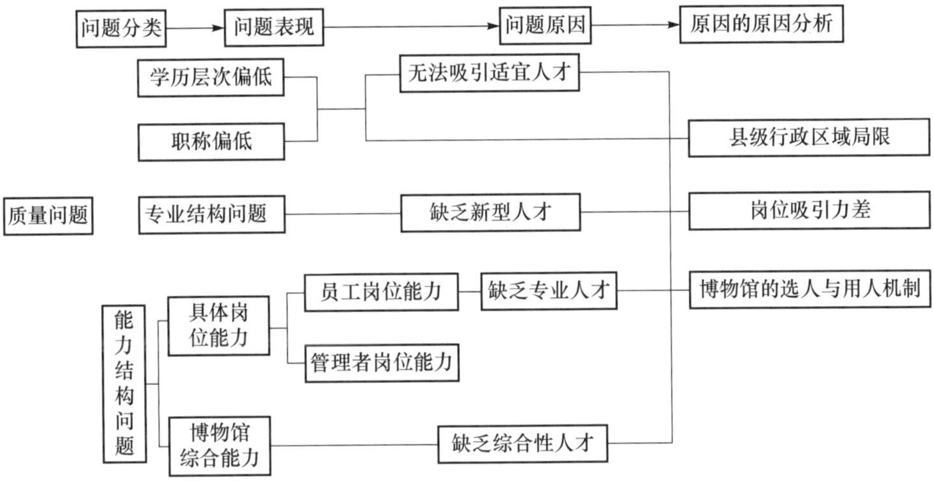

图十四　县级博物馆人力资源质量问题诊断

综合县级博物馆人力资源问题诊断，我们可以得出初步结论：由于县级博物馆功能和服务的要求，当前博物馆人力资源数量、质量无法满足实际工作需要，限制了很多功能的发挥。县级博物馆岗位吸引力低是其重要的原因之一，而导致吸引力低的原因与县级博物馆人员的收入、职业发展前景有很大关系。由于县级博物馆往往受到编制限制，在博物馆基本功能和现代功能要求下，为实现博物馆的服务目标，一方面需要积极争取有关部门的支持，加强对博物馆从业人员岗位标准化研究、职业发展体系研究，依法依规、分级分类科学实施岗位配置，另一方面，应充分利用公共文化服务协同带来的资源整合、服务整合等优势，促进县级博物馆人力资源问题的解决，给予县级博物馆人员合理的职业发展空间和上升渠道。

（三）县级博物馆功能发挥中政府与社会层面困境诊断

当前基层群众的文化需求增长与供给的不平衡，主要源于基层公共文化供给的单一性，包括供给主体与内容的单一性。主要表现是地方政府过度干预博物馆主要业务及发展，并通过政策制定、人事安排、奖惩机制、部门监督等主导县级博物馆事业的发展。行政、业务自主权丧失的程度，直接影响到博物馆的主动性、积极性。政府主导资源配置导致缺乏竞争性，容易带来资源的浪费、配置效率的低下、服务质量不高等问题。政府主导的博物馆建设使其成为垄断性行业，同时，由于政府行为的特性，约束了更多的配置方式。社会力量由于参与博物馆服务供给的门槛高、渠道少，也缺乏更多的政策法规支持，很难吸引和调动他们参与县级博物馆事业发展（图十五）。

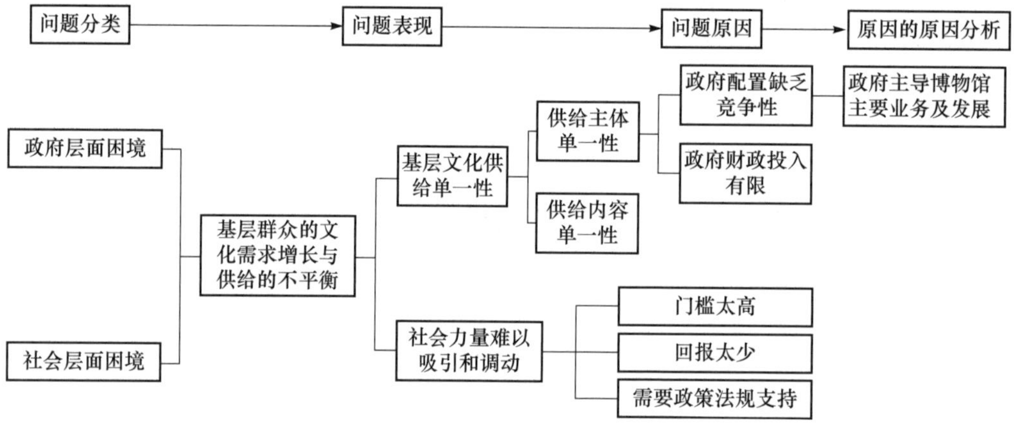

图十五　县级博物馆功能发挥中政府和社会层面困境诊断

（四）县级博物馆功能发挥中的管理问题系统诊断

综合县级博物馆管理中的人力资源问题、政府层面和社会层面的问题，笔者认为，三方面的问题看起来似乎各自独立，其实相互交织、息息相关，需要系统看待、系统分析、系统解决。首先，管理的核心在于权力的合理配置，尽量做到合理分权、科学授权。各个层面均应科学合理定位，分清责权利，做到不越位、更不缺位，政府应积极简政放权，打破传统的管理理念，改变政府主导包办博物馆主要业务及发展的局面，给予博物馆更多的自主权，逐步建立法人治理结构、总分馆制等，吸引更多的社会力量参与县域内博物馆事业发展，调动各方面积极性，充分整合利用县域公共文化资源，形成县域公共文化服务体系的协同治理局面，解决供给主体单一性和供给内容单一性问题。其次，管理的关键资源在于人，应充分注意关注人的需求和人的变化。要建立完善灵活管用的人事招聘制度、专业人才中长期培养制度、激励奖励制度等，通过解决编制、专业结构、学历结构等人力资源困境来解决县级博物馆功能和服务的困境。同时，从社会层面看，观众、志愿者、利益相关者等人的需求，应该予以重视，要建立双向多向互动机制，使各方具备畅通表达诉求的渠道。最后，管理需要适应变化，因时而动，因势而动。僵化、教条的管理方式、规则，无法适应这个飞速发展的时代。需要关注多方的变化，并增强适应和应对变化协同治理的能力。

第五章　县级博物馆的建设[①]

县级博物馆是中国博物馆事业的重要基础，也是县域公共文化服务体系的重要组成部分。然而，对于博物馆的建设，《文物保护法》《博物馆条例》等国家有关法律法规并未做出十分明确的规定。从长期以来的相关政策以及博物馆建设的实践来看，普遍是将其作为县级地方政府的事权，列为一般性的基本建设项目，由地方政府作为投资主体和建设主体组织实施。本章拟通过对县级博物馆建设历史沿革的梳理，并在深入分析其面临困难的基础上，对新的历史时期如何推进县级博物馆建设做一探讨。

一、县级博物馆建设的历史沿革

从中国博物馆建设历史上看，尽管县级博物馆的建设从未被作为博物馆建设一个重点的领域独立存在，但根据县级博物馆建设的主体，结合其目的、形式、效果以及所处的国家重大政策环境等因素，仍有其自身清晰的发展脉络和鲜明的时代特征，县级博物馆的建设可大致按每 30 年左右一个阶段，划分为如下三个阶段。

（一）文物大县建博物馆阶段（1949～1978 年）

此阶段发轫于 1949 年中华人民共和国成立之后[②]，一直到 1978 年党的十一届三中全会召开全面实施改革开放。这一时期国家把公共事业放在优先发展的地位，充分发挥计划经济体制的管理优势，以极低的成本，面向基层群众，大力发展大众文化、基础教育和建立医疗保障制度，使城乡居民的文化水平和身体素质有效提高[③]。这一时期，县级博物馆的建设主要集中于文物资源丰富的大县，且这种“文物依托型”县级博物馆建设形式主要是因陋就简、因地制宜；利用古建筑、革命旧址等作为馆舍，博物馆的类型、展示内容上比较单一，建设的主要目的是保护文物资源，同时开展群众爱国主义和乡土传统文化教育，具有较强的政治意义，客观上对于加强文物保护和传播博物馆文化起到了积极的推动作用，文物征集、保护、群众教育等工作得到有效开展。到 1979 年，全国县级博物馆有 175 座，占全国总数的 50.87%[④]。当然，受大的历

① 张晓云：《十四五”县级博物馆建设问题之探讨》，《中国文物报》2020 年 12 月 22 日。

② 理智：《县级博物馆研究》，陕西师范大学出版社，1999 年。

③ 朱高林：《1949～1978 年中国居民生活水平的政治经济学解释》，《思想战线》2012 年第 3 期。

④ 理智：《县级博物馆研究》，陕西师范大学出版社，1999 年。

史背景影响，这一阶段也出现了博物馆事业发展中的失误和曲折，如当时曾要求在很短的时间内全国达到“县县有博物馆、社社有展览室”[①]，影响了县级博物馆健康的发展。

（二）经济大县建博物馆阶段（1979～2013 年）

1978 年 12 月，党的十一届三中全会召开以后，国家将工作重心转移到社会主义现代化建设轨道上来。这个伟大的历史转折，也使我国博物馆事业的发展进入了一个新的历史时期[②]，为县级博物馆的建设发展提供了广阔的空间。这一时期，一部分县抓住改革开放的契机，经济迅速发展，为有力拉动城乡基础设施建设提供了坚实保障。同时，由于大量基本建设项目的实施，考古发掘出土文物日益丰富。为满足人民日益增长的精神文化需求，彰显县域改革开放经济建设成果，很多经济大县由地方政府投资建设博物馆，县级博物馆成为对内对外宣传展示地方政府经济发展成果甚至对外招商引资的重要窗口，具有较强的经济意义。这一时期，县级博物馆建设形式主要为新建（或改扩建）独立的综合历史类博物馆，博物馆的类型、展示内容上逐步丰富，博物馆数量增长较快。截至 2013 年底，全国县级博物馆总数达 2549 座。当然，不可否认，“博物馆建设热潮中很多实际上就是交钥匙工程，政府将博物馆建好了，交给博物馆去使用。这一方面说明博物馆建设面临着一个难得的机遇期，另一方面也反映了在博物馆建设与发展的过程中的确存在着不少的盲目性”[③]。

（三）公共文化服务大县建博物馆阶段（2014 年至今）

2013 年 11 月，党的十八届三中全会将构建现代公共文化服务体系、促进基本公共文化服务标准化均等化作为全面深化改革的重点任务之一，围绕到 2020 年“公共文化服务体系基本建成”的战略目标，加快构建覆盖城乡、便捷高效、保基本、促公平的现代公共文化服务体系，公共文化事业步入蓬勃发展的新时期[④]。这一阶段，国家公共文化服务顶层设计不断完善，公共文化服务示范区创建活动深入展开，中央和各省纷纷出台对文化馆、博物馆、图书馆“三馆”建设的支持政策，充分调动了一部分以创建公共文化服务示范区为目标的县级地方政府的积极性，很多县通过新建“文化（艺术）中心”“文化综合体”等形式，整合建设以“三馆”为核心的县域基层公共文化服务设施，县级博物馆数量和场馆条件有了大幅提升，“无馆之县”越来越少，“一县多

---

① 王宏钧：《中国博物馆学基础》，上海古籍出版社，1990 年。

② 王宏钧：《中国博物馆学基础》，上海古籍出版社，1990 年。

③ 曹兵武：《博物馆热·博物馆学·博物馆文化——博物馆发展的关键是博物馆人》，《中国博物馆》2008 年第 3 期。

④ 张永新：《着力提升人民文化获得感》，《人民日报》2017 年 9 月 29 日。

馆”越来越多，其文化意义更加突出。截至2018年底，全国县级博物馆跃升至3691座[①]。当然，也还存在发展不平衡的问题，如有些省率先实现了“县县有博物馆”，有的省空白县还比较多，全国县级博物馆建设的发展状况，滞后于中国博物馆事业整体发展要求。

从历史沿革的梳理可以看出，县级博物馆的建设，深刻地反映了经济社会发展、人民精神生活需求变化的轨迹，反映了从靠文物资源的初级阶段、靠地方财力的中级阶段，到注重公共服务，提升县域治理能力现代化、满足人民美好生活需求的高级阶段的过程，是国家政治、经济、文化重大政策引领文化事业发展的缩影。同时，县级博物馆建设完全由县级地方政府主导，是否建设、如何建设，在不同的历史阶段分别与地方特色文物资源多寡、与地方经济发展水平高低、与国家宏观政策支持力度大小等因素有一定的关系。当然，也应该看到，以上阶段的划分只是反映了各历史时期的主流，在每个阶段中，还有部分既不是文物大县，也不是经济大县和公共文化服务大县的县，也非常高质量地完成了本县博物馆的建设。县级博物馆的建设，在今天早已不是一个仅仅和地方经济发展水平、特色文物资源优势等基础条件密切相关的问题，关键还是取决于地方政府的出发点，以及对博物馆的认识水平和重视程度。所以，研究把握县级博物馆建设发展历史规律，反思存在的困难与问题，科学认识其建设的重要意义，对于明确未来发展方向，促进可持续、高质量发展，具有重要意义。

二、县级博物馆建设的方式与内容

县级博物馆的建设，包括建设方式与建设内容两大部分，其中，建设方式主要针对硬件——馆舍及配套设施而言，建设内容则主要针对软件——文化产品及服务而言，二者关系有点类似形式与内容的关系，既相互依赖，又相互制约，共同决定着县级博物馆功能的发挥和博物馆事业的发展。没有丰富多彩的建设内容，再好的建设形式存在的价值将大打折扣，没有科学合理的建设形式，再好的建设内容也无从表现。在博物馆建设前期，应统筹考虑、准确定位建设内容，并根据建设内容的实际需要，科学选择最佳的建设方式，努力使二者合拍、互促。应尽量避免建设方式与建设内容由不同人群、在不同阶段实施造成的脱节或顾此失彼。县级博物馆建设工作无论是“重形式、轻内容”，还是“重内容、轻形式”，无疑都会造成硬件与软件、博物馆与观众之间直接的、间接的各种矛盾。

① 国家文物局：《2019中国文物统计提要》，内部资料，2019年。

（一）建设方式

从博物馆建设的方式来看，县级博物馆建设方式主要有以下类型。

1. 依托型

此类型主要是依托县域范围内现有地理位置较好、社会知名度较高的古建筑、古遗址、革命旧址、名人故居、传统村落等不可移动文物来建设县级博物馆，此种建设方式优点是见效快，可有效缓解县级财政资金困难的突出问题，且历史文化资源地方特色突出、文化氛围浓厚，对不可移动文物进行了有效保护和合理利用；缺点是文物保管、展览展示、办公等场地狭小，防火防盗文物安全及参观人流过于密集等压力较大，临展更新、旅游休闲、社会教育、文创餐饮等公共服务难以正常开展，配套服务设施建设不足，现代博物馆的公共文化服务功能未能有效发挥，上升空间小。在文物大县阶段，此种依托型博物馆较多。进入公共文化服务大县阶段，随着博物馆发展理念的进步、功能的增加，此类建设方式的诸多弊端日益凸显，不再成为县级博物馆的主流建设方式，仅为少数小型专题博物馆采用。

2. 独立型

此类型一般为新建的综合历史类博物馆或专题博物馆，博物馆建筑根据《博物馆建筑设计规范》[①]设计，属现代独体建筑，从地方政府角度而言，希望其成为体现地方文化特色或带有地方重要文化元素的地标性建筑，此种建设方式的优点是场馆条件、设备设施条件较好，突出博物馆现代公共文化服务功能，能够有效满足博物馆开展展览展示、社会教育、文物科技保护等业务活动需要，文物库房、观众安全管理等压力较小，且具备较好的软硬件拓展空间；缺点是不论是前期建设投入，还是后期运营投入都很大，建设周期较长。在经济大县阶段，此种独立型博物馆较多。

3. 整合型

此类型一般为新建的“三馆一中心”“艺术中心”“文化（活动）中心”，建筑为大型联体式或群落式建筑。此种带有一定创新性的建设方式的突出优点是预先进行了统筹规划，场馆选址、建设规模、设施条件等都能够极大满足博物馆现代公共文化功能发挥的实际需要，且由于建设手续、资金投入等统一办理，建设速度较快；缺点是前期建设、后期运行维护投入都较大，缺乏对博物馆业务活动开展、后期软硬件拓展特殊需求的充分关照。在公共文化服务大县阶段，此种情况较为常见，成为地方政府建设县级博物馆的优先选择。

---

① 中华人民共和国行业标准：《博物馆建筑设计规范》（JGJ66-2015），2015年6月30日。

4. 综合型

此类型一般表现为上述的依托型 + 独立型，即不可移动文物 + 现代场馆。此种建设方式一般是在依托型博物馆基础上，另建独立型博物馆，来弥补依托型博物馆的不足。其中，有的古建筑、古遗址、革命旧址、名人故居、传统村落等不可移动文物与新建的现代化博物馆毗邻，相得益彰，交相映衬，有的则二者相距甚远，仅有行政上的共生关系，有的即使相隔很近，但是周边高楼林立，严重影响环境风貌，情况不一而足。当然，也有的顺序相反，先有现代化的独立型博物馆，后随着文物保护事业发展，文物保护利用理念的更新，后面建设遗址类、古建类博物馆的情况。此类型的优点是能够兼取依托型和独立型之所长，并能尽量减少其中某一个类型之所短；但缺点也较为突出，即如果不是一次统筹规划和投资，难免建设速度较慢，前期建设、后期运行维护投入、难度都较大，特别是当文物遗址远离现代场馆、展示内容上又未相互呼应时，难以有效发挥 1+1＞2 的作用。此种类型说明该博物馆的建设经历多个历史阶段，建设周期较长，也反映了很多地方政府不断加强县级博物馆建设、逐步提升博物馆现代公共文化服务功能的变化过程。

博物馆类型的变化反映了博物馆理念的进步、地方经济的发展，也反映了县域内人的变化以及需求的变化。根据以上阐述，对以上 4 个类型县级博物馆建设所涉及的展示、保管、服务、办公、安全、投入、速度以及功能发挥、空间拓展等核心要素做一简要评估（表二十九），从评估的总体情况看，第三类整合型的方式，在不将经济投入作为唯一的决定性因素的情况下，相对其他类型而言，在很多方面都具有明显的优势，可以预期，未来三十年仍是县级博物馆建设的重要上升期，“整合型”将是当前和今后相当长时期内县级博物馆建设的主流方式。

表二十九　对县级博物馆不同建设类型中核心要素的评估

	类型	展示条件	保管条件	服务设施	办公条件	安全压力	前期建设投入	后期运营投入	建设速度	功能发挥	拓展空间
1	依托型	弱	弱	弱	弱	大	小	小	快	一般	小
2	独立型	强	强	强	强	小	大	大	慢	好	大
3	整合型	强	强	强	强	小	大	大	快	好	大
4	综合型	强	强	强	强	小	大	大	慢	好	大

从目前整合型建设具体内容来看，基本是以“文化（艺术）中心”的方式来实现博物馆和其他公共文化服务机构场馆建筑的硬整合、片面的整合。通过很多“文化（艺术）中心”建成开放后运营的实践，显示出这种硬整合在前期建设阶段利大于弊，但进入到后期运营阶段，部分弊端逐渐明显起来（详见第八章相关内容）。这表明，整

合型建设要想达到良好效果，不能只停留在硬件层面、建筑层面，还应该考虑软件层面、管理层面，做到软硬有机结合，形成良性发展。因此，应鼓励县级政府解放思想，积极创新，不局限于新建或改扩建，而是结合实际，探索走出一条机构、人员、管理等方面软整合的县级博物馆建设新路子。比如，在短期内无资金无条件新建博物馆但又确有博物馆需求的县，可以考虑探索“博物馆＋非遗馆”、“博物馆＋图书馆”或“博物馆＋方志馆”的全要素整合模式，利用已有非遗馆、图书馆或方志馆的机构、专业人员、场馆条件等，原则上不涉及新增机构、新增人员编制，前期建设与后期运营费用相对较低，快速有效解决县级博物馆建设的问题。

（二）建设内容

从内容的角度对博物馆建设做大的分类，一般可分为综合性、专题性两类。其中，专题性大致包括社会历史（含历史、革命史、民族、民俗、纪念、文化艺术）、自然科学（含自然、科学技术）。

1. 综合性

综合性博物馆，又称地志性博物馆，即以当地的自然资源（包括地理、民族、生物、资源等）、历史发展（包括革命史）、社会建设（包括政治、经济、文化等方面的建设成绩）三部分为主要陈列内容，综合展示地方自然、历史、革命史、艺术方面的藏品。综合性博物馆因其藏品保护、展览展示、社会教育等文化产品及服务的系统性、专业性和规模化，不仅对馆舍设施、藏品数量、研究力量等前期条件要求较高，而且后期运行经济压力也相对较大。由于历史的原因，我国综合性博物馆一般以省级博物馆居多。近年来，对于自然资源部分，有的省级博物馆职能切分后成立了自然博物馆或缩减了这部分内容[①]。

在有关资料中，很多县级博物馆自称为综合性博物馆，实际其与严格分类意义上的综合性并不是一回事[②]。因考查其业务内容，一般是既有古代内容，又有现代内容；既有古代文物藏品，又有近现代和民俗文物藏品，便谓之综合性博物馆。当前真正意义上的综合性的县级博物馆并不多[③]。

根据现有县级博物馆发展实际，由于受到经济、藏品、编制等诸多条件的制约，一个县国有的博物馆一般都只有一个。站在地方政府的角度，建设一个综合性的县级博物馆，对于全面集中展示县情县貌、历史文化、资源特色等无疑是最集约最高效的。但从内容建设的角度来说，县级博物馆以综合性为发展目标，普遍难度较大，且易于

---

① 谢辰生口述，李晓东、彭蕾整理：《新中国文物保护史记忆》，文物出版社，2016 年。
② 理智：《县级博物馆研究》，陕西师范大学出版社，1999 年。
③ 理智：《县级博物馆研究》，陕西师范大学出版社，1999 年。

陷入缺乏本馆特色的误区，故建设前期应充分评估自身各方面能力、条件，科学定位，合理规划，避免盲目追求“大而全”，造成博物馆建成后名不副实。

2. 专题性

专题性博物馆，即指利用特定或单一主题的藏品，围绕该主题开展有针对性的保护、研究、展示、教育等业务活动，为社会及社会发展提供公共文化服务的博物馆。相较于综合性博物馆，专题性博物馆特色更加鲜明，覆盖领域、行业、地域更加广泛，数量上亦占据绝对优势，在博物馆事业总体格局中占有重要地位[①]。

我国高度重视专题博物馆的建设与发展，国家文物博物馆事业发展“十二五”与“十三五”规划、《博物馆事业中长期发展规划纲要（2011—2020年）》均明确要求，要立足行业特点和地域文化特色，积极发展科技、艺术、自然、民族、民俗、工业遗产等类型特别是填补空白的专题性博物馆，丰富博物馆品类，突出博物馆特色，形成品类齐全、特色鲜明、覆盖广泛、布局合理的现代博物馆体系。经过十年努力，博物馆在数量和质量上均取得长足进步，一批象征国家及地方文明形象、行业文化形象的专题性博物馆建成开放，一批由社会人士举办的民俗、艺术、器物等非国有专题性博物馆成为每年新增主力，呈现出良好发展态势。某些重大主题的专题性博物馆的建设，亦引起社会广泛关注，一些专家建议其上升到国家文化战略的高度，建设书法、戏曲、自然、航天、外交、中医药、南水北调、大运河、防疫等“国字号”专题性博物馆。从实践来看，专题性博物馆建设既有“小题小做”“大题大做”，还有“大题小做”“同题异做”，形式多样，不一而足。就大部分博物馆而言，其建设一般按照先充分调研，再结合藏品资源、资金投入、人员力量、观众来源等实际情况进行系统评估，最后论证确定馆舍规模、发展定位、运行模式、管理体系的程序进行，不仅大大提高了建设效率，也更好地突出了自身特色。此外，还有充分利用现有博物馆、名人故居、近现代历史建筑、工业遗址等，改造、转型建设相应主题的中小型专题性博物馆，并形成博物馆群（片区）的模式，如云南省2018年以来启动了《云南博物馆群建设计划》，成效显著。

专题性博物馆之所以能得到蓬勃发展，除了国家高度重视、经济社会快速发展投入加大、社会各界关注支持等外部环境因素，与其自身具有的若干特性也密不可分。一是“专题即特色”，每一个专题都是对本地地域文化、本馆藏品资源等核心要素进行深入研究的基础上，经总结提炼形成的共识和成果，并成为每个博物馆在内容方面区别于其他博物馆的标志性特征。二是“专题即多样”，尽管不是任何专题都适合建立博物馆，但林林总总、不可胜数的专题基本能涵盖自然与人类社会生活的方方面面，覆盖各领域、行业、地域。一题一世界，充分体现了世界的复杂性和文化的多样性，也

① 张晓云：《旧题新谈：专题博物馆的建设与发展》，《中国文物报》2020年5月5日。

能有效满足不同人群日益多样化的精神文化需求。三是“专题即品牌”，更易吸引地方政府和博物馆举办者对本地特色资源的重视和挖掘，以馆藏资源为核心，打造形成有一定影响力、易于传播的区域性乃至全国性文化旅游品牌，成为观众美好的记忆，促进文旅融合和当地经济社会可持续健康发展[①]。

新时代文化消费的主要特点是主题化、参与式，无疑，专题性博物馆将以其先天优势获得更多观众青睐。可以预期，“十四五”时期，专题性博物馆将成为博物馆事业新的增长点，中国博物馆事业在某种程度上将步入“专题博物馆时代”。在国有综合性博物馆受限于国家编制机构政策数量难以增长的情况下，大批有待建设的县级博物馆将是国有博物馆数量增长和质量提升的主力军，不断强化“一馆一题”将成为县级博物馆内容建设的主要发展方向。

从具体实施的角度，做好县级博物馆专题性建设应重点关注如下三个方面，一是优先填补县域空白。占相当比例的区域空白是当前县级博物馆建设的突出短板，并具有区域相对集中的特点。“十四五”时期应重点加大支持革命老区、民族地区、边疆地区、贫困地区县级基层博物馆建设力度，鼓励依托文物遗址、历史建筑、革命旧址、工业遗产、农业遗产等建设专题性博物馆，切实提高县级博物馆建设覆盖率，让博物馆数量的增长不仅体现在人均拥有量上，更体现在地域覆盖率、填补空白率上，推动博物馆公共文化服务的广覆盖、均等化。二是引导邻县互补。由于部分主题在地域上不可避免地具有分散性、相邻性，应坚持分类施策，统筹推进，引导各相邻县深入挖掘展示自身特色资源，指导建立博物馆联盟等跨区域馆际交流合作机制，既加强协作互补，避免无序竞争，实施资源共享，形成共有知名文化旅游品牌，又立足本地，以我为主，扬长避短，错峰而行，避免“千馆一面”，在同一性中实现差异化发展。三是把握专馆专展关系。任何一个县级博物馆的建设，并非易事、小事，而是关系到投入和效益的难事、大事。应加强对县级专题性博物馆筹建的前置业务指导，提前介入，客观研究分析建设的资源条件、服务对象、综合效益等，力避降低标准，强行上马，对于暂不具备成熟建馆条件的，应实事求是，积极主动开展藏品征集、资源整合等前期工作，并充分利用平台优势多举办原创性专题展览，既达到保护传承专题文化的良好效果，又为未来实现专展向专馆的转变创造基础条件。

三、县级博物馆建设的主要困难

一是国家相关法律法规缺乏具体性规定。现行的《文物保护法》《文物保护法实施

---

① 张晓云：《旧题新谈：专题博物馆的建设与发展》，《中国文物报》2020 年 5 月 5 日。

条例》《博物馆条例》《博物馆管理办法》以及《公共文化体育设施条例》[①]《公共文化服务保障法》[②]，对博物馆的建设只有普遍性、原则性的表述。由于国家法律法规缺乏具体性、操作性规定，导致实践中县级博物馆未能完全像县级图书馆[③]、方志馆[④]等一样依法广泛开展建设，而是由地方政府选择性实施，即一个县是否建设博物馆具有较大不确定性，在很大程度上取决于地方政府的态度和出发点。

二是对县级博物馆建设指导有待加强。县级博物馆涉及地域范围广，各省、县之间经济发展水平、文化资源禀赋、民风民俗存在较大差异，开展县级博物馆建设相关管理政策研究、业务指导难度较大，高层次研究人员往往缺乏条件真正了解基层博物馆建设实际运作情况，少量的研究成果难以被吸纳并形成行政管理部门推进发展的政策性成果，无法有效指导和扶持基层进行实践。上级管理部门对县级博物馆的业务指导，更多地表现在博物馆建成开放后的阶段。

三是县级决策层对博物馆建设认识有待提高。从县级博物馆建设历史沿革来看，尽管各阶段历史背景、核心要素不同，但其主导权一直由地方政府掌握。在当前社会处于以经济建设为中心的大背景下，文化建设不是硬指标，博物馆建设是否具备必要性、紧迫性，难以引起关注和重视。同时，由于干部考核、政绩体现主要依靠GDP指标数据，一些地方在唯GDP的畸形发展观、政绩观的驱动下，优先考虑“看得见”的政绩，对博物馆建设缺乏总体规划和系统思路，在一定程度上使博物馆工作陷入“讲起来重要，做起来不要”的尴尬境地。对博物馆建设认识和理解的程度，存在随着行政层级向下递减的现象。

四是县级财政和编制困难长期客观存在。县级博物馆建设、后期运行维护、人员待遇、业务活动等经费，按照事权关系由地方政府负担，对于任何县来说，都是大手笔的巨额投资。在很多财政困难、以保基本运行为主的县，即使博物馆勉强建起来，后期也随时可能面临因为水电费而关门的窘境，长期低水平运营。同时，县级地方的

① 《公共文化体育设施条例》第五条：“各级人民政府举办的公共文化体育设施的建设、维修、管理资金，应当列入本级人民政府基本建设投资计划和财政预算。”第十条：“公共文化体育设施的数量、种类、规模以及布局，应当根据国民经济和社会发展水平、人口结构、环境条件以及文化体育事业发展的需要，统筹兼顾，优化配置，并符合国家关于城乡公共文化体育设施用地定额指标的规定。”

② 《中华人民共和国公共文化服务保障法》第十五条：“县级以上地方人民政府应当将公共文化设施建设纳入本级城乡规划，根据国家基本公共文化服务指导标准、省级基本公共文化服务实施标准，结合当地经济社会发展水平、人口状况、环境条件、文化特色，合理确定公共文化设施的种类、数量、规模以及布局，形成场馆服务、流动服务和数字服务相结合的公共文化设施网络。”

③ 《中华人民共和国公共图书馆法》第十四条：“县级以上人民政府应当设立公共图书馆。”

④ 《方志馆建设规定（试行）》第五条：“省（自治区、直辖市）、市（地、州、盟）、县（市、区、旗）应建立方志馆。鼓励有条件的乡镇（街道）、村（社区）建立方志馆。”

机构设置、人员编制无疑须以保稳定、保民生为主，在国家严格控制机构、编制的政策下，难以单独向博物馆倾斜。

四、推进县级博物馆建设的思路

（一）总体思路

从县级博物馆建设发展的历史来看，过去我们既从政府的层面提出过“县县建博物馆”这个纲领性的口号[①]。但从实践来看，这些提法并没有收到很好的效果，到20世纪80年代，中国博物馆界小心翼翼地将未来努力发展的目标调整为“市市有博物馆”[②]。当下，离以上提法所处的那些时代，各方面条件和环境都已经发生了翻天覆地的变化。有专家从个人研究的层面提出“有足够的合理性和可能性使我们重提县县办博物馆”[③]“县一级应办综合性博物馆”[④]。那么，是否有必要再重新强调“县县建博物馆”，全面消除博物馆建设的空白呢？或是走向另一个极端——不加任何干预、任其自然发展？

要回答好这些问题，笔者认为，首先要对“县级博物馆具有哪些特殊的作用”“县级博物馆与县域经济社会发展的关系”“县级博物馆与国家公民的总体发展的关系”等一系列重要问题有科学、客观的认识，充分、准确的把握，并站在时代的角度、发展的高度，深刻理解县级博物馆建设的历史作用、现实作用，树立以人民为中心的“博物馆意识”，才能让县级博物馆的建设成为一种文化自觉、一种自然选择、一种科学决策。而不是政府一家独大，不尊重各方面的意见，尤其是合理的意见的决策与运行机制，将良好的愿望变成实际的社会灾难[⑤]。其次，应聘请独立的第三方专业机构开展充分细致的科学评估，如建设前期的专项评估（包括资源评估、机构评估、经济评估、需求评估等）、综合评估（包括必要性和可行性、建设方式、场馆选址、规模大小、主题类型、展览内容等），建设中期和建设后期（包括运营管理、功能发挥、运行保障、冗余空间等）的评估，实事求是提出明确的意见和可行性建议，而不是一厢情愿、先入为主得出结论，或者为了做项目而做项目。最后，必须创新思路，避免陷入“县县建博物馆”的误区。我们认为，“县县有博物馆”可能比“县县建博物馆”的提法更加科学合理，“建”是一个动作，意味着投资、占地、施工等，“有”则是一种状态，可

---

① 《关于县县办博物馆、社社办展览室的建议》，《文物参考资料》1958年第10期。

② 理智：《县级博物馆研究》，陕西师范大学出版社，1999年。

③ 理智：《县级博物馆研究》，陕西师范大学出版社，1999年。

④ 朱汉兴：《县一级应办综合性博物馆》，《中国博物馆通讯》1986年第9期。

⑤ 曹兵武：《博物馆热·博物馆学·博物馆文化——博物馆发展的关键是博物馆人》，《中国博物馆》2008年第3期。

以通过整合或其他多种方式来达到目的，要让县级博物馆的建设成为大家共同的事业，而不仅仅是将这千斤重担压在地方政府一家身上。

目前很多博物馆建设存在空白的县，从自身的角度来说，其原因除了认识上的、经济上的，藏品资源的不足也是一个重要因素，难以“大而全”或“小而全”地有效满足一个具有一定规模的综合性博物馆开放展示的需要。因此，为有力推进县级博物馆的建设，建议未来县级博物馆建设的总体思路，宜以专题馆或几馆合一为优先发展方向（方式）。专题化的过程也就是将文化资源重新发掘优化配置的过程，通过专题化找到县域最突出的文化特色、编织最能打动人的主题故事。同时，专题馆对于场馆设施建筑规模要求、前期建设投入和后期运行压力，均比现代建筑的综合性博物馆相对要低。县域内公共文化服务机构资源整合协同发展，也能够有效解决现行管理体制下对机构、编制等方面的政策性限制。

（二）具体措施①

1. 加强立法，明确保障

近些年来，国家层面关于文物方面的立法重点集中在《文物保护法》的修订、《博物馆条例》的颁布实施，地方层面主要是集中在文物安全、申遗、特色文物资源保护利用等各种专项行政法规的制定。《博物馆法》立法问题虽有学者呼吁多年，但一直未能列入全国人大、国家文物行政部门立法的议事日程。建议加快《文物保护法》修订步伐，对涉及博物馆文物收藏单位性质、职能，以及馆藏文物保护、利用等内容，予以进一步明确和加强。将《博物馆法》立法列入国家立法机关“十四五”重要议事日程，对博物馆的概念范畴、法律地位、馆舍建设、各级政府的法律责任和义务、管理体制等做出明确的法律界定，将一些行之有效的政策规定和实践中的成功经验上升为法律，构筑我国博物馆基本法律制度体系框架，填补中国作为博物馆大国尚无专门性博物馆法律的空白，为进一步加强博物馆建设特别是县级博物馆的建设提供法律保障。同时，研究出台相关配套扶持政策，进一步强化博物馆评估体系导向作用，从国家顶层设计上加强对县级博物馆建设的引导。

2. 统筹规划，指导始终

按照现行财政体制，县级博物馆等“三馆”公共文化设施属于地方事权，主要由地方投资建设。但县级博物馆建设并不是一个简单的、一般性的县级文化事业单位的建设，不能完全按照事权关系的划分，凡涉及建设的问题，按惯例都一股脑推到地方政府那里，由地方政府按照一般项目立项建设的程序实施，而上级文物主管部门对此置身事外，对县级博物馆只有建设完成之后的业务指导。目前，从省级层面看，除个

① 张晓云：《旧题新谈：专题博物馆的建设与发展》，《中国文物报》2020 年 5 月 5 日。

别省份外，大多数省份对县级博物馆建设普遍缺乏统一的规划，同时，在建设过程中，基本上也缺乏相应的指导和把关。建议将县级博物馆建设发展上升到国家和省级层面，将县级博物馆建设作为重要内容纳入文物博物馆事业发展“十四五”规划，统筹谋划县级博物馆总体布局，适时启动编制五至十年专项行动计划，与地方政府的需求有机结合，指导系统梳理提炼特色文化资源，新增和提升一大批体现时代精神、特色鲜明、富有活力的县级专题博物馆，建立完善区域性专题博物馆群发展体系，既重后期管理，更重前期建设，特别是需要加强省级文物行政部门的职责，做好对县级博物馆建设的中长期规划和政策扶持，对每个县级馆建设的关键节点及时给予专业指导，改变完全由地方自娱自乐、自生自灭的状况，避免前期多走弯路、后期难于整改，并把握当前县级“三馆”中图书馆、文化馆全覆盖建设任务已基本完成客观上有利于县级博物馆建设的契机，帮助、引导地方政府建设好县级博物馆，带动解决“千县无馆”“千馆一面”等问题，为“十四五”时期博物馆事业高质量发展提供坚实保障。

3. 科学评估，谨慎决策

毫无疑问，博物馆不是空气和水。一个县是否需要建博物馆、如何建？要回答好这个问题，建议在博物馆建设前，深入开展包括资源评估、机构评估、经济评估、需求评估、效益评估等在内的综合性评估，系统梳理资源优势，确定选址、建设规模、运行方式、类型等内容，站在时代的角度、发展的高度，深刻理解博物馆建设的意义，客观全面地提出建设的必要性、可行性，让县级博物馆建设真正成为一种文化自觉，而不是简单地以消除博物馆建设空白、完成博物馆建设指标为主要目标。

4. 挖掘特色，专题发展

从更有利于建设的角度，一般不提倡县级新建综合性博物馆，而是建议引导地方政府挖掘本地特色资源，尽量选择建设专题性博物馆，如名人故居、重大历史事件纪念类、旧址纪念类、遗址类、非遗类、民俗类、地方自然资源科技类，做到“一县一题”，让专题博物馆成为未来县级博物馆新馆建设的主要方向，切实提高县级博物馆建设覆盖率，让博物馆数量的增长不仅体现在人均拥有量上，也体现在地域覆盖率、填补空白率上，逐步推动从“县县建馆”到“县县有馆”，促进博物馆公共文化服务的广覆盖、均等化，以适应新时期社会公众多样化、个性化的文化需求，满足人民对于美好生活的新期待，带动解决博物馆事业发展不充分、不平衡的困难和问题，为“十四五”时期博物馆事业高质量发展提供坚实保障。

第六章　县域现代公共文化服务体系协同治理

一、县域公共文化服务体系及其构建

（一）相关概念

1. 公共文化

公共文化是文化的一种特殊范畴，它不仅具有文化的品质，同时还具有公共性本质，公共文化通过集合公共特征，使得其具有整体性、公开性、公益性、一致性、群体性、共享性等内在公共性本质。同时，公共文化更强调那些具有群体性、共享性等特征的公共文化内容，既具有表层文化所体现出来的物质形态，又具有中层和深层文化所折射出来的精神内涵、人文意蕴①。公共文化的本质决定了公共文化服务的主要提供者、性质和方向。第一，公共文化服务主要由公共部门或准公共部门共同生产或提供，国家依托公共财政进行投入，同时发挥市场机制和社会自治作用，通过公私合作伙伴关系运营方式，采取外包、委托授权、特许经营、社会化等方式，拓宽公共文化服务供给思路。第二，以具有公共性的设施、活动为基础，通常以博物馆、图书馆、文化馆、美术馆等公共文化场所为依托，借助这些机构的公共文化资源，实现群众参与与资源共享②。第三，以满足社会成员的基本文化需求为目的，但从长远来看应着眼于提高全体公众的文化素质和文化生活水平③。

2. 公共文化服务体系

公共文化服务体系作为面向大众的公益性的文化服务体系，主要包括先进文化理论研究服务体系、文艺精品创作服务体系、文化知识传授服务体系、文化传播服务体系、文化娱乐服务体系、文化传承服务体系、农村文化服务体系七个方面。2015 年 1 月中办、国办印发《关于加快构建现代公共文化服务体系的意见》及《国家基本公共文化服务指导标准（2015—2020 年）》，突出强调公共文化服务体系建设理念、方式手段、服务内容、体制机制的现代性与建立标准体系，要求必须以基层为重点，以县为

---

① 牛华、安俊美：《我国公共文化服务的内涵及其社会价值探析》，《北方经济》2009 年第 8 期。

② 万林艳：《公共文化服务在当代中国的发展》，《中国人民大学学报》2006 年第 1 期。

③ 陈威：《公共文化服务体系体系研究》，深圳报业集团出版社，2006 年。

基本单位推进落实，促进基本公共文化服务标准化、均等化，解决城乡、区域、人群不均衡问题。到 2020 年，国家基本建成覆盖城乡、便捷高效、保基本、促公平的中国特色现代公共文化服务体系[①]。根据《国家基本公共文化服务指导标准（2015—2020年）》，“县级以上（含县级）在辖区内必须设立公共图书馆、文化馆，乡镇（街道）设置综合文化站，按照国家颁布的建设标准进行规划建设”。县域是公共文化服务体系建设最薄弱的区域，也是经济、文化、观念等差异较小便于实施协同治理的最佳试验区域。县域内公共文化大部门管理体制为协同创新提供了基本行政条件。在公共文化服务体系中，博物馆作为重要组成部分和中坚力量的潜力还尚未完全挖掘。

3. 协同理论

协同论（synergetics）源于希腊文 Synergetic，意指关于“合作的科学”[②]，是系统科学的一个重要分支，在 20 世纪 70 年代由联邦德国斯图加特大学物理学教授 H · Hake 创立。他在撰写《激光理论》一书时受到启发，并与格雷厄姆合作撰写了《协同学：一门协作的科学》，由此开启了协同论研究之路。协同论以现代科学的最新成果，如系统论、信息论、控制论为基础，在多学科研究基础上逐渐形成并发展起来。在创立时，研究者吸取了结构耗散理论的大量精华，运用统计学和动力学相结合的方法，建立一整套的数学模型和处理方案。因此协同论给人的最初印象是基于宏观基础之上的微观研究，是一套数理结构模型。协同论的思想精华被各大领域深入攫取并广泛运用，同时协同论被逐步引入管理领域，形成管理协同理论。在公共管理层面，协同论思想与公私合作理论（Public Private Partner，简称 PPP）、社会自治与管理、政府绩效管理等理论相融合，激发了公共管理、公共政策等改革和创新思维。

协同论认为，在一个稳定的系统中，它的子系统都是按照一定的方式协同、有次序地运动。子系统彼此之间通过物质、能量或信息交换等方式相互作用，促使整个系统形成一种整体的协同效应。协同效应是指复杂开放系统中，子系统间相互作用而产生的整体效应或集体效应，它是协同作用产生的结果[③]。

在协同理论中，有几个关键概念。一是自组织，是指系统在没有外部指令的条件下，内部子系统之间能够按照某种规则自动形成一定结构的功能，自组织强调子系统之间的内在性和自生性特点。它与“他组织”隐含的那种组织指令和组织能力来自系统外部的特征相对应。二是序参量，是协同理论的核心，它是指系统中各要素相互协同作用，使系统通过相变由无序至有序的参照标准。序参量值的大小体现着系统中各

---

① 中共中央办公厅、国务院办公厅印发《关于加快构建现代公共文化服务体系的意见》，中国政府网，http://www.gov.cn/xinwen/2015-01/14/content_2804250.htm，2015 年 1 月 14 日。

② 李湘州：《协同学的产生与现状》，《基础科学》1997 年第 4 期。

③ 白列湖：《协同论与管理协同理论》，《甘肃社会科学》2007 年第 5 期。

子系统协同的程度和效果，值为零时表示系统状态为无序。三是参量涨落，涨落是指系统参量围绕某一个数值上下波动的现象，系统依靠参量涨落获得新的稳定态。通过参量涨落，使系统在偏离平衡的稳定态恢复到原来的状态；或者当系统处于临界状态时，使系统进入新的有序平衡状态，达到新的具有更多不同特性的稳定态[①]。参量涨落分为正向与负向，正向的涨落会推动系统向更高层次的有序平衡进化，负向的涨落会使系统向低级层次退化。任何系统都不能缺乏与外界环境进行物质、能量和信息的交流，否则就会处于孤立或封闭状态。一旦处于在这种封闭状态下，任何系统内部的任何有序结构都将被破坏，呈现出“死寂”景象。系统必须与外界进行不断的交换，同时发挥好系统内部子系统之间的协同作用。

（二）县域现代公共文化服务体系建设的成果与启示

县域公共文化服务体系是国家公共文化服务体系的“基石”，是我国公共文化设施网络中承上启下的关键环节，是党和政府开展文化工作的基础阵地，长期以来在活跃城乡居民文化生活、促进经济社会协调发展等方面发挥着重要作用。只有构建好县域公共文化服务体系，才能真正把公共文化服务体系建设“落地”，才能真正促进基本公共文化服务的均等化[②]。近年来，各级党委政府紧紧围绕党中央、国务院关于构建现代公共文化服务体系的战略部署，坚持重心下移，高度重视县域公共文化服务体系建设，成效显著，一些好的做法值得博物馆及其他相关行业参考和借鉴。

1. 完善顶层设计，加强法治保障

由全国人大出台《中华人民共和国公共图书馆法》《中华人民共和国公共文化服务保障法》等专项法律法规，为完善公共文化服务体系设施建设、服务和产品提供、运行机制、财政投入、监督评价等方面提供了有力的制度性保障。推进国家公共文化服务体系示范区创建、制定公共文化服务指标体系和绩效考核办法被明确写入党的十七届六中全会决定[③]。由中办、国办印发《关于加快构建现代公共文化服务体系的意见》《国家基本公共文化服务指导标准》，对构建现代公共文化服务体系做出全面部署。由国办印发《关于推进基层综合性文化服务中心建设的指导意见》《关于做好政府向社会力量购买公共文化服务工作的意见》。建立由文化部牵头、25 个部门参加的国家公共文化服务体系建设协调机制，成立全国文化馆标准化技术委员会、全国图书馆标准化技术委员会，国家文化、住建、国土、发改等部门联合颁布实施《文化标准化中长期发

① 秦春秀、赵捧未、淡金华：《基于自组织理论的数字信息资源管理》，《图书情报工作》2008 年第 2 期。

② 吴理财：《县域公共文化服务体系应延伸到村社》，《光明日报》2014 年 9 月 13 日。

③ 《中共中央关于深化文化体制改革 推动社会主义文化大发展大繁荣若干重大问题的决定》（2011 年 10 月 18 日中国共产党第十七届中央委员会第六次全体会议通过）。

展规划（2007—2020）》《公共图书馆建设用地指标》《公共图书馆建设标准》《文化馆建设用地指标》《公共文化服务领域基层政务公开标准指引》《文化志愿服务管理办法》《公共图书馆服务规范》等行业标准和规范。文化、新闻出版广电、体育、发改、财政等部门联合印发《关于推进县级文化馆图书馆总分馆制建设的指导意见》《"十三五"时期贫困地区公共文化服务体系建设规划纲要》《关于进一步做好为农民工文化服务工作的意见》等，实施全国县级以上公共图书馆、文化馆评估定级制度①，探索建立公共文化服务体系建设绩效评价指标体系，推动建立反映公共文化需求的征询反馈制度和有公众参与的公共文化服务考核评价制度，不断提升公共文化服务效能，较好地构建起公共文化服务领域法治层面的"四梁八柱"，形成了公共文化服务体系建设的"刚性约束"，以法律推进现代公共文化服务体系建设②。

2. 加大财政投入，加强基础建设

加大县级公共文化机构免费开放支持力度，全面推进公共图书馆、文化馆（站）免费开放，各省制定颁布基本公共文化服务实施标准，各县（市、区）建立基本公共文化服务目录，中央财政按照每个县级公共图书馆和文化馆每年 20 万元、乡镇综合文化站每年 5 万元的标准，对东中西部地区分别按照 20%、50%、80% 的比例进行补助。经费投入不断向基层倾斜，县及县以下文化单位文化事业费投入比例逐年加大③。组织实施"百县万村综合性文化服务中心示范工程""中西部农村文化志愿服务行动计划"等项目，给予贫困地区有力扶持，建立起文化精准扶贫工作的长效机制。同时，重点实施县级"两馆"建设工程，基本实现了"县县有图书馆、文化馆，乡乡有文化站"的建设目标，推进在村一级统筹建设综合文化服务中心，实现了贫困地区流动图书车、文化车全覆盖，并为中西部地区近千个国有基层文艺院团配送了流动舞台车，全国县级公共文化设施建设水平得到有效提升。

---

① 根据文化部《关于命名一、二、三级文化馆的决定》（文公共发〔2016〕18 号），全国三级以上文化馆 2546 个，其中一级 1151 个，二级 670 个，三级 725 个。根据文化和旅游部《关于公布第六次全国县级以上公共图书馆评估定级上等级图书馆名单的通知》（文旅公共发〔2018〕49 号），全国三级以上公共图书馆 2522 个，其中一级 969 个，二级 519 个，三级 1034 个。以上文件明确要求，对尚未达到定级标准的文化馆、公共图书馆，各级文化行政部门要根据评估情况和当地实际，制定出切实可行的整改方案，落实整改措施，并加强对整改工作的督促和检查。

② https://www.mct.gov.cn/whzx/zcjd/201612/t20161226_801866.htm。

③《中华人民共和国文化和旅游部 2017 年文化发展统计公报》（2018 年 05 月 31 日）指出，2017 年全国文化事业费中，县以上文化单位 398.35 亿元，占 46.5%，比重比上年降低了 1.6 个百分点；县及县以下文化单位 457.45 亿元，占 53.5%，比重比上年提高了 1.6 个百分点。《中华人民共和国文化和旅游部 2018 年文化和旅游发展统计公报》（2019 年 05 月 30 日）指出，2018 年全国文化事业费中，县以上文化单位 424.96 亿元，占 45.8%，比重比上年降低了 0.7 个百分点；县及县以下文化单位文化事业费 503.37 亿元，占 54.2%，比重比上年提高了 0.7 个百分点。

3. 充分整合资源，完善基层网络

按照国办《关于推进基层综合性文化服务中心建设的指导意见》的有关要求，采取多种方式开展基层综合性文化服务中心建设，深入推进公共文化机构法人治理结构改革和县级文化馆、图书馆总分馆制建设，推动优质文化资源向基层农村延伸，特别是向农村、偏远山区、贫困地区、牧区和海岛等地广人稀地区延伸。完善灵活机动、覆盖广泛的流动服务网络，将丰富的文化产品送到群众身边，最大限度畅通服务渠道，有效扩大服务半径，打通公共文化服务“最后一公里”。文化部、财政部联合出台《关于进一步加强公共数字文化建设的指导意见》，加强公共数字文化建设，普及公共文化设施内无线局域网全覆盖，建立一站式数字服务平台，促进公共电子阅览室升级换代，拓展数字服务内容与范围。通过实施全国文化信息资源共享工程、数字图书馆推广工程等工程，以及边疆万里数字文化长廊等项目，使群众获得数字文化资源的手段更加便捷，有力地推动文化公平的切实体现。

4. 加强人才培养，提升队伍素质

做好文化专业干部的双向挂职锻炼工作。加大“边远贫困地区、边疆民族地区和革命老区人才支持计划”文化工作者专项实施力度，深入实施文化艺术人才支持计划。每年制定全国基层文化和旅游公共服务队伍培训年度工作计划，进一步加大基层文化干部教育培训的支持力度。持续实施“阳光工程”——中西部地区农村文化志愿服务行动计划，重点实施了“春雨工程”“阳光工程”“圆梦工程”三大志愿服务工程，为农村文化建设提供了有力的人才支撑。

5. 支持社会参与，推动共建共享

公共文化服务由政府主导，并不等于由政府“包办”。2015 年 5 月，国办出台《关于做好政府向社会力量购买公共文化服务工作的意见》，明确要求将购买公共文化服务资金列入各级政府财政预算，逐步加大现有财政资金向社会力量购买公共文化服务的投入力度，加强对公共文化服务项目和资源的统筹，广泛吸引社会力量参与，逐步形成政府、市场、社会共同参与公共文化服务体系建设的格局。文化部印发《关于鼓励和引导民间资本进入文化领域的实施意见》，每年颁布《向社会力量购买公共文化服务目录》。如一些城市社区文化活动中心、图书馆，通过招标形式委托专业的社会企业或社会组织进行运营管理，与此同时，2016 年文化部出台《文化志愿服务管理办法》，文化志愿服务蓬勃发展，“春雨工程”“大地情深”等主题文化志愿活动异彩纷呈，全国登记在册的文化志愿者人数近百万，群众业余文艺团队达 40 多万个。

（三）协同理论引入县域农村公共文化服务供给系统的耦合性

协同理论的核心观点为非平衡状态、非线性作用、序参量、自组织性[①]。传统思想中，县域公共文化服务供给主体即博物馆、文化馆和图书馆等三者的内容和手段都有所区别。因此，它们仿佛分属不同系统，彼此之间较难构筑合作关系。但是如果借助协同论的核心观点去思考县域公共文化服务供给系统，不难发现，它们之间其实完全具备引入协同理论的耦合性。

1. 县域农村公共文化服务供给系统与子系统

第一，县域公共文化服务供给子系统，以县文化局、博物馆、文化馆、图书馆等组织为主要构成；第二，县域农村公共文化服务企业以县域内企业等组织为主要构成；第三，县域农村公共文化服务社会供给组织子系统，以县域内各社会文化组织为主要构成，以社会组织和社会资本为主要支撑，集合了社会性、自发性等特征；第四，县域农村公共文化服务居民个人供给子系统。各个子系统之间并不是完全独立的状态，而是相互联系、相互支持。在以政府和公共产品属性（非竞争性、非排他性）为主要特征的政府供给子系统中，在满足国家文化供给总政策原则的指导下，往往需要与市场供给系统、社会供给系统相互补充。

2. 县域农村公共文化服务供给系统的自组织性

县域农村公共文化服务供给系统具有自组织性。众所周知，政府绩效可分为政治绩效、经济绩效、文化绩效和社会绩效。长期以来，政治绩效发挥着中枢神经作用，经济绩效是主要评估指标，文化绩效则一直未受到应有的重视，因此居民的公共文化需求并未能从现有供给中得到满足。市场机制在公共文化服务提供中发挥着不可或缺的作用，社会组织在提供公共文化服务时，围绕公共文化服务的公益性特征进行调整。这种社会组织、市场甚至公民个人在公共文化服务提供中发挥的自主作用，强烈地显示出自组织性特征。

3. 县域农村公共文化服务供给系统的非平衡性

县域农村公共文化服务供给存在两个方面的失衡现象：一是供给与需求的不完全匹配引起的失衡；二是城乡二元分化结构引起的失衡。就供给而言，尽管近多年来国家一直强调居民的公共文化服务建设，并力图构建县域内均等的公共文化服务体系，因而流动文化车、县级图书馆和文化馆总分馆制建设等被提出。当前公共文化服务供给的总体特征是城市高于农村，除公共文化服务体系建设的总体设计和走向外，如何

---

① 胡云婷：《基于协同理论视角的县域农村公共文化服务供给模式研究》，哈尔滨师范大学硕士学位论文，2016 年。

提供适宜老百姓口味需求的公共文化服务，也是值得关注的问题。总的来说，县域农村公共文化服务供给系统处于非平衡性和非线性状态，因变量与自变量之间不存在线性特征及持续性特征。

4. 县域农村公共文化服务供给系统具有参量涨落性

县域农村公共文化服务供给是个动态系统，形成“问题—缓解—新问题—再缓解”的循环。当县域农村公共文化服务供给的质量、低效率、适宜性等问题暴露出来后，系统处于失序状态。这时候县域农村公共文化服务各个主体，包括承担公共文化供给职责主体的县文化局、承担社会供给职责的当地企业或个人供给职责的农村居民个人等，会采取新的举措以解决或缓解问题。在周期性常态推动下，县域公共文化服务供给系统得到完善与发展[①]。

二、县域公共文化服务体系协同治理的 PEST 分析

传统观念中，图书馆、文化馆、博物馆在工作内容上有较大区别。尽管它们都保管着性质类似、多种载体的馆藏实物和文献资料。但图书馆所收藏的是图书和文献资料，文化馆主要为了普及群众的文化知识、组织开展大众文化娱乐活动，博物馆收藏的则是古今文物藏品，文物种类繁多，每一类文物都具有它的特殊结构和特殊技术[②]，博物馆的本质不同于图书馆、文化馆[③]。因此，从历史发展的角度来看，图书馆、博物馆和档案馆提供的资料不仅在内容上有所不同，而且提供资料的手段和目的也有所不同，它们之间较难构筑合作的关系[④]。

从 20 世纪末开始，国际上兴起了图书馆、博物馆及档案馆等文化机构结盟和合作运动。2008 年，国际图联（IFLA）发布了《公共图书馆、档案馆与博物馆：合作趋势》报告，指出图书馆、档案馆与博物馆都具有提供公共文化服务的社会责任，也共同承担保护历史、传播知识、教育大众的社会功能[⑤]。美国博物馆协会于 2009 年发布了 2010～2015 年的战略规划（*The Sparks: AAM's Strategic Plan(2010-2015)*），规划中指出其使命是“通过领导、呼吁、合作和服务来增强博物馆的力量”[⑥]。

---

① 刘芳：《论博物馆公共文化服务的特征》，《科教文汇》2013 年第 257 期。
② 郑奕、陆建松：《博物馆要“重展”更要“重教”》，《东南文化》2012 年第 5 期。
③ 郑奕：《博物馆教育活动研究》，复旦大学博士学位论文，2012 年。
④ 李农：《欧美图书馆、博物馆、档案馆馆际合作趋势》，《图书馆杂志》2008 年第 8 期。
⑤ 毛文婷：《档案馆、图书馆和博物馆的馆际合作研究》，《黑龙江史志》2015 年第 13 期。
⑥ 黄磊：《“火花”美国博物馆协会战略规划（2010—2015 年）》，《湖南省博物馆馆刊》，2010 年。

（一）什么是 PEST 分析

PEST 分析指对宏观环境的分析，主要从政治（Politics）、经济（Economy）、社会（Society）、技术（Technology）四个外部宏观环境影响因素对研究对象进行分析。

政治环境分析主要是分析研究对象所面临的政治制度与政治体制、制度改革与创新、政府对客体的政治态度等。同时，也要通过对政府制定的法律法规来分析研究对象所处的法律环境。

经济环境分析主要对研究对象所处的经济环境、市场机制与规则、经济发展中的关键战略要素等进行分析，既要分析研究对象所处的宏观经济环境，也要分析中观和微观的经济政策影响、竞争对手、研究对象所提供产品或服务的市场需求与变化趋势等。

社会环境分析主要分析一些社会要素对研究对象发展战略的影响，如国家的民族特征、历史文化传统、社会价值观念和个人价值取向、宗教信仰等，同时，社会环境分析中不能忽略社会教育水平、风俗习惯等。研究者普遍认为，人口规模、年龄结构、教育水平、收入分配、人口流动等都会对社会产生深刻影响。

技术环境分析主要是分析技术要素与技术应用前景对研究对象发展战略的影响。技术要素主要指那些可能引起革命性变化的技术更新手段，以及可能对研究对象的服务内容、服务模式等产生深刻影响的新发明、新材料等。

（二）县域公共文化服务体系协同治理的 PEST 分析

1. 政治环境分析

文化是一个国家和民族的灵魂，是国家经济和社会可持续健康发展的有力支撑。特别是当代中国进入全面建成小康社会的关键时期，深化改革开放、加快转变经济发展方式的攻坚时期，文化的重要性愈加突出，文化成为民族凝聚力和创造力的重要源泉、综合国力竞争的重要因素。

1978 年至 2014 年间，中央政府及相关部门先后出台了 53 个公共文化服务政策性文件。特别是进入 21 世纪以来，深化文化体制改革、发展文化产业的一系列政策性文件得以颁布实施。《国家“十一五”时期文化发展规划纲要》提出，要“进一步加强文化基础设施建设，形成较为完备的公共文化服务网络”，要“建立公共文化投入的稳定增长机制，加大对公共文化服务体系建设的支持力度”[①]。《文化部“十二五”时期文化改革发展规划》提出要“加快构建公共文化服务体系”，要“推动文化产业成为国民经济支柱性产业”[②]。2012 年党的十八大提出“建设社会主义文化强国”，走中国特色

① 中共中央办公厅、国务院办公厅：《国家“十一五”时期文化发展规划纲要》，2006 年 9 月 13 日。

② 文化部：《文化部“十二五”时期文化改革发展规划》，2012 年 5 月 7 日 .

社会主义文化发展道路，并把建设公共文化服务体系作为全面建成小康社会的重要内容，明确提出到2020年“公共文化服务体系基本建成”的战略目标[①]。《2012年中国政府工作报告》中提到，“大力发展公益性文化事业”。2015年，中共中央办公厅、国务院办公厅印发《关于加快构建现代公共文化服务体系的意见》，对推进基本公共文化服务标准化均等化等进行了全面部署，同时将坚持社会参与、坚持共建共享写入了基本原则[②]。2017年《国家“十三五”时期文化发展改革规划纲要》提出，要“全面推进文化发展改革”，“建设社会主义文化强国”[③]。

基层历来是文化建设的薄弱环节。为加强基层文化建设，国家加强顶层设计，出台了一系列关于发展农村（基层）公共文化服务体系的政策性文件。2005年中共中央办公厅、国务院办公厅出台了《关于进一步加强农村文化建设的意见》，要求经过建设，要“县、乡、村文化基础设施相对完备”，“逐步理顺农村文化工作体制机制”[④]。2015年国务院办公厅在《关于推进基层综合性文化服务中心建设的指导意见》中提出，要“整合各级各类面向基层的公共文化资源、推动文化信息资源共建共享”，“发挥基层综合性文化服务中心的终端平台优势，整合分布在不同部门、分散孤立、用途单一的基层公共文化资源”[⑤]。在各省市的文化建设中，如何结合地方实际、发展地方特色文化、促进城乡基本公共文化服务均衡发展得到了高度重视和积极探索。例如以县为单位的科普画廊（宣传栏）建设、流动文化车配备、县级图书馆、文化馆总分馆建设等重大项目和制度安排，都为县域农村建立协同发展模式提供了极为有利的政治环境。

2. 经济环境分析

随着人民群众精神文化需求的日益增强和多元化，社会力量参与公共文化服务的积极性也日益高涨。但由于地方配套政策不落地、执行不到位以及社会力量自身等问题，当前公共服务领域的市场介入普遍存在门槛太高、回报太少、形式单一等问题，难以吸引和调动社会力量的积极性，尤其是县级以下基层。国家近年来相继出台了《中华人民共和国公共文化服务保障法》《关于进一步加强文物工作的指导意见》《关于做好政府向社会力量购买公共文化服务工作意见》等法律法规和政策性文件，为促进社会力量充分发挥丰富公共文化服务多元供给的积极作用提供了法律保障和政策支持。2017年，国家文物局印发《关于进一步推动非国有博物馆发展的意见》明确提出[⑥]，要

---

① 中国共产党第十八次全国代表大会报告，2012年11月8日。

② 中共中央办公厅、国务院办公厅：《关于加快构建现代公共文化服务体系的意见》，2015年1月12日。

③ 中共中央办公厅、国务院办公厅：《国家“十三五”时期文化发展改革规划纲要》，2017年5月。

④ 中共中央办公厅、国务院办公厅：《关于进一步加强农村文化建设的意见》，2005年。

⑤ 国务院办公厅：《关于推进基层综合性文化服务中心建设的指导意见》，2015年。

⑥ 国家文物局：《关于进一步推动非国有博物馆发展的意见》，2017年7月17日。

完善政府购买服务机制，探索创新政府与社会资本合作 PPP 模式，鼓励在县级新建博物馆中探索多元主体合作办馆模式，在不改变国有藏品的所有权属性及馆舍土地使用性质的前提下，允许符合条件的社会力量依法参与博物馆基础设施建设与运营管理、提供专业化服务，从而有效发挥社会力量在资源、技术、收藏等方面的优势①。中宣部等 7 部委印发《关于深入推进公共文化机构法人治理结构改革的实施方案》②，提出把法人治理结构建设纳入博物馆绩效考评体系，以推动社会力量参与博物馆事业的落实落地。

3. 社会环境分析

基层群众的文化需求日益旺盛，在促进基层公共文化服务社会化管理事业发展的同时，也对当前司空见惯的独立式、分体式公共文化服务提供模式提出了严峻的挑战。由于各类文化遗产场馆馆藏实物资料种类众多，故采取各自独立的服务体系，各自不同的分类整理和记录形式，分布式存放于不同的文化机构中，因此用户如果存在交叉性文化需求，必须不断往来于不同文化机构之间，难以便捷高效地获取信息。因此，如何突破机构的界限获取与利用馆藏资源，是用户的内在需求。在传统以物为核心的公共文化服务中，这种交叉需求的同时满足或许存在一定困难。但在数字环境下，新媒体、新技术的广泛应用，让文化资源、文化服务的整合成为现实。社会需求形势的急剧变化，倒逼传统的公共文化服务机构不得不调整服务模式，积极主动向用户提供相关信息和服务，改变用户必须上门、反复上门的被动局面。

4. 技术环境分析

随着现代信息与通信技术应用的普及，图书馆、博物馆和档案馆都开始注重馆藏资源的数字化建设，方便用户通过网络查找和利用馆藏信息资料。苏格兰当代艺术家 Alice Martin（爱丽丝 · 马丁）认为，在数字环境下，用户不必关心馆藏的实物保存在哪个馆③。馆藏资料的数字化为不同机构之间的信息资源共享提供了可行性，公共文化服务机构之间的界限日益淡化，将有利于不同机构之间开展合作活动，从而实现整体功能大于部分之和的目的。

---

① 王钰：《非国有博物馆同样能出彩》，《人民日报》2017 年 7 月 21 日。

② 中共中央宣传部、文化部、中央机构编制委员会办公室、财政部、人力资源社会保障部、国家文物局、中国科学技术协会：《关于印发〈关于深入推进公共文化机构法人治理结构改革的实施方案〉的通知》，2017 年 8 月 31 日。

③ Alice Martin：《颠覆传统博物馆概念，用当代科技讲述全新故事》，http://www.3dimperial.com/imperial/front/news/informationView/smallCategoryId/14/id/42429.html，2019 年 8 月 15 日。

三、县级博物馆在县域公共文化服务体系中的协同治理分析①

（一）协同治理的基础

1. 历史基础

图书馆是收藏、整理、保管、传递和交流人类知识和信息，以供读者参考、利用的文化机构。从收藏、教育、传播文化知识的功能来看，博物馆是一部立体的“百科全书”、实物的“图书馆”②。真正意义上的图书馆虽始于20世纪初，但我国历史上各种形式的藏书机构因收藏展示了大量古代文献、典籍和实物资料，部分发挥了博物馆的作用。中国近代诞生的不少图书馆还直接以“馆中馆”形式在馆中开设博物馆、方志收藏馆、陈列室和展厅等③，中华民国成立后短短十年全国建立了13座博物馆，其中4座附设于图书馆内④，有的名称上直接将图书与博物合二为一，如山西省教育图书博物馆、松江教育图书博物馆等⑤。

新中国成立初期，尽管工作对象存在差异性，但由于基层群众文化教育功能由文化馆承担，当时全国最早成立的很多县级博物馆要么作为文化馆的内设部门，要么与文化馆合署办公，而很多缺乏馆舍的文化馆也名正言顺地在古建筑里挂牌办公。梳理国家文物局机构八次名称变更的历史沿革，其中两次将图书馆与博物馆并称统一管理⑥。凡此种种，反映了关系密切的“三馆”在各自发展特定的历史时期彼此相互借势，利用有利资源有效解决机构、馆舍缺乏的困难，相互促进和影响。

2. 业务基础

博物馆、图书馆业务工作的对象都是“物”，包括文物、图书、资料、标本等藏品；工作的方式都是储存、展示、研究；服务的对象都是社会大众；实现服务的手段都是开放、信息化；服务的目的都是为了传播知识和保护传承文化遗产，促进社会的发展进步和人类的进步⑦。在目前公共文化服务体系建设下，图书馆、文化馆业务职能

---

① 张晓云：《县级博物馆与县域现代公共文化服务体系协同治理》，《中国文物报》2018年8月8日。

② 王宏钧：《中国博物馆学基础》，上海古籍出版社，2006年。

③ 潘捷军：《方志馆史话》，社会科学文献出版社，2015年。

④ 王宏钧：《中国博物馆学基础》，上海古籍出版社，2006年。

⑤ 理智：《县级博物馆研究》，陕西师范大学出版社，1999年。

⑥ 彭蕾：《文物管理现代化研究》，文物出版社，2017年。

⑦ Bostick S L. The History And Development Of Academic Library Consonia In The United States: An Overview. The Journal of Academic Librarianship, 2001, 27(1).

的“博物馆化”，博物馆馆藏资源的“图书馆化”，实际上反映了“三馆”传统业务职能的交叉。文化馆与博物馆收藏、展示、研究的对象都属于文化遗产的范畴，包括物质的与非物质的，有形的与无形的，无声的与有声的，两馆可以形成良好的资源互补。同时，对馆藏资源储存、展示、研究并使之得以保护传承，是两馆高度一致的工作方式和历史使命。很多县级博物馆甚至直接收藏非物质文化遗产的实物，临时或长期举办非物质文化遗产的专题展览。

为了满足公众公共文化服务多样化的需求，图书馆、档案馆、博物馆都面临着技术改革。围绕馆内信息资源数字化进行技术创新，成为“三馆”未来发展的必然要求。从技术层面来看，以往“三馆”信息化协同的障碍因素主要集中于博物馆。随着网络技术、计算机技术的发展，博物馆数字化得以推广和运用。“三馆”内信息资源经过数字化处理，通过网络平台、信息交换共享等，极大地方便公众在网上查询利用。

博物馆、文化馆、图书馆“三馆”具有公共的服务对象、服务内容、服务方式等，同时又处在同一地域，人力资源的专业层次、服务能力、研究能力等高度相似，比如地方史研究人员、讲解员、展览策展人、藏品保护修复专家、对外宣传联络员等是“三馆”都比较需要的。“三馆”人员的调配使用和团队建设培养，既可以分工，又可以合作，通过培养满足未来协同合作的综合性和专业性管理人才、研究人才、服务人才，节省资源成本，提升工作效率。

3. 行政基础

县级博物馆与文化馆、图书馆一样，单位性质均为国家公益性文化事业单位，编制由县编制部门统一管理，且编制均可在县域文化系统内调配使用，比如“三馆”的领导者、专业人员互相间的交流任职等不存在行政障碍；从人事与业务管理归属看，均属于上级文化（文物）行政部门管理；从经费保障渠道看，均由本级财政和上级文化专项拨款构成；从人事制度管理看，均按照国家事业单位有关政策法规和分类改革的有关要求进行；从适用的法律法规看，均属于《中华人民共和国公共文化服务保障法》[①]《中华人民共和国公共文化体育设施条例》[②]等法规管理的范畴，且考勤制度、开放管理、职称评定、绩效评估等诸多行业内部管理制度具有高度相似性。

4. 资源基础

博物馆和图书馆、文化馆的资源一般包括人和物。博物馆收藏的藏品，很多都是文物，并且品类纷繁复杂，无所不包；图书馆收藏的图书、资料也是藏品，很多古籍善本本身就是文物；文化馆收藏了大量的非物质文化遗产的实物、艺术品、资料、音

① 全国人大会常委会：《中华人民共和国公共文化服务保障法》，2016 年 12 月 25 日。

② 国务院：《中华人民共和国公共文化体育设施条例》，2003 年 6 月 26 日。

像制品、档案等，也是具有高度收藏、观赏价值的藏品。现行社会主义制度下，确保了“三馆”藏品资源的国有性、公有性。要充分发挥这些藏品的作用，需要的是开展展示利用的公共文化活动场地空间、设备设施，需要的是相关专业的业务工作人员。在对馆藏内部资源保护利用的过程中，对于人才、场地、设施等外围资源，“三馆”的需求基本一致。

5. 地域基础

从馆址选址看，县级博物馆与图书馆、文化馆一般都优先选择设立在交通便利、环境优美、文化氛围浓厚的地段；从服务对象分布地域看，基本都是本地居民和县域内农村人口，流动人口相对较少；从收藏藏品和展示内容看，主要都是反映本地区域文化特色的各类文化遗产；从服务辐射的范围看，除了通过信息化手段可以有效扩大到县域以外，传统的本地的线上、线下、流动服务的范围，基本局限于本县范围。

由此可见，“三馆”在历史起源上同宗同源，在业务领域上交叉趋同，在行政管理上体制一致，在资源配置上需求类似，在地域覆盖上范围无别，具有馆际协同合作的历史基础、现实动因和未来空间，在构建现代公共文化服务体系的大平台下开展合作共建，具有极强的可行性、必要性和可操作性。“三馆”馆际合作，将大大有助于推动举办各项文化教育展示活动，传承珍贵历史文化遗产，提高资源利用效率，提供优质便捷的公共服务，满足社会日益多元的精神文化需求。

（二）协同治理的方式

1. 纵向协同

总分馆制是起源于西方公共图书馆的一种纵向协同的管理制度，是指由同一个建设主体出资，同一个主管机构管理的图书馆群，其中一个处于核心地位的图书馆作为总馆，其他图书馆作为总馆的从属，实行人员、经费、资源的统一管理①。2017 年 2 月，文化部、新闻出版广电总局、体育总局、国家发展改革委、财政部 5 部委联合印发《关于推进县级文化馆图书馆总分馆制建设的指导意见》，提出到 2020 年，全国具备条件的地区要因地制宜建立起上下联通、服务优质、有效覆盖的县级文化馆、图书馆总分馆制，实现县域公共文化资源的共建共享和服务效能的提升②。在国家政策的大力支持下，这种纵向协同制度被广泛引入到图书馆、文化馆领域，开展了广泛的探索和实践并取得了显著成果，形成了具有中国特色的以行政层级、特定地域为主兼顾业

① 骆红琴：《总分馆模式下文献资源采访决策研究》，《农业图书情报学刊》2017 年第 6 期。

② 文化部、新闻出版广电总局、体育总局、国家发展改革委、财政部：《关于推进县级文化馆图书馆总分馆制建设的指导意见》，2016 年。

务能力的总分馆制[①]。与西方图书馆总分馆制不同的是，我国文化馆、图书馆的总分馆制是以县级文化馆、图书馆为中心，即以县为“总”、以乡镇（街道）村（社区）为“分”建立的公共文化服务城乡联动机制。它的突出特点是政策经费人员有保障；以县级为中心，省市县（区）乡镇（街道）村（社区）五级网络体系、硬件设施建设全覆盖；线上线下资源服务活动相结合。总分馆制作为一种制度设计，对于有效解决长期以来县级馆服务能力不强、县域内公共文化资源缺乏整合、城乡公共文化服务发展不均衡等突出问题，具有重要作用。

相比图书馆、文化馆日益成熟的总分馆制度和取得的突出成效，中国博物馆的总分馆制目前仍处于初级阶段。究其原因，主要包括三点。一是认识研究上有差距，博物馆总分馆制实施的重大意义尚未引起各级文物行政管理部门及研究者应有的重视和关注，更没有形成成熟的政策研究成果用以指导实践。国家文物局唯一正式提到建立总分馆制，是在 2015 年印发的《关于提升博物馆陈列展览质量的指导意见》，且是仅从建立馆藏资源共享机制、提高藏品利用率的角度。相比于图书馆、文化馆总分馆制研究的遍地开花，博物馆此类研究屈指可数，也只有个别大馆进行实践[②]；二是管理体制上有差异，博物馆属文物系统博物馆口管理，图书馆、文化馆属文化系统群文口管理，博物馆以文物为主的藏品与图书馆藏书在安全管理方面存在较大差异。此外，在政策保障、定级评估、考核监督、人员培训等方面差异也较大；三是行业发展上有差别，博物馆类别、规模多样复杂，县级博物馆整体力量薄弱，没有博物馆的空白县数量庞大，县级以下基本无博物馆或承担类似功能的机构（设施），博物馆数字资源建设严重滞后，相关工作规范和服务标准亟待建立；四是无可借鉴的国际经验。国际博物馆界对总分馆模式的探索主要集中于英国威尔斯国家博物馆群、美国史密森学会博物馆群、德国柏林国家博物馆、法国卢浮宫博物馆等少数国际知名大馆，其主要目的并非为帮助基层博物馆发展，可供我国借鉴的类似成果极少。

尽管外热内冷，困难重重，近年来仍有少数博物馆积极开展了总分馆制的探索与实践。中国特色社会主义制度的优越性，博物馆事业的蓬勃发展，以及图书馆、文化馆领域总分馆制建设的成果，为博物馆领域引入实施总分馆制提供了一定的有利外部条件。据不完全统计，我国内地共有 194 家博物馆拥有分馆或多个馆区，总分馆或馆区数量总计达 600 多个，如南京市博物馆总馆、故宫博物院、重庆中国三峡博物馆、

① 马岩、郑建明：《图书馆总分馆制建设的模式、特色与思考》，《图书馆工作与研究》2015 年第 7 期。

② 程武彦：《重庆中国三峡博物馆总分馆制的探索》，《中国文物报》2019 年 3 月 26 日；董志强：《民族地区博物馆总分馆制建设的思考与实践——以青海省博物馆为例》，《中国博物馆》2019 年第 3 期；马雁飞：《新时代博物馆“总分馆制”发展模式探析——以大同市博物馆为例》，《文物鉴定与鉴赏》2020 年第 9 期。

青海省博物馆、大同市博物馆等[①]。归纳起来，主要的做法是以某一大馆为核心，建立大馆带小馆、强馆带弱馆、异地建分馆等总分馆模式，通过机构重组、合作共建、异地新建、馆际联盟、指导帮扶等形式，整合藏品和展厅资源，实现“人才打通”“藏品打通”和“服务打通”，激发各馆创新活力。从实施目的、形式、效果来看，这既有上级管理部门大力支持和要求的推动因素，也有出于自身评估定级、业务拓展、交流宣传等事业发展的内在需要；但所设分馆在县级及以下的数量极少，广大县级博物馆的积极性未能调动起来。

在县级博物馆实施总分馆制，必须以提升博物馆效能为目的，促进城乡公共文化服务均等化，而不是仅为了满足一部分大馆拓展更大发展空间的需要。2017 年 2 月，国家文物局公布《国家文物事业发展“十三五”规划》，强调要“加强市县级博物馆建设”，“建立国家一级博物馆与市县级博物馆借展、联展、巡展合作机制”，但未明确要求实施博物馆总分馆制，仅对县级博物馆建设布局和提升教育质量两个方面的纵向协同提出了政策性思路。县级博物馆从上级得到的资源共享、业务指导、人才培训等方面的支持和帮助，明显弱于图书馆、文化馆，同时，由于缺乏基层服务的软硬件，县级博物馆服务基层的覆盖范围和能力均受到极大制约。加强系统性、全局性纵向协同的最大意义就是将县级博物馆置于总馆核心的地位，将其服务范围通过若干分馆有效延伸至乡镇（街道）甚至村（社区），从而从根本上消除农村和边远地区人口不能均等享受博物馆文化服务的顽疾。近年来，少数省级博物馆克服种种困难，通过流动博物馆形式长期坚持为边远地区民众送展览和活动[②]，令人感佩，但很难全面推广。全面解决农村和边远地区公共文化服务均等化的问题，最终还得依靠县级博物馆的力量。

为推进博物馆总分馆制建设，笔者认为应重点从以下几个方面着手。第一，建立制度保障。尽快建立健全顶层设计，统筹谋划，将县级博物馆总分馆建设纳入国家文物事业发展“十四五”规划和博物馆领域重点改革发展任务，由国家相关部门联合制定相关政策、标准规范，研究出台具体指导性意见，按照中央与地方事权划分原则，落实各部门、地方政府、博物馆责任，在专项经费、设施建设、人员培训、监督考核、社会参与等方面形成制度保障。制度设计的重点是需要明确受益者，充分调动县级政府的积极性、创造性。第二，以省域、市域、县域为单位，按不同层级分别选择试点单位，小范围实施后提炼形成相对成熟模式，构建博物馆总分馆体系。大范围全面实施一般以省为单位，根据各省实际，明确网络体系、层级构架、参与单位、职责任务、保障措施、建设指导标准、运行管理规则等。其中，省级馆除了负责制定制度规范、开展研究指导、队伍培训等宏观事务，重点是提供展品，并根据体系布局建立专业（或特色）分馆。省级考古单位和市级馆重点负责提供展品。省级馆或相关信息化建设

① 翁淮南：《新发展理念下的中国博物馆发展趋势探析》，《文博学刊》2020 年第 1 期。

② 段勇：《当代中国博物馆》，译林出版社，2017 年。

管理机构负责提供展品、活动、培训等数字资源。县级馆负责分馆和基层服务点展览和活动的策划组织配送，以及对本区域群众需求的收集、反馈、评价工作。当然，由于各省情况不一，在总馆、层级、方式的确立上，应尽量从实际出发，扬长避短。第三，消除总分馆制实施过程中展品、场地、人员等资源不足的困难。博物馆馆内展览一般以文物展品为主，巡展须以非文物、复制件展品为主，通过馆外的宣传吸引馆外观众逐步向馆内转变。探索建立省域博物馆藏品资源、展览资源共享机制和信息管理平台，省级博物馆为文物类展品外出展出统一购买商业保险，统一采购配备流动博物馆车（主要用于展品配送）。分馆场地等硬件设施由县级政府统一组织，乡镇政府负责提供和日常运行维护，广泛发动社会力量参与，可优先利用学校、国企、机关、军队等单位的校史馆、企史馆、陈列室、排练室、礼堂等，以及当地名人旧居、故居、革命旧址、烈士陵园、文化广场、工业遗址等，室内室外相结合，因地制宜，因陋就简。人员原则上按场地原则捆绑式解决，同时充分利用文化馆、图书馆总分馆制建设的成果，将公共文化服务基层人员打通使用，兼顾使用志愿者。

2. 横向协同

协同参与是公共文化服务体系彰显人民主权、谋求善治和累积社会资本的内在诉求和重要体现，也是提升公共文化服务供给绩效的现实呼唤，这就要求在横向层面上强化各公共文化服务参与机构的协同及衔接机制[①]。从国家现有政策法规来看，加强不同公共文化服务机构的合作与协同已经成为政府和有关管理部门的一致共识。2015 年中办、国办印发《关于加快构建现代公共文化服务体系的意见》，明确提出“加强统筹管理，建立协同机制，明确责任，优化配置各方资源，发挥整体优势，提升综合效益”。建立协同机制，有助于解决多元管理体制所带来条块分割、各自为政的实际弊端。县域公共文化服务体系的横向协同主要为博物馆、图书馆、文化馆“三馆”的协同。

在推进公共文化服务体系构建中，各管理主体对协同的认识与实践还存在一定的片面性，主要表现在“三重三轻”。一是重纵向协同总分馆制的建设，轻横向协同机制的建立。“三馆”管理者以及文化文物行政管理部门，普遍重视纵向的协同，但缺少横向协同联动机制和协同发展的主观意向。二是横向协同重前期建设，轻后期运行管理阶段的协同发展。文化文物行政部门的管理者，对“三馆”建成后的协同管理、协同发展普遍持消极态度，与建设阶段高度重视将文化馆与博物馆、图书馆并列为“三馆”协同建设的支持态度截然不同。三是重图书馆、博物馆两馆的协同，轻与文化馆的协同。相关管理者、研究者按照国际 LAM 惯例，注重图书馆与博物馆甚至档案馆的协

① 胡洪彬：《公共文化服务体系协同参与机制的建构——对〈中华人民共和国公共文化服务保障法〉的学理性补充》，《国家图书馆学刊》2017 年第 3 期。

同，全然不顾实际国情，忽视文化馆与博物馆、图书馆之间的密切关系，对文化馆参与横向协同研究不足，与博物馆、图书馆协同的潜力亟待挖掘。

县级“三馆”横向协同主要包括如下四项内容。一是场馆设施统一规划建设。将“三馆”等公共文化设施建设统一纳入县级城乡规划体系，根据国家基本公共文化服务相关标准，结合当地经济社会发展水平、人口状况、环境条件、文化特色，统筹考虑公共文化设施规模以及布局，实现场馆建设集群效应，共建共治。二是建立协同工作机制。“三馆”围绕公共文化服务的总体目标，在相关制度规范和政策体系中明确协作关系和协同机制，如建立共同的法人治理结构、考核监督机制、协同发展研究机制等，从而为协同服务、协同管理提供政策导向、资源支持和制度保障。三是协同开展服务。在免费开放的大背景下，对“三馆”开放服务的时间、项目（如讲解），展览、培训、社教等活动的策划实施，文创、餐饮等服务，以及“三下乡”、流动服务、数字资源、线上服务等开展协同。同时，充分考虑“三馆”在管理上存在的差异，既充分发挥整合的优势，又鼓励保留各自特色服务项目。四是协同管理。“三馆”协同发展最终体现在日常协同管理。比如藏品藏书的征集、保护、利用，场地、设备设施安全后勤管理，科研、信息化、对外宣传工作，员工培训、志愿者管理、观众调查等。通过上述四项协同，可以充分调动各方面积极性，激发内部活力，促进公共文化机构创新服务内容和方式，完善供需对接机制，提供更多符合社会需求的精准服务。但是，令人遗憾的是，当前县级“三馆”横向协同方面，除上述第一项建设前期协同推进上有比较实质性的内容，博物馆建设完成后的各项工作还普遍存在各自为政、自娱自乐、单打独斗的局面。

此外，县级博物馆开展横向协同，还可根据区域性、主题性、相关性等原则，选择与全国其他相关县级博物馆加强馆际交流与合作；同时，也可选择本县区域内的档案馆、方志馆、科技馆、文化宫、妇女儿童活动中心、老年文化活动中心、非国有博物馆等相关机构，充分发挥各自资源优势，深入挖掘公共文化服务功能，加强馆际交流、联合与协作，共同融入县域公共文化服务体系。

3. 立体协同

从对象上来看，纵向协同为博物馆层面、行业层面，主要是在单一的文物博物馆体系内开展，通过获取上一级优势资源，赋能县级博物馆提升能力、提高效能、增强活力。横向协同为公共文化服务机构层面、地域层面，主要是在公共文化服务体系和文物博物馆体系内开展。立体协同则主要涵盖社会层面、网络层面，是在更广泛的社会治理体系下开展，通过宣传发动，获取社会资源、网络资源，实现实体资源与数字资源相协同、国有资源与民间资源相协同、专业资源与非专业资源相协同。

不论是哪一种方式的协同，关键还是在于顶层设计、标准规范等。由于中国国情的复杂，区域、行业差异较大，目前各项政策普遍原则性较强，可操作性较弱，需要各地各部门根据实际需要细化落地。对于纵向与横向协同的具体推进思路，此处不再赘述。关于立体协同，方向上应该重点从发动社会力量参与、推进信息化建设等两个方面入手。根据《中华人民共和国公共文化服务保障法》有关规定，国家鼓励和支持公民、法人和其他组织兴建、捐建或者与政府部门合作建设公共文化设施，鼓励公民、法人和其他组织依法参与公共文化设施的运营和管理，鼓励通过捐赠等方式设立公共文化服务基金，专门用于公共文化服务，鼓励和支持公民、法人和其他组织参与提供公共文化服务、文化志愿服务。县域内各类群团组织、协会、学会、志愿者团体都拥有丰富的资源，博物馆应与之加强沟通合作，建立共建基地和重要节庆活动互动机制，扩大社会影响，争取广泛支持。信息化是县级博物馆在当前信息时代最大的群体性短板，存在被时代淘汰的风险。应在纵向、横向的基础上，充分利用已有文物藏品资源普查、专项调查以及博物馆信息化建设工程的成果，加强数字博物馆乃至智慧博物馆建设，实现线上与线下服务、场地服务与流动服务相结合的立体协同服务体系。

从目前实践的情况来看，我国县级“三馆”中图书馆、文化馆纵向的协同总体情况稍好，意识较强，基础较好，博物馆的纵向协同还有待破题；横向的“三馆”协同还只是在经济发达的局部地区有了初步尝试，要打破行业壁垒，模糊行政层级，消除资源封闭，还需要加强理论与实践的研究，并在体制机制上、选人用人上、活动组织上采取具体有力的措施。立体的协同作为未来的发展方向，需要在纵向、横向两个维度的协同已经成熟的基础上，通过系统分析、研究，掌握“三馆”协同的基本规律以及找到解决现实协同治理问题的途径和手段，建立立体协同网络，实现最佳协同效应。

（三）协同治理的主要内容

1. 完善规范标准

在国家层面，全国人大、国务院、国家部委针对构建现代公共文化服务体系，目前已经出台了各类法律法规、政策性文件；各省省级乃至一些地市级层面，也相应出台了本省区域性、实施性的配套法规和贯彻落实的相关文件。以标准化促均等化为核心目标的现代公共文化基本服务标准，也在国家和省级层面逐步建立。应加强协同治理所需的总分馆制度、定级评估制度、考核评价制度为主要内容，以及标准、规范等方面的研究和制定。比如总分馆制度，在文化馆、图书馆已有成熟的总分馆制度下，县级博物馆亟待同步建立此类制度，以增强辐射基层、服务社区的能力，实现资源有序流动。再如，县级文化馆、图书馆定级评估制度实施多年，运行十分成熟，上升通道畅通，但县级博物馆则普遍游离于业务级别之外，无法对社会体现专业性，上升通道受阻。此外，县级“三馆”法人治理结构在目前各自普遍未能单独建立的情况下，客观上为建立“三馆”协同推进的法人治理结构提供了空间和机会。

2. 加强规划建设

应该结合中国基层的特殊国情，全方位深刻认识建设县级博物馆在当前时代背景、政策背景、社会背景下的重大意义。在县域公共文化服务体系协同发展思路下，将公共文化服务设施统筹纳入城乡建设总体规划，坚持均衡配置、严格预留、规模适当、功能优先、经济适用、节能环保的原则，根据县域区域人口分布和设施有效覆盖范围，合理规划建设博物馆和文化馆、图书馆等其他文化设施，提高设施有效覆盖率。同时，积极探索突破行政区划和层级壁垒、整合各类公共文化资源、提升综合效益的有效途径，避免重复建设、资源浪费。

3. 统筹服务模式

服务模式包括服务时间、服务方式、服务对象、服务内容、服务标准等。“三馆”作为公益性公共文化服务机构，开放服务时间尽量避免行政化，确保按时足时对社会正常开放，提供基本公共服务标准所确定的开放服务，实现基本公共服务均等化所强调的“底线公平”。要充分体现对弱势群体服务对象的关怀和重视，如设置无障碍通道、残疾人电梯、轮椅及高度适中的多媒体触摸屏等。服务内容上应充分关注服务对象的个体差异，兼顾个性化服务，把机构送文化和群众要文化结合起来，让群众“点菜”，既有数量，更有质量，以满足不同层次、不同类别的文化需求。对于“三馆”相同类别的服务内容，要研究制定统一的服务标准，积极推进公共文化服务互联互通，开展文化服务“一卡通”、公共文化巡展巡讲巡演等数字服务、流动服务。通过统筹服务模式，调控人流，优化档期，丰富内容，在服务时间、空间、项目等各方面互相取长补短，可以有效实现“三馆”服务效能的共同提高。

4. 整合信息资源

图书馆、文化馆和博物馆作为承担文化宣传、收藏历史信息资源等职责的公共文化服务机构，在协同中强调平等参与的原则，相互理解与尊重，避免任何一家机构处于过分强势的地位[①]。但是由于“三馆”保存的资源和信息存在重合部分，如何变原先的竞争关系为合作关系，需要建立一个能推动“三馆”良好协同平衡发展的机制。博物馆主要收藏的物质文化遗产，需经过工作人员的整理与研究，才能传达有效的信息。博物馆工作人员可将实物转换成数字形式，存储于“三馆”综合性数字化平台。应加强信息资源利用政策研究，制定相关法规制度，以便于不同文化服务机构信息协同管理和统筹利用。在不涉及保密和信息安全的前提下，在严格遵守版权保护制度的情况下，信息资源应最大限度地提供给社会公众特别是研究者。同时，加大图书馆和博物

---

① Hedegaard R. The Benefits Of Archives, Libraries And Museums Working Together: A Danish Case Of Shared Databases. New library world, 2004, 105(7/8).

馆内图书馆学、博物馆学、计算机编程、数据库设计方面业务人员、管理人员的轮岗力度，提供一系列有助于培养复合型人才的专业培训，培养一批跨学科、跨领域的综合性人才，服务于“三馆”馆藏资源的整合和综合性数字化平台，实现馆藏资源共建共享[①②]。此外，还需要重点解决好大量馆藏信息资源“藏在深闺人未识”未能有效利用的问题。

（四）协同治理的难点和重点

1. 协同治理机制的有效性

协同治理机制由管理协同形成机制、管理协同实现机制及管理协同约束机制构成，包括行政、业务两个层面。当前，特别是在基层还存在现有协同治理机制难以落实的问题。很多基层有关管理部门以及公共文化服务机构管理者，对协同治理的认识还不到位，致使行政与业务两个层面的协同机制存在“两张皮”的问题，互相脱节。县级基层公共文化服务机构的协同治理之路，应首先在有效、管用的机制制定和落实上下功夫。

2. 协同治理主体的积极性

由“管理”变成“治理”，县级地方政府财政投入的核心地位需要进一步加强，同时为人民群众提供平等参与的机会和舞台，全面激发社会活力、调动社会积极性，吸引民间资本、公益团队等社会主体进入，改变政府大包大揽的社会管理方式。社会力量的参与成为彰显公共文化事业发展的重要指标。

3. 协同治理客体的平等性

不同的公共文化服务机构，必须以平等的心态参与协同治理，相互理解、相互尊重，避免任何一家机构处于专断性地位。在协商制定相关标准规则共用基础设施时，应充分考虑组织文化和核心价值的差异，在平等参与的基础上，建立长效的管理制度并完善合作互助的软环境，从而促进长期合作，创造更大的协同价值。对县级公共文化事业“三馆”的投入应统筹考虑、协同推进，切实改变目前公共文化服务政策的重点过分局限于文化馆、图书馆，而博物馆基本被忽视的问题，及时、平等地出台对县级博物馆建设的相关财政扶持政策。对于“县县建博物馆”的提法和做法，应置于现实和历史的大背景下予以科学认识，县级博物馆的建设已经不是单纯一个馆舍建设的问题，而是关系到建设公共文化服务体系的问题，应从文化普及、乡土教育、国民教

---

① 宋雪雁、张岩琛:《基于资源整合的馆际协同合作机制研究》,《图书情报工作》2016 年第 12 期。

② Kirchhoff T, Schweibenz W, Siegle R etc. Archives, Libraries, Museums And The Spell Of Ubiquitous Knowledge. Archival science, 2008, 8(4).

育、文化传播、历史传承的高度来系统认识。在纵向协同实施总分馆制度中，应充分注意保护和发扬县级博物馆自身特色，防止出现大馆连锁店、加盟店式的复制办馆模式。

4. 协同治理资源的互补性

国家和省级层面应加强对县级“三馆”资源整合的指导协调，而不是任其在县域范围内自生自灭。图书馆的核心资源是“书”，文化馆是“人”，博物馆是“物”。图书馆的书可以通过资金投入源源不断地购置，文化馆的人可以通过相应的专业培训提高业务素质，博物馆的物却恰恰相反，不是光靠增加投入和强化培训就可以解决的问题，随着时间的推移，博物馆对物的理解也在变化，物的内涵在不断扩大。协同治理并非消除差异，更不是通过建立协同治理的机制来刻意混淆各自的核心价值，恰恰相反，需要对彼此资源的特点有科学、客观的认识①，防止对协同治理产生误读和实践上出现偏差，通过更好地强化和突出各自特色，有效实现不同文化资源的优势互补②。

① 杨茜茜：《档案、图书、博物馆“三馆”信息资源整合研究》，《浙江档案》2013 年第 4 期。

② 刘家真：《我国图书馆、档案馆与博物馆资源整合初探》，《中国图书馆学报》2003 年第 3 期。

第七章　县域公共文化服务体系协同治理的典型案例

“十二五”时期是全面建成小康社会的关键时期，是深化改革开放、加快经济发展方式转变的攻坚时期，也是促进文化又好又快发展的关键阶段。在湖北省委、省政府的高度重视下，省级文化、发改、财政部门围绕全省文化改革发展的目标，按照构建现代公共文化服务体系的总要求，遵循“保基本、强基层”的思路，统筹规划、整合资源、不断加大财政投入，精心谋划和大力推进公共文化基础设施建设，着力打造“中部崛起重要战略支点”的文化软实力，进一步提升了全省公共文化服务体系质量和水平。

本章以湖北省应城市、来凤县为例，对两个县市推进公共文化服务设施协同治理过程中的协同建设、协同管理、协同发展三个不同阶段的有关问题做出分析。

一、两县公共文化服务体系协同治理的背景

（一）应城市有关情况

应城市位于湖北省中部，素有“膏都盐海”的美誉。应城市博物馆于1957年成立，是湖北省建国后最早的四个县级博物馆之一。1970年县文化馆、图书馆、博物馆三馆合并。1986年应城撤县建市，独立成立应城市博物馆。近年来，根据党中央、国务院和湖北省关于公共文化服务体系建设的战略部署，应城市以“人人参与、人人享有”为目标，稳步推进省级公共文化服务体系示范区创建工作。应城市建成文化艺术中心（图十六），该中心为图书馆、文化馆、博物馆“三馆”合一。其设计创意源于应城石膏分层现象，整体建筑呈7字型，高20.5米，高5层，总占地面积50亩，建筑面积15520平方米，其中图书馆8100平方米，位于西侧1～2层，文化馆4620平方米，位于东侧2～3层，博物馆2800平方米，位于3、5层（表三十、图十七）。中心前有占地40亩的文化广场，建有固定演出舞台。2014年6月中心建成并免费对外开放，成为全市重要的公共文化活动场所①。

① 李耀华：《“十二五”期间公共文化设施建设图集（二）》，湖北人民出版社，2014年。

图十六　应城市文化艺术中心

表三十　应城市文化艺术中心楼层分布

<table>
<tr><th>楼层</th><th>东侧</th><th>西侧</th><th>分布</th></tr>
<tr><td rowspan="3">1F</td><td colspan="2" rowspan="5">图书馆</td><td>A 区　文化信息工程 / 应城支中心、物业管理办公室、盲文视听室、辅导部、地方文献室、采编室、档案室、综合借阅厅</td></tr>
<tr><td>B 区　安保室、库房、消防控制室、配电室、管理用房</td></tr>
<tr><td>C 区　茶艺咖啡厅</td></tr>
<tr><td rowspan="3">2F</td><td>A 区　电子阅览厅、少儿借阅厅、报刊阅览厅</td></tr>
<tr><td>B 区　展览厅</td></tr>
<tr><td>文化馆</td><td></td><td>C 区　文化艺术培训中心、音乐舞蹈辅导部、网络教室、美术辅导部、档案室、图文工作室、文艺创作室、蒲阳花编辑部</td></tr>
<tr><td rowspan="3">3F</td><td rowspan="2"></td><td rowspan="2">博物馆</td><td>A 区　展览厅、报刊珍藏室</td></tr>
<tr><td>B 区　应城名人馆、历史展览厅、展览宣教室</td></tr>
<tr><td>文化馆</td><td></td><td>C 区　非遗展览厅、非遗保护中心、舞蹈厅</td></tr>
<tr><td>4F</td><td colspan="3">应城市文化和旅游局</td></tr>
<tr><td rowspan="2">5F</td><td colspan="2" rowspan="2">博物馆</td><td>A 区　文保科研部、档案室、安全保卫部、考古学术部、财务室、鉴赏室、多功能会议室</td></tr>
<tr><td>B 区　报告厅、职工之家、党员活动室</td></tr>
</table>

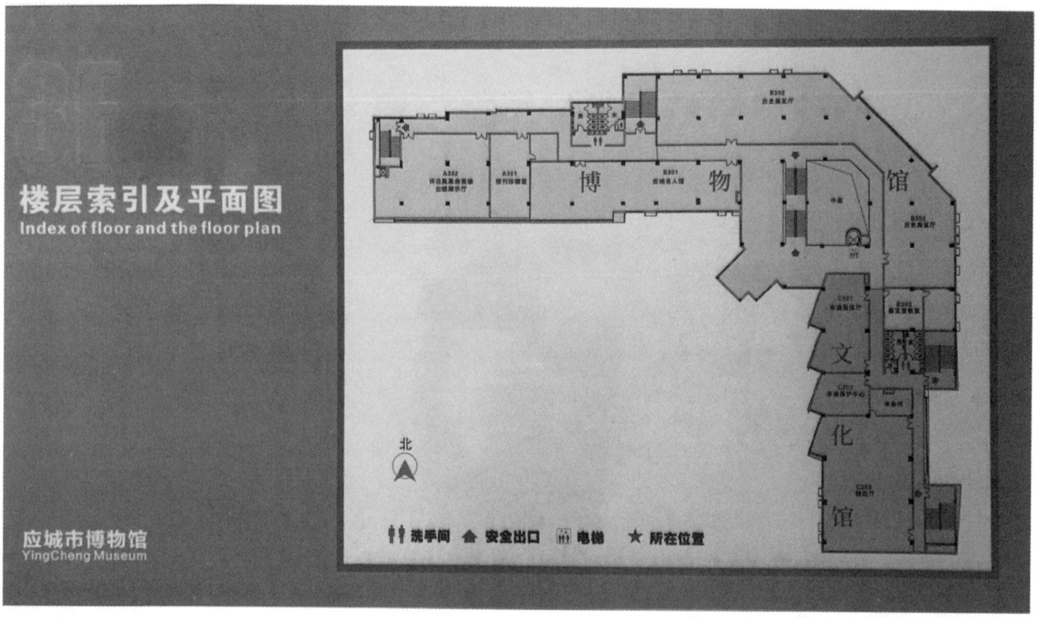

图十七　应城市博物馆平面图

（二）来凤县有关情况

作为“中国土家族第一县”，来凤县历史文化悠久，民族特色浓郁。2012 年，来凤县启动申报创建全省首批公共文化服务体系示范区工作，成为恩施州唯一入选湖北省首批公共文化服务体系示范区创建县（市）。来凤县围绕打造“土家文化集成区”目标，通过争取项目、招商引资等方式，不断加强公共文化服务体系建设，建立了民族文化中心。该中心总占地面积 68943 平方米，总建筑面积 25752 平方米，广场面积约 13000 平方米，其中图书馆面积 7951 平方米，文化馆 4984 平方米，博物馆 3326 平方米，剧院 9834 平方米[①]（图十八）。

应城市、来凤县通过积极参与湖北省第一批公共文化服务体系示范区创建工作，将创建作为推动文化改革发展的重要抓手和创新发展方式的重大举措，有力地推动了公共文化服务体系的跨越式发展，在全省起到了良好的示范引领作用。2016 年 10 月，在南漳县召开的湖北省加快构建现代公共文化服务体系现场会上，公布了湖北省第一批公共文化服务体系示范区创建名单，应城市、来凤县、大冶市、武昌区、京山县、当阳市等 9 个县市区成功入选[②]。

---

① 李耀华：《“十二五”期间公共文化设施建设图集（二）》，湖北人民出版社，2014 年。

② 湖北省文化厅网站：《全省加快构建现代公共文化服务体系现场会在南漳县成功召开》，http://www.hbwh.gov.cn/xwdt/zgyw/16574.htm，2016 年 10 月 13 日。

图十八　来凤县民族文化艺术中心

二、县级文化中心协同建设模式

县级图书馆、文化馆的建设，是湖北省在整个“十二五”期间为推进公共文化基础设施建设而实施的一项惠民工程。省政府每年投入4000万元，五年共计投资2亿元，按照每个馆200万元的标准，建设100个县级图书馆、文化馆。2011年湖北省文化厅出台《湖北省“十二五”期间县级公共图书馆、文化馆建设实施办法》，对监督检查等都一一做了明确规定。在具体操作中，根据全省“两馆”实施进度和个别县市实际建设需求，将补助的范围适度扩大到了县级博物馆甚至剧场，而且无论是新建，还是改扩建，均按单个项目给予资金补助，“三馆”共计补助600万元，充分调动了各县建设公共文化设施的积极性。

在此政策的刺激下，全省掀起了新一轮基层公共文化设施建设高潮，投资之大、规模之大，可谓空前。各地县级政府高度重视，把公共文化服务体系建设纳入当地经济与社会发展总体规划、财政经常性预算和领导干部考核内容，使公共文化服务切实从部门行为上升为政府职能，牢牢把公共文化设施建设抓在手上，作为政府为民承诺的实事和“一把手”工程强力推进，逐步探索并自发建立了建设文化中心来统筹建设“三馆”的新模式。经过“十二五”期间的建设实践和调研，我们发现，尽管省级文化主管部门在推进“两馆”建设的过程中并没有强调统一模式，但各地都因地制宜，从资源整合的角度，积极推进文化中心建设模式，协同实施“三馆”甚至“四馆”的建设，在一个整体区域里短时间内快速形成一个文化综合体，这样不但有效建设了文化馆和图书馆两馆，还一并把博物馆的建设问题同时解决，有效地促进了县级博物馆的建设，切实改变了全省尤其是山区、老区、贫困地区县级博物馆建设整体滞后的局面，成为具有当地文化特色的标志性公共文化设施。

从资源整合的角度来看，文化中心协同建设模式具有积极的意义：一是有效整合了资金。湖北省为经济欠发达省份，共有37个贫困县，主要分布于大别山区、幕阜山区、武陵山区、秦巴山区。这些地区所辖县市，因地方财政困难，公共文化设施建设基础十分薄弱。很多县市遑论“三馆”，即使“两馆”也不齐全，还有一些“两馆”面积狭小，设备设施老化，无法满足当前公共文化服务的实际需要。在公共文化设施严重滞后的情况下，在国家公共文化服务体系建设利好政策的刺激下，对于经济落后县市，以最少的钱办更多、更大的事情，整合地方和上级资金，在较短的时间内达到公共文化设施建设一步到位的多赢效果，成为大多数县级政府实施项目建设的必然选择。二是有效整合了建设流程。大型公共文化设施建设项目，每一个项目如果单独建设，那么从立项到开工建设，最后到验收竣工，涉及各个部门的繁杂的审批手续，各类的政府采购招投标程序，往往一个项目建设下来，即使资金充足到位，也是零打碎敲，耗时耗力，建设周期往往拖得很长。文化中心建设的模式，基于“三馆”共同的公益属性[①]，将本来单独的多个小的建设项目，整合成一个大的建设项目，大大节省了手续办理的时间，提高了手续办理的效率，有力地促进了项目建设实施的进度。三是有效整合了文化资源。文化中心的建设模式，将文化馆的文艺培训、非遗资源，图书馆的图书藏品、数字信息资源，博物馆的文物藏品资源，以及各公共文化机构的讲座培训、社会教育等资源予以了空间上的集中配置，便于城区内周边群众就近选择享受各类公共文化服务，也有利于充分发挥公共文化设施的集群效应，切实提高公共文化资源的社会利用率和贡献率，极大地满足了不同层次、不同人群的多元化、多样化的文化需求。四是有效整合了土地。土地是城市最重要的资源之一，对于城市的黄金地段更是如此。大型公共文化服务设施，须建在交通方便、地理位置优越、辐射人群广的城市中心区域，这已成为社会共识。来凤、竹山、竹溪、房县、红安、黄梅等都是山区县城，相对于平原地区，土地资源尤其紧张。整体规划协同建设文化中心的模式，从建设成本、土地成本、服务效率等各方面统筹考虑，将公共文化设施建设和土地资源在城市中心的黄金地段科学配置，既有效地节约了土地面积，又大大提高了土地资源的利用率[②]。

据初步统计，“十二五”时期，湖北省新建或改扩建县以上场馆近200个，新增建筑面积超过100万平方米，总投资超过100亿元（不含土地费用），以赤壁市图书馆、大冶市文化馆、当阳市图书馆、应城市文化中心（图书馆、文化馆、博物馆）、来凤县文化中心（图书馆、文化馆、博物馆、剧场）、红安县文化中心（图书馆、文化馆、博

---

① 中国文化报编辑部：《推进基层综合性文化服务中心建设　加快构建现代公共文化服务体系》，《中国文化报》2015年10月27日。

② 张晓云：《“文化中心”协同建设模式下的县级博物馆》，《中国文物报》2019年2月22日。

物馆、剧场)、阳新县文化中心(图书馆、文化馆)等为代表的一批标志性县级公共文化设施相继投入使用。全省公共文化基础设施得到明显改善，公共文化服务能力显著提升，县级政府主导下的文化中心的建设模式开启了公共文化服务机构协同建设的新篇章。

三、县级公共文化服务设施协同治理存在的问题

"三馆"协同建设虽然基本上都是按照"因地制宜、统一规划、统一实施"来推进，并注重公共文化设施建设行业标准和规范，注重各类场馆功能的合理布局，注重对最新科技成果和技术的运用，注重和当地群众需求有效对接，尽量争取做到设计新颖、功能齐全、设备先进，但在具体的建设实施上仍存在一定的差别。比如以应城市文化艺术中心、来凤县民族文化中心为代表的两种不同的协同建设方式。一是应城市的单体式建设方式。该市"三馆"为单体建筑，在建筑内以分层的形式来设置文化馆、图书馆和博物馆，从某种角度来讲，也可以认为这事实上只能算是一个综合性的超级大馆，"三馆"从同一个大门进出，里面包括有"三馆"的各项功能，独门独楼，统一管理。二是来凤县的群落式建设方式。该县"三馆"建筑群民族特色浓郁，但各馆均为独立的空间，各单位从不同大门进出，各自独立管理，面积也比应城的整体建筑要大得多，从某种角度来讲，似乎可以认为这事实上还是各自独立的"三馆"，不过相比于以往的各自建设的做法互相之间离得比较近而已，相聚成群，互相辉映。

根据应城市、来凤县文化中心在建成开放后协同发展的情况看(表三十一)，两县"三馆"在协同机制、协同服务、协同管理等方面仅有少数项目内容开展了协同，且以硬件管理、内部管理、传统服务项目为主，系统性、业务性、深层次的创新服务协同还远未破题。

表三十一　两县"三馆"协同发展情况

协同内容		应城	来凤	备注
机制	是否建立协同工作机制或制度	×	√	
	是否建立共同的法人治理结构(如理事会)	×	×	
	是否建立协同考核监督机制或制度	×	×	
	是否建立协同发展研究机制	×	×	
服务	开放服务的时间、项目(如讲解)是否协同	√	×	
	展览、培训、社教活动策划、实施是否协同	×	√	仅社教活动协同
	文创产品、餐饮等服务是否协同	×	×	
	"三下乡"、流动服务是否协同	√	√	
	数字资源、线上服务是否协同	×	×	
	是否保留有各自的特色服务项目	√	√	

续表

协同内容		应城	来凤	备注
管理	藏品（藏书）的征集、保护、利用是否协同	×	√	仅图、博藏品利用协同
	安全、后勤管理是否协同	√	×	
	场地、设备设施的调配使用是否协同	√	×	
	经费争取、使用是否协同	×	×	
	员工使用、业务培训是否协同	×	×	
	科研、信息化、宣传工作是否协同	×	√	仅宣传工作协同
	志愿者招募、管理、观众调查是否协同	×	×	

之所以出现表三十一这种并不理想的发展状况，主要原因是存在如下一些隐形和显性的问题。

（一）混淆机构性质

对“三馆”业务职能和发展定位认识上存在的偏差，导致“三馆”的专业性日益弱化。目前，各级政府和社会都强调公共文化服务机构的服务属性，这不利于认识不同文化机构的不同核心价值和历史使命，事实上是将“三馆”混同管理和发展。特别对博物馆而言，除与图书馆具有同样的开放服务功能外，体现博物馆专业研究方面的展览讲解、文物研究、社会教育等专业人员十分匮乏。长此以往，县级博物馆的工作人员基本只具备看场子、守库房、保安全的能力，逐步丧失了博物馆应有的专业能力和个人发展空间。在“三馆”协同中，博物馆应该充分注重服务性和专业性的统一。专业性才是博物馆可持续发展的立馆之本和强馆之道。

（二）混淆服务模式

图书馆主要提供图书借阅服务，文化馆主要提供文艺培训服务，博物馆主要提供展览服务。其中，图书馆的服务通过借和看来实现，文化馆的服务通过唱和跳来实现，博物馆的服务通过讲和看来实现。“三馆”的服务功能不同，由此产生了不同的服务模式。因此因场地问题、活动周期造成了一定矛盾。文化馆业务活动以声乐、舞蹈、表演等艺术培训为主，大功率音响、乐器演奏、练声辅导、舞蹈排练（广场舞）等产生的音量较高，活动周期短，频次多；图书馆、博物馆业务活动以借阅、参观、讲座等文化赏读为主，阅览室、展厅、报告厅等重点在静，活动周期长，频次少。此矛盾在应城市“三馆”尤其明显。相比较而言，来凤县的各自相对独立的“三馆”业务活动上互相间基本没有影响。如果在建设初期没有考虑“三馆”的不同功能，一旦已经建成，即使花费人力物力改造和补救，也难以达到很好的效果。

（三）混淆服务对象

从服务对象的来源来看，文化馆、图书馆大多以本地居民或城镇居民为主，博物馆主要以外地观众以及本县其他乡镇以及农村等外来观众为主，当然，临时展览也会吸引本地观众。从服务对象的目的性和年龄结构来看，文化馆以热衷表演和健身的中老年人为主，图书馆以对知识有强烈求知欲望的中老年人为主，博物馆则以对本地人文历史有兴趣的人为主。

（四）混淆安保管理

文化馆基本不需要专门的维护和安全管理，图书馆主要是防火、防虫、防潮等，博物馆则对安全管理的要求非常严格①，无论是展厅还是库房，只要是有文物藏品的，都必须有防火、防盗、防破坏的要求。博物馆参观一般需要设置相应的安检设施，同时配以相应的安防监控、消防报警设备设施，图书馆和文化馆则对安全保卫的等级要求较低。应城市的建设方式，对于身处在一栋建筑内的博物馆而言，无疑大大增加了安全管理和防范的难度。同时，博物馆的文物藏品，对保存环境的温湿度、采光等都有相应的规范要求，如果在统一实施建设的时候没有予以充分考虑，建成后的展厅、库房等均难以有效使用②。

（五）混淆均等性与便利性的关系

均等化与便利化，是现代公共文化服务体系建设最基本的属性要求。公共文化服务机构的选址和总体布局、功能布局、楼层分布，既必须考虑便利性，又必须考虑均等性，这样才能真正有效提升公共文化服务机构服务人群的覆盖率。在突出便利化的同时，必须同时考虑均等化的问题。不能以便利性为借口来牺牲均等化，更不能代替均等化。二者必须统筹规划，有机结合，达到较好的平衡和互补。

因此，不论是单体式，还是群落式，集中建设文化中心的方式，都对我们的“三馆”后期的运行维护协同管理带来了新的挑战。某种意义上说，协同建设只是走出了万里长征的最初的探索性的一步，至于今后漫漫长路步子是否能走得更稳更远，关键是看协同机制是否建立，协同管理是否能同步跟上，是否能从思想认识上、管理理念上、服务手段上、功能发挥上、资源整合上，各个方面来想方设法满足和适应协同建设从一开始就带来的管理上的各种特殊需求，克服协同建设可能带来的弊端，真正实现不同类型的公共文化机构的优势互补。

---

① 文化部、公安部：《博物馆安全保卫工作规定》，1985 年 1 月 25 日。

② 中华人民共和国行业标准：《博物馆建筑设计规范》（JGJ66-2015），2015 年 6 月 30 日。

四、县级公共文化服务设施协同治理带来的启示

通过对以应城市、来凤县为代表的两种不同的文化中心服务设施协同治理模式的综合分析，可以得出如下几点初步认识。

（一）必须区分协同与混同的区别

目前应城市、来凤县的文化中心建设模式对于迅速补齐县域公共文化设施的短板，快速推进县级现代公共文化服务体系建设，具有十分积极的借鉴意义。特别是来凤县的建设管理模式，相对而言，更合理、灵活且便于操作。但是，必须注意到，我们在县级公共文化服务机构建设与管理、发展的过程中，对协同与混同的区别必须要有清醒的认识。协同建设、协同管理、协同发展，并不是混同建设、混同管理、混同发展。协同不是简单做加法，仅从省钱、省事、省人的角度，或仅从易于争取上级资金和支持的角度；而应当在对协同治理理论有科学认识和全面掌握的基础上，结合本地实际需求和实施效果，周密评估，权衡利弊，科学决策，综合确定符合本地实际情况的文化中心“三馆”合一的建设管理和发展模式，达到 1+1+1＞3 的效果。

（二）必须注意有利与不利的平衡

在协同建设的实施上，除了要从有利于资金整合、手续整合、资源整合、土地整合的角度充分考虑，还要对潜在的各种不利因素予以充分考虑，听取和吸收各方面专家的意见建议，充分论证，谨慎决策，积极应对，科学实施，协同推进。要客观分析，避免头脑发热陷入唯有利论，而缺乏全局观、统筹观、长远观，完全看不到后期的不利和风险，导致一叶障目，不见森林，留有遗憾。要做好前期协同建设和协同管理两个阶段的统筹衔接，为后期协同发展的实现提供有力保障。要充分发挥公共文化设施的阵地作用，确保和群众需求有效对接，贴近群众，方便群众，在充分保证人民群众基本文化权益的基础上，满足人们对文化消费的多层次需求。

（三）必须注意物与人的并重

在协同发展的问题上，人的因素应该作为最关键性的因素考虑，而不是认为把馆舍建筑建起来，形象工程竖起来就万事大吉了。公共文化服务设施，绝不只是个建设的问题，重点还有一个建成后的管理和使用问题。建、管、用三位一体，紧密相关。建设，打牢基础，提供载体；管理，要确保运行规范、安全、高效，资产不流失；使用，是为了充分发挥其服务群众、推动发展的作用，提高投入产出效益。目前我们面临的突出问题是，各类场馆设施建成后管理不到位，效益不明显。这个问题在县市一级尤其明显，其实质是从业人员业务素质和管理能力不能满足文化事业发展的新要求。

因此，健全管理人才队伍，加强对管理人员的培训力度，不断更新服务理念，创新服务方式，拓展服务内容，提高服务能力，解决人员队伍建设问题，必须成为与设施建设同步部署、同步推进的当务之急[①]。

（四）必须注意一致性与差异性的结合

协同建设、协同管理、协同发展，在注重一致性的同时，必须更多地注重各公共文化服务机构之间的差异性，尽量做到一致性相融、差异性互补。要注重县域范围内县级博物馆与文化馆、图书馆的优势互补、资源互补、协同推进，提前做好整体性规划设计，注重公共文化服务的均等性、便利性等关键性因素，注重“三馆”建成后期运行社会效益的发挥和最终的社会服务效果，重点在均等化、便利化、有效覆盖率、社会影响力和传播力上实现突破。县级博物馆的馆舍建设、后期维护管理、安全等方面与文化馆、图书馆有明显不同的要求。要将博物馆的馆舍建设与后期运行管理和事业发展统筹考虑，充分考虑博物馆的独特性以及与文化馆、图书馆的异同，给予博物馆充分的专业尊重，创造适合博物馆发展的环境和空间，强化博物馆的专业性和业务管理，尤其注重博物馆核心价值的发挥。

“十三五”时期，湖北省委、省政府进一步加大资金投入力度，每年投入基层公共文化设施建设专项资金5000万元，实施基层“四馆三场”建设工程（即文化馆、图书馆、博物馆、非遗展示馆、剧场、剧团排练场和基层文体广场）。2016年6月，省文化厅、省财政厅联合印发“十三五”时期推进基层公共文化设施建设的指导性文件《湖北省“十三五”时期基层公共文化设施建设实施办法》，对申报范围、申报条件、申报程序、资金下达、资产管理、监督检查等都一一做了明确规定。同时，考虑到县级公共文化设施建设的薄弱环节主要在于贫困地区和民族地区，因此，对大别山区、武陵山区、秦巴山区、幕阜山区四大贫困地区和民族地区公共文化基础设施建设给予了重点支持，为切实保障这些地区人民群众基本文化权益奠定了坚实的物质基础。

现代公共文化服务体系建设是一项政策性、时代性都很强的文化事业，必须按照“策划一批、推进一批、实施一批、建成一批”的总要求，早行动、早谋划，明确时间表、路线图，切实做好“十三五”时期规划项目论证和编制等工作，同时强化管理，充分发挥已建成公共文化设施的作用，才能强力推动共同发展湖北省公共文化服务设施。

县级博物馆的建设，历来受经济社会发展水平与认识程度、相关政策的影响十分明显。我们必须切实提高对县级博物馆不同历史发展阶段的认识水平。在“十二五”时期，在相关政策的强力推动下，县级博物馆的馆舍建设问题普遍得到有效解决和推进。“十三五”时期，县级博物馆的主要问题已经迈入质量提升阶段，不再能以博物馆

---

① 王佳：《优化结构：博物馆人力资源配置初探》，中国艺术研究院硕士学位论文，2013年。

的馆舍建设“形象工程”的水平体现博物馆事业的发展水平。从应城、来凤等地博物馆建设、运营的实践来看，公共文化服务政策的制定者、实施者，显然已经注意到了资源整合、协同推进这个问题，进行了有益的尝试并积累了宝贵的经验。但是，县级博物馆与其他县域范围内的公共文化服务机构的协同建设，不能只是停留在“硬协同”的较浅的层次，还应该强化相关学术研究，夯实理论基础，通过对“十二五”时期县域范围协同治理经验和模式的总结、梳理和推广，往“软协同”更深的层次发展，软硬结合，相加相融，尽快实现“十三五”乃至“十四五”时期包括全省县级博物馆在内的公共文化服务机构协同发展的新跨越。

第八章　从单一体制到三大体系的县级博物馆[①]

在全世界范围内，博物馆是典型的政策依赖型行业，在中国尤其如此。我国的县级博物馆因其规模小、经济来源单一，更容易受到国家政策变化的影响和冲击。同时，县级博物馆因其数量多、分布广泛，与群众联系紧密，在受到政策影响时会表现得更加明显。

管理体制是管理系统的结构和组成方式，即采用怎样的组织形式以及如何将这些组织形式结合成为一个合理的有机系统，并以怎样的手段、方法来实现管理的任务和目的。具体地说，管理的体制是规定中央、地方、部门、企事业单位在各自方面的管理范围、权限职责、利益及其相互关系的准则。它的核心是管理机构的设置、各管理机构职权的分配以及各机构间的相互协调。它的强弱直接影响到管理的效率和效能，在中央、地方、部门、企事业单位整个管理中起着决定性作用。博物馆管理体制作为国家关于博物馆事业发展法规政策的具体表现形式，是博物馆发展最关键的顶层设计和制度保障。但毋庸讳言，关于博物馆管理体制的问题，博物馆学的研究与实践中都未对其给予应有的重视。博物馆管理体制的问题值得我们进行深入的研究。

下面，试对新中国成立以来的中国博物馆事业管理体制沿革做一梳理，以从国家对博物馆实行的管理体制的角度来认识和分析当前县级博物馆所面临的机遇与挑战，探讨未来的发展趋势。

一、单一文物管理体制

博物馆作为一种舶来品，没有经历西方从个人的私密收藏到逐渐开放的过程，而多是由个人、政府或社会团体出于公益目的而兴建，一开始就有很强的公共性，配合政治需要的意识很强[②]。中华人民共和国成立后，我国博物馆事业同其他文化事业一样，从此进入一个崭新的历史发展时期[③]。经过七十多年的发展，文物保护事业大背景、大

---

① 张晓云：《从单一体制到三大体系——浅谈中国博物馆管理体制及县级博物馆的发展》，《中国文物报》2018年5月9日。

② 曹兵武：《博物馆热·博物馆学·博物馆文化——博物馆发展的关键是博物馆人》，《中国博物馆》2008年第3期。

③ 王宏钧：《中国博物馆学基础》，上海古籍出版社，2006年。

框架下的中国特色社会主义博物馆管理体制逐步建立并沿用至今，在为博物馆事业的发展提供组织、法治、人员、藏品、经费等方面有力保障的同时，也为中国博物馆事业烙上了深深的“文物”印记，并产生了深远的影响。

（一）主要表现

1. 博物馆事业由文物系统统一管理

中华人民共和国成立后，中央人民政府文化部设立文物局，负责领导全国的文物、博物馆和图书馆事业[①]。此后，为适应国家文物事业的发展形势，国务院文物行政部门名称、隶属关系和职能历经多次变更[②]，但博物馆事业始终处于其管理范畴。《博物馆条例》第七条也规定：国家文物主管部门负责全国博物馆监督管理工作。县级以上地方人民政府文物主管部门负责本行政区域的博物馆监督管理工作。从法律上明确了文物部门对博物馆的管理地位。根据《2019 中国文物统计提要》，2018 年全国文博行业共有文物科研机构、文物保护管理机构、博物馆、文物商店、其他文物机构等 5 大类不同性质的机构 10160 个，隶属关系涵盖中央、省区市、地市、县市 4 个层级[③]。县级博物馆受县级文物行政部门领导（或加挂文物局牌子），除履行博物馆公共文化服务的职能，还承担县域田野文物保护的职能。

在国家文物局主编的历年《中国文物统计提要》《中国文物年鉴》统计指标中，将博物馆按照系统归属分为文物部门、其他部门和民办三大类。根据《2019 中国文物统计提要》[④]，截至 2018 年年底，全国共有博物馆 4918 个，博物馆从业人员 107506 人，藏品数 37540740 件 / 套，参观人次 104404 万人次，其中，文物部门所属的博物馆 3374 个，博物馆从业人员 84958 人，藏品数 27729926 件 / 套，参观人次 84436 万人次，分别占全国以上指标的 68.61%、79.03%、73.87%、80.87%。文物部门所属博物馆，无论是数量，还是质量，均以压倒性优势占据中国博物馆的主导地位。

2. 文物法律体系

中国特色文物法律体系由法律、行政法规、地方性法规、行政规章、规范性文件、行业标准等组成[⑤]，其中，对于博物馆的适用法规，从管理对象上可以分为四类。一是馆藏文物管理类，主要包括《中华人民共和国文物保护法》《中华人民共和国文物保护法实施条例》《博物馆藏品管理办法》《文物复制拓印管理办法》《可移动文物修复

---

① 王宏钧：《中国博物馆学基础》，上海古籍出版社，2006 年。

② 彭蕾：《文物管理现代化研究》，文物出版社，2017 年。

③ 国家文物局：《2019 中国文物统计提要》，内部资料，2019 年。

④ 国家文物局：《2019 中国文物统计提要》，内部资料，2019 年。

⑤ 李晓东：《中国文物法律体系概谈》，《中国文物报》1995 年 12 月 17、24 日。

管理办法》《文物藏品定级标准》，以及一系列馆藏文物保护行业标准。二是机构管理类，包括《博物馆条例》《博物馆管理办法》《博物馆定级评估办法》《革命纪念馆工作试行条例》《博物馆安全保卫工作规定》，以及博物馆建筑设计等行业标准。三是服务管理类，包括《博物馆开放服务规范》以及关于陈列展览、教育活动、文化创意产品开发等方面规范性文件。四是人员管理类，包括《文物博物馆专业职务试行条例》《中国文物博物馆工作人员职业道德准则》《博物馆馆长专业资格条件（试行）》《博物馆讲解员资质划分》等。法律法规无论是数量上，还是效力层级上，均以馆藏文物类最多、最高，充分体现了文物部门“保护为主”的行业特点。长期以来按照层级行政化管理的县级博物馆，还需出台专门的法规政策、标准规范，为其制度化、规范化管理保驾护航。

综上所述，中国现行的博物馆事业管理体系，是由历史形成的，从中华人民共和国成立后确立，在相当长的时间里统归于文物保护单一管理体制内并沿用至今，以文物保护的思维、法规来建立和维持博物馆运营，总体上呈现了从单一重视馆藏文物管理到与机构人员管理并重的转变。从县级博物馆管理实践来看，一方面与文物密不可分，在人员使用、藏品来源、业务活动等与文物部门融为一体，另一方面也更加注重机构服务能力建设，在规范制度建设、融入现代公共服务体系还有较大的提升空间。

（二）三大保障

数十年来，文物保护事业管理体制对中国博物馆事业的发展起到了极大的保障和促进作用。具体而言有以下三个方面。

1. 藏品来源保障

《中华人民共和国文物保护法》第四章第三十七条对文物收藏单位取得文物的方式做出了明确规定。在实际工作中，占全国博物馆总数 78.21%① 的综合性、历史类博物馆藏品最重要的来源，是通过科学的考古发掘所获得的古代人类活动的实物遗存，以及社会文物征集。随着国家新型城镇化和新农村建设的深入推进，各类基建项目中需要抢救性保护地下文物的任务越来越重，考古发掘品的大量出土大大丰富了博物馆的馆藏。县级博物馆以其属地优势和资金劣势，使得考古发掘品移交成为其藏品来源的主要方式。

2. 专业人员保障

做好博物馆工作，迫切需要培养造就一支高素质专业队伍。国家文物局在泰安、

---

① 国家文物局：《中国文物年鉴（2015）》，文物出版社，2015 年。

扬州等地曾设立多个培训基地，主要针对基层文博专业人员开展业务培训[①]。各级文物行政部门也借助高校开展在职人员学历提升教育。2002年开始，国家文物局将加强文博干部教育培训工作列为文物事业的四项基础性工作之一，制定文博人才培养和队伍建设规划，组织开展系统性培训。“十二五”期间累计培训超过1.5万人次，其中全国县级文物行政部门负责人2716人[②]。2014年国家文物局印发《全国文博人才发展中长期规划纲要（2014～2020年）》，并启动文博人才培养“金鼎工程”。2019年人力资源社会保障部、国家文物局联合印发《关于深化文物博物专业人员职称制度改革的指导意见》，明确提出对在艰苦边远地区和基层一线工作的专业人员进行倾斜，鼓励各地根据实际情况，积极探索适合基层文博专业人员特点的评价办法，为县级博物馆专业人员带来政策利好。

3. 专项经费保障

文物博物馆事业作为社会公益事业，政府在其中承担着最主要的责任，国家财政支持和经费保障是文物事业最强有力的后盾。《文物保护法》规定：“国家用于文物保护的财政拨款随着财政收入的增长而增加。”近年来，随着我国综合国力的逐步增强，中央和地方各级财政对文物博物馆事业的投入均有所增加。其中，中央财政的大幅投入对文物博物馆事业的快速发展发挥了重要支撑作用和带动效应。根据权威统计，2011年至2016年各级财政每年文物事业经费投入年均增长16.3%，博物馆事业经费增长也近一倍，有力保障了博物馆事业的蓬勃发展[③]。由国家专项资金支持实施的博物馆免费开放，使得数百家过去被称为“挂牌馆”的县级博物馆基本能够正常开展业务工作，焕发了活力，成为免费开放政策的重要受益者[④]。

二、跨界双重管理体系

（一）文化遗产保护传承体系

2005年国务院印发《关于加强文化遗产保护的通知》，明确了我国“文物”保护的观念向“文化遗产”保护的观念转变，从而赋予文化遗产保护事业新的内容，文物保护事业的内涵和外延均发生较大变化，在很多场合经常被“文化遗产保护事业”这个提法所代替。2006年中办、国办发布《国家“十一五”时期文化发展规划纲要》，确定

① 段勇：《当代中国博物馆》，译林出版社，2017年。

② 彭蕾：《文物管理现代化研究》，文物出版社，2017年。

③ 国家文物局：《数读：在各级政府的支持下，文物事业不断发展》，《中国文物报》2017年9月7日。

④ 段勇：《当代中国博物馆》，译林出版社，2017年。

新时期国家文化建设包括文化遗产保护传承体系、现代公共文化服务体系、现代文化产业体系、现代文化市场体系等四大体系。县级博物馆因其负责县域可移动、不可移动文物保护，成为文化遗产保护传承体系的重要组成部分。

（二）现代公共文化服务体系

2015年中办、国办印发《关于加快构建现代公共文化服务体系的指导意见》，明确要求“到2020年，基本建成覆盖城乡、便捷高效、保基本、促公平的现代公共文化服务体系”[①]，对加强文化馆、图书馆、博物馆等公共文化设施建设，做出了全面战略部署。此后，凡关于现代公共文化服务体系建设的有关政策文件，均将博物馆纳入其中。中国博物馆事业由原有的文物保护单一管理体制，跨入了文化遗产保护传承体系与现代公共文化服务体系双重管理体制并存的时代。县级博物馆得以与图书馆、博物馆并称为县级“三馆”，成为构建县域现代公共文化服务体系不可或缺的组成部分。

（三）双重管理体系下县级博物馆的问题

跨界于现代公共文化服务体系与文化遗产保护传承体系（2017年文化部印发的《“十三五”时期文化发展改革规划》[②]中提法为“中华优秀传统文化传承体系”）两大管理体制，在给博物馆事业带来新的发展机遇的同时，也应注意到，那些数十年来已经非常适应文物保护管理体制的众多博物馆，并没有足够充分的思想准备和物质准备，在各个方面都显得无所适从、力不从心，博物馆事业的发展与公共文化服务体系的建设“两张皮”的问题，在县级博物馆显得尤为突出。

第一，表现在博物馆的建设布局、管理的理念、方式等短时间无法有效适应现代公共文化服务体系建设的新要求。

从类型上看，县级博物馆类型较为单一，基本陈列主要为地方通史，缺乏吸引力和感染力，专题类博物馆、民办博物馆处境艰难，特色也不明显。从建设布局和功能发挥上看，博物馆布局和结构不均衡，有的地方博物馆过于集中，但还有很多县市存在博物馆空白，省级以上博物馆社会服务功能普遍发挥较好，社会知名度较高，县级博物馆社会服务能力和影响力普遍较弱，对基层特别是广大农村地区的公共文化服务的均等化、便利化要求难以做到。从地方建设的积极性上看，县级文化馆、图书馆的建设投资见效快，易满足地方政府建设形象工程、政绩工程的实际心理需求和未来收获预期，安全压力小，运行成本低，建设标准、服务标准、发展路径清晰，评价体系

① 中共中央办公厅、国务院办公厅：《关于加快构建现代公共文化服务体系的意见》，2015年1月12日。

② 文化部：《“十三五”时期文化发展改革规划》，2017年2月23日。

明确，评估定级工作规范有序，经过几年的努力就可以顺利评估定级，看到预期的美好前景。反观博物馆，文物安全压力大，运行成本高，如何建设才能获得理想的级别还有很多疑惑，地方政府投资建设县级博物馆的积极性未能充分调动。

第二，表现在其他公共文化服务机构逐步拓展承担了博物馆的职能。

当前，文化馆、图书馆充分利用场地优势，突破传统业务功能，除承担非物质文化遗产、古籍善本、名人字画等文物的保护管理，还大量举办展览及讲座、论坛、沙龙等各类社会教育活动，打造地方特色文化品牌。由于活动形式多样、生动活泼，文化资源数字化、信息化手段的大量运用，可参与性、互动性、传播性强，人气指数急剧飙升。相比之下，广大县级博物馆受制于认识水平、重视程度、经费投入、场馆条件、人员力量等，展示形式传统单调，文物资源数字化建设薄弱，时刻面临被社会和观众边缘化的风险。社会对于现代公共文化服务体系的现实需求无法满足，县级博物馆陷入可有可无的尴尬，亟须强化职能，创新文化服务[①]。

第三，中华人民共和国成立以来按传统形成的文物保护事业管理体系与新兴的跨界双重管理体系的差异让博物馆无所适从。

从国家层面看，文化馆（文化站）与图书馆由文化部公共文化司负责管理，博物馆由国家文物局博物馆与社会文物司负责管理。各省参照国家行政管理模式，文化馆（文化站）、图书馆由省文化厅公共文化处管理，博物馆由省文物局（或省文化厅）博物馆处管理。不同的管理机构，直接决定了“三馆”经费渠道、建设与服务管理标准、级别评定、职称类别等不尽相同。由于互相之间是平行行政关系，国家层面由文化部主导的公共文化服务体系建设，对隶属于文物系统的博物馆而言约束力相对有限，造成在基层推进落实的过程中不可避免地出现博物馆与其他“两馆”不同步的现象。

同时，《文物保护法》作为建国以后最早的文化类专项法规，其管理的切入点是可移动和不可移动文物而非博物馆，与博物馆相关的公共文化、社会管理等内容严重缺失，也从根子上造成了博物馆难以融入公共文化服务体系的管理方式。在以文物为导向的专业职称评定体系中，相对于考古和文物保护方面的研究成果，博物馆陈列展示、藏品保管、社会教育、社会服务、建设与管理等方向的论文和成果，无论是数量还是质量均缺乏竞争力，博物馆学的研究尤为薄弱。此外，从近年来全国博物馆行业的国家级、省级的陈列展览推介、讲解员大赛等各类评奖结果和承担的智慧博物馆试点项目、文物藏品保护重大项目、“互联网＋中华文明”示范项目、文物博物馆行业研究课题、中国博物馆协会专委会名单来看，县级博物馆很难在其中占有一席之地，这些重要的薄弱环节，往往不被公共文化管理部门所理解和重视。

---

① 王登佐：《试探县级博物馆创新服务新路子》，《中国文物科学研究》2011 年第 3 期。

三、协同融入三大体系[①]

（一）国民（终身）教育体系

国民教育体系是指由主权国家通过制度或法律的形式，对本国所有享有公民权利的人所提供的一种不同层次、不同形态和不同类型相互联系的教育服务系统。建设和完善现代国民教育体系，与传统意义上仅以学校教育为主的学历教育体系不同，是能够贯穿所有层次、涵盖各种教育形式的终身教育体系，也是我国教育改革和发展的目标。1994 年中央颁发《爱国主义教育实施纲要》，2006 年“国际博物馆日”的主题为“博物馆与青少年观众”，2014 年、2015 年、2020 年国家文物局、教育部先后印发《关于中小学生利用博物馆开展社会实践的指导意见》《关于加强文教结合、完善博物馆青少年教育功能的指导意见》《关于利用博物馆资源开展中小学教育教学的意见》等重要政策性文件，在不同时期对博物馆加强社会教育工作明确了导向。

博物馆珍藏历史，启迪未来，是公民终身的大学校。博物馆的发展，既体现一个国家对文化重视的程度和发展的水平，也体现对教育重视的程度和发展的水平。随着社会的发展进步，现代意义上的博物馆在社会职能方面发生了深刻的变革。将教育定位为博物馆功能的核心，体现了博物馆工作的重心由“物”到“人”的重大转变。博物馆纳入国民（终身）教育体系，成为博物馆进入高级发展阶段后，实现自身社会价值的重要体现。

博物馆是宝贵的教育资源和文化资源。博物馆作为重要的国民（终身）教育和公共文化服务专业机构，是传播科学知识、开展爱国主义和革命传统教育的重要场所。苏东海先生指出：“博物馆教育以其巨大的实物教育资源为依托，有条件发展为学校教育以外的第二教育系统。”近年来，北京、上海、陕西、湖南、湖北、江苏、浙江等省市省级博物馆，充分利用博物馆资源配合学校教育，形成了一批博物馆社会教育品牌。陕西省成立了全国首个“博物馆教育联盟”，吸纳 101 所学校、45 家博物馆成为会员[②]。实践证明，博物馆利用藏品展品资源开展社会教育活动，内容丰富，参与性强，独具特色，具有其他公共文化服务机构不可替代的优势，可以有效完善国民（终身）教育体系，让每一个人终身在博物馆接受知识的教育。

① 三大体系指文化遗产保护传承体系（中华优秀传统文化传承体系）、现代公共文化服务体系及国民（终身）教育体系。

② 王瑛：《全国首家博物馆教育联盟“陕西省博物馆教育联盟”成立》，环球网，https://china.huanqiu.com/article/9CaKrnJVqEV，2016 年 5 月 12 日。

（二）国民教育体系下县级博物馆的问题

社会教育是一项复杂的系统工程，需要政府、社会、博物馆、相关研究机构等各层面的重视支持和协调配合。但是，在长期的文物保护单一管理体制下，限于认识水平、研究和实践的不足，广大博物馆在社会教育方面的覆盖面、影响力都十分有限，社会教育工作还处于单打独斗、自娱自乐、碎片化的阶段。即使进入到现代公共文化服务体系管理体制之下，对博物馆强调更多的是“社会服务”而不是“社会教育”，评价标准突出的是其作为公共文化设施的服务功能而不是以物化人的教育功能。博物馆社会教育的巨大空间与潜力，亟待深入挖掘。

博物馆作为必不可少的教育资源，但却一直游离于国民教育体系之外，县级博物馆尤其如此。博物馆纳入国民（终身）教育体系的有效机制尚未建立，究其原因，主要在于以下三个方面。

一是全社会终身学习的理念仍有待普及。终身学习是指学习将伴随现代社会每个成员的一生发展。但我国对终身学习重要性的认识仍然不足，特别是有未成年子女的家庭尚未树立终身学习的理念，父母没有给未成年子女做出表率，以家庭为单位的学习尚未普及。县级博物馆作为终身学习场所的重要地位，还远未能形成广泛的社会共识。

二是博物馆与教育部门合作机制在基层仍有待落实。在我国现行教育管理体制下，存在学历教育、职业教育、继续教育、社会教育多头管理、条块分割的突出问题。教育部门的重点无疑是学历教育，关注的是中小学升学率、高考上榜率，普遍缺乏将学校教育与博物馆教育衔接的积极性和主动性。已有的教育活动内容、形式较为单一，未能实现制度化、常态化。

三是博物馆自身的缺位与保障条件的薄弱。国家推行的博物馆与教育的文教结合，将博物馆纳入国民教育体系，目前还只是软指标，并不是硬任务，缺乏统一的促进落实的监督考核手段。对于三级以下无级别的大量县级博物馆而言，社会教育即使严重缺位，似乎也无关大局。同时，县级博物馆保障条件严重匮乏，基本没有开展社会教育活动的专项经费、教育背景的专业人员和专门的场所设施，社会教育项目供给模式还比较单一，不能很好地适应广大社会成员对终身学习的多样化需求，在整个终身教育体系中处于比较薄弱的环节。县级博物馆与省级以上博物馆在社会教育工作上差距明显①。

（三）协同融入三大体系是未来发展趋势

世界各国对博物馆的管理体制不尽相同，根据自身文化和自然遗产特点以及本国体制，有的设在教育部、文化部，有的设在环境部或遗产部②。中国博物馆事业数十年

---

① 汪培梓：《博物馆纳入国民教育体系相关问题探析》，《教育科学文摘》2011年第2期。

② 国家文物局：《博物馆条例释义》，中国法制出版社，2015年。

来经历的三大管理体制，真实地反映了博物馆在三个不同历史阶段相互交织的不同宏观政策管理体制的影响下所确立的不同的核心价值和工作导向。初级阶段的文物保护体系，强调博物馆是文化遗产保护机构，突出其保护性，主要从事围绕文物进行的保护、整理、研究、展示等工作。中级阶段的公共文化服务体系，是博物馆新的发展动力和制度保障，强调博物馆是公共文化服务机构，突出其服务性，主要是围绕博物馆服务人群的欣赏学习等基本文化权益，通过博物馆的文物及其相关活动提供公共文化产品，确保公共文化服务的均等性、基本性。高级阶段的国民（终身）教育体系，是博物馆持续不衰的生命力，强调博物馆是文化教育机构，突出其教育性，主要是围绕国民学习终身教育的需求，通过博物馆的文物藏品资源提供公共教育产品，确保国民素质的整体提高。第一个阶段还停留在博物馆自身的“物”的阶段，管理体制单一，唯一的管理部门为文物部门；第二个阶段已经关注博物馆观众与博物馆从业者，管理体制逐步多元，管理部门由文物部门扩大到公共文化部门；第三个阶段是站在整个国家、社会文明素质提升和发展进步的高度，以博物馆本体为依托，体现了博物馆的终极核心价值和未来发展趋势，管理体制更加复杂，管理部门以文物、教育为主。概言之，后一个阶段是前一个阶段的积累和提升，而不是否定和代替。1949 年以来的历史发展表明，博物馆的管理体制，深受其功能专业化和职能社会化分化与整合的影响[①]，亦呈现出从文物保护管理体制中分化并与公共文化、教育管理体制整合的趋势。可以预期，文物部门对博物馆的管理体制，在未来相当长的时间内，并不因公共文化、教育等其他部门的介入而完全走向分离。管理体制作为体系的外在表现，不论管理体制如何改变，博物馆充分发挥各个体系的独特优势并与之协同发展，才能走上可持续发展之路。

县级博物馆协同融入三大体系必须建立在行之有效的协同机制的基础上，自上而下加强对多元管理主体的统筹协调。尽管当前有关部门联合出台了若干推进协同融合的政策性文件，但基本都是原则性要求，真正接地气、能调动各方积极性的协同工作机制、考核监督机制、相关配套保障措施的制度设计还有所欠缺。我国现有的文物管理体制本就是极为复杂的“多客体—多主体—多层级”管理体制[②]，而身处体制最底层的县级博物馆显得十分弱小，难以施展拳脚，有所作为。

中国博物馆事业正处于前所未有的高速发展期。县级博物馆以其最接近人民群众的地利、最广的覆盖率、最为人民群众所熟悉和热爱的乡土文化文物资源，具有融入公共文化服务体系和国民（终身）教育体系的先天的优势和禀赋。现代博物馆作为从西方引进的舶来品，其“中国化”的关键和基础均在于植根于最广大基层人民群众的

---

① 苏东海：《国际博物馆理论研究的分化与整合——博物馆研究的两条思想路线札记》，《东南文化》2009 年第 6 期。

② 刘曙光、柴晓明：《文物工作研究——聚焦 2012》，文物出版社，2015 年。

县级博物馆。进入到当前文物保护（文化遗产保护）体系、公共文化服务体系、国民（终身）教育体系三个体系共存共融的新时代，县级博物馆应该得到优先发展，通过建立完善以文物部门为主导的协同融入工作机制，消除部门行政壁垒和管理体制障碍，充分调动博物馆、社会、学校各方面积极性，发挥文物藏品、基层公共文化网络、学校师生资源的汇聚优势，确立博物馆的文物保护、公共服务、社会教育主体地位，使之成为博物馆领域突破三个体系协同发展瓶颈的排头兵。

第九章　县级博物馆的上升通道[1]

县级博物馆的上升通道主要包括行政级别和业务级别两个方面（详见图十九）。其中，行政级别由县编制部门按相关规定在机构“三定”[2]中确定。根据《中共中央国务院关于分类推进事业单位改革的指导意见》[3]《中共中央关于全面深化改革若干重大问题的决定》[4]要求，事业单位改革要积极探索管办分离的有效实现形式，推进公益服务事业单位去行政化，逐步取消行政级别，加快建立事业单位法人治理结构，这就从国家顶层设计上明确了包括县级博物馆在内所有公益事业单位行政级别未来改革发展的方向和具体的实现路径。2017 年 9 月，中宣部等 7 部委印发《关于深入推进公共文化机构法人治理结构改革的实施方案》，确定“到 2020 年年底，全国市（地）级以上规模较大、面向社会提供公益服务的公共图书馆、博物馆、文化馆、科技馆、美术馆等公共文化机构，基本建立以理事会为主要形式的法人治理结构”的改革目标。由于种种原因，博物馆理事会制度的实施并不顺利。在现有行政、人事和财政管理体制不变的情况下，推行博物馆理事会制度既少压力也缺动力，即使勉强建立也很容易形同虚设，

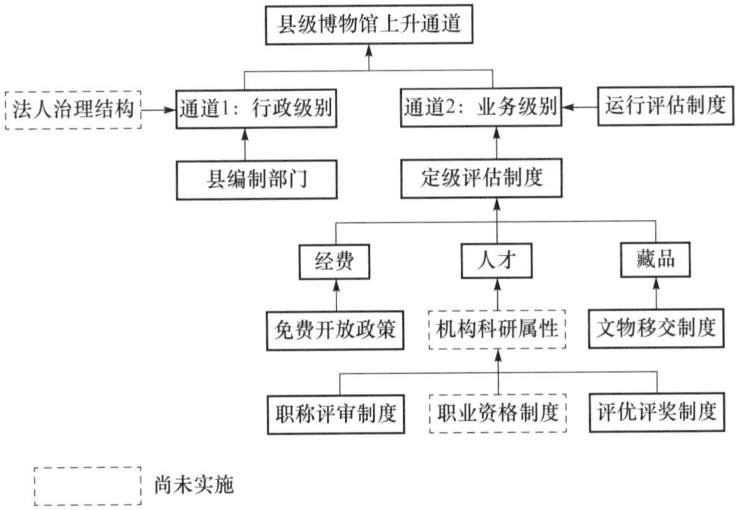

图十九　县级博物馆上升通道结构图

---

① 张晓云：《对县级博物馆上升通道建设的思考》，《中国文物报》2018 年 4 月 17 日。

② “三定”指定部门职责、定内设机构、定人员编制。

③ 国务院：《关于分类推进事业单位改革的指导意见》，2011 年 3 月 23 日。

④ 十八届三中全会：《中共中央关于全面深化改革若干重大问题的决定》，2013 年 11 月 12 日。

只起到顾问、咨询甚至联谊的作用①。博物馆法人治理结构的改革，还需要深入探索，另寻突破。县级博物馆全面建立法人治理结构，取消行政级别，短期内难以实现。有鉴于此，笔者仅从博物馆定级评估制度的视角，对县级博物馆业务级别上升通道面临的问题，以及如何打通上升通道进行探讨。

一、定级评估制度

博物馆评估是在新管理学思想影响下，由企业绩效管理延伸对博物馆实施科学评价和管理的重要制度。它对于博物馆科学定位，不断提升管理运行水平，更好地提供公共服务，至关重要②。在欧美发达国家，普遍实行博物馆评估，如美国博物馆联盟的博物馆评估与认定制度中，博物馆定级的结果是各博物馆获得政府、基金会资助以及进行优劣升降的基础性依据③。英国政府则依据评估的成绩来决定政府对博物馆经费补助的数额④。博物馆评估一般包括定级评估、运行评估、专项评估、年度评估等。

中国的博物馆定级评估工作起步较晚。博物馆的级别，长期以来一直套用行政主管部门的行政级别确定，称为副部级、正（副）局级、正（副）处级、正（副）科级和股级，或按所隶属的人民政府的级别，称为国家级馆、省级馆、市级馆、县级馆等⑤。2005 年 12 月，文化部发布《博物馆管理办法》第七条规定：县级以上文物行政部门应当促进博物馆行业组织建设，指导行业组织活动，逐步对博物馆实行分级、分类管理。2006 年，国家文物局以颁布实施《博物馆管理办法》为契机，在博物馆较多的北京、浙江、四川等 3 个省市开展评估定级试点工作。从 2008 年起，国家文物局在全国全面启动博物馆定级评估工作，颁布《全国博物馆评估办法（试行）》《博物馆评估暂行标准》《博物馆评估标准评分细则》⑥，成为加强和规范博物馆行业管理的重大创新举措。自 2010 年起，国家文物局对全国首批 83 座国家一级博物馆进行年度运行评估后，相继开展了多批次的博物馆定级评估和年度运行评估，初步形成了以开放服务为核心的博物馆质量评价和绩效评价体系，有力地推动了博物馆的改革创新。2015 年国务院颁布的《博物馆条例》第三十八条："博物馆行业组织可以根据博物馆的教育、服务及藏品保护、研究和展示水平，对博物馆进行评估。具体办法由国家文物主管部门会同其他有关部门制定。"从法规层面明确规定了博物馆评估的具体要求、评估内

---

① 段勇：《当代中国博物馆》，译林出版社，2017 年。

② 吴辉：《对博物馆评估、定级的回顾与思考》，《四川文物》2011 年第 1 期。

③ American Allicance of Museum. Museum Assessnent Program. Washingtong DC AAM. 2012.

④ 晏善富：《博物馆公共项目评估：西方的实践》，《中国博物馆》2005 年第 2 期。

⑤ 李晓东：《关于建立博物馆定级制度》，《全球化下的中国博物馆》，文物出版社，2002 年。

⑥ 国家文物局：《关于印发〈全国博物馆评估办法（试行）〉、〈博物馆评估暂行标准〉和〈博物馆评估申请书〉的通知》，2008 年 2 月 5 日。

容、实施主体等[①]。

近年来，博物馆评估体系的初步成形，引起了各级政府、社会各界的重视和关注[②]。博物馆定级评估制度的施行，对推动中国博物馆事业科学化、标准化建设和创新发展具有积极的、里程碑式的重大意义。但是，我们也注意到，由国家文物局主编的中国文物年鉴、全国文物业统计资料等重要的年度报告，在博物馆基本情况综合年报统计指标中，博物馆有机构类型（包括综合性、历史类、艺术类、自然科技类、其他）、隶属关系（中央、省区市、地市、县市）、系统（文物部门、其他部门、民办）等三种分类[③]，评估定级的级别分类并未被采用，反映出财政投入、隶属关系与行政级别的密切关系，评估定级要真正发挥评价、监督、引导的作用，还有大量工作要做[④⑤]。

二、定级评估制度下的县级博物馆

截至2016年年底，国家文物局已开展三次国家一级博物馆定级评估，于2012年、2016年共开展了两次国家二、三级博物馆定级评估，在全国博物馆中确定一、二、三级博物馆共725个，占全国博物馆总数4873个的14.88%，三级及以上县级博物馆占全国三级及以上博物馆总数的30%，被定为二级的县级博物馆屈指可数，绝大多数县级博物馆甚至连申报定级的资格都没有。总体而言，县级博物馆群体性游离于博物馆定级评估体系之外。

当前对县级博物馆的绩效管理主要体现在按照《博物馆评估定级标准》（每3年1次）进行定级评估（运行评估）和博物馆年度检查（每年1次），但是绝大多数县级博物馆在三级以下（即属于无级别博物馆），年检工作更大程度上属于程序性行政检查，无法真正起到博物馆运行绩效评估的作用。由于县级博物馆经费来源以地方财政为主，且与行政级别而非业务级别直接挂钩，政府及上级文物部门对县级博物馆的评价、管理等无法真正起到实效。面对新的时代发展要求和文化事业发展形势，县级博物馆在观念、管理、经费、人才队伍、社会教育、业务能力等各个方面，越来越显得不适应，社会化程度不高，对社区的影响力及促进经济社会协调发展也不够，绝大多数的县级博物馆仍处于行政化自然发展状态，陷入“守摊子”的尴尬局面。尽管近年来国家和各省为了加强县级博物馆建设与发展，先后实施了一系列的扶持政策，收到了一定成效，但是县级博物馆发展不够、质量不高、研究不足的问题，仍然是当前和今后相当一段时间制约中国博物馆事业整体向发达国家迈进的瓶颈。对于构建现代公共文化服

① 李晨：《论“〈博物馆条例〉时代”博物馆法规体系的构建与完善》，《中国博物馆》2016年第1期。

② 厉樱姿：《我国博物馆评估工作的回顾与思考》，《中国博物馆》2013年第2期。

③ 国家文物局：《中国文物年鉴（2010）》，文物出版社，2012年。

④ 吴辉：《对博物馆评估、定级的回顾与思考》，《四川文物》2011年第1期。

⑤ 卢民：《对我国博物馆评估定级工作的思考》，《中国博物馆》2013年第2期。

务体系而言，县级博物馆的发展程度是制约实现中国公共文化服务全面均等化的重要因素。

作为博物馆大家庭里的一个庞大群体，大量县级博物馆由于没有业务级别，上升通道面临着严峻的挑战。

（一）削弱了地方政府支持博物馆工作的积极性

无论是定级评估，还是运行评估，都与级别授牌、分数及排名息息相关，事关成败与荣誉。站在地方政府的角度，博物馆毫无疑问是体现城市建设和文化建设成果的重要标志，但如果对博物馆的建设、日常运行、评估工作等投入了相当大的力量，最后却不能有效体现成绩，再怎么努力也得不到上级业务主管部门的认可，无法满足其心理诉求，无疑会导致地方政府对博物馆投入的紧缩，加大了博物馆争取地方政府和各方面支持的难度。在县域范围内，对文化工作的投入总量确定的情况下，政府支持的重心可能会转向文化馆、图书馆等其他公共文化机构。

（二）降低了社会公众对该县级博物馆的认同

在公共文化设施普遍实行分级授牌的今天，博物馆的级别同样是博物馆综合实力的重要体现。县级博物馆被评为二级或三级馆，也许社会并不会有何反响。但如果一个县级博物馆完全没有级别，社会公众就会认为该博物馆缺少入门的资格。

（三）打击了博物馆从业者的信心

博物馆的级别，无论是行政级别，还是业务级别，都关系到博物馆受到重视和获得支持的程度，关系到博物馆从业者的切身利益，具体表现在经费保障、人员编制、职称比例等。按照目前的评估标准来看，县级博物馆显然存在一些先天不足，如藏品数量、社会服务、学术研究等，特别是软件方面，不是通过一定的努力短时间就可以达到的。评估标准若干条，县级博物馆条条有不足，但归根到底，最突出的就是人（人才）、财（经费）、物（藏品）三条，这三条交织在一起，共同钳制着县级博物馆。级别成为很多县级博物馆看起来似乎永远无法到达的彼岸，“到哪里去”成为了县级博物馆群体前进发展的最大困惑。对级别缺乏信心、无心进取是县级博物馆这个群体常见的心态①。

博物馆定级评估是对博物馆机构、业务进行系统性管理的方法，它对县级博物馆而言，具有特殊的重要意义。定级评估通过去行政化的制度设计，打破行政级别界限，还原文化服务机构的本质，改变的不仅是多年来以行政级别为核心的博物馆分级管理制度，给县级博物馆以希望，成为改变“卑微”出身的桥梁，而且改变了以往县级博物馆的建设发展中“想怎么干就怎么干”的无序局面。在行政级别无法上升的情况下，

① 杨哲：《从博物馆评估定级浅析市、县级博物馆发展》，《青春岁月》2013 年第 10 期。

业务级别成为县级博物馆的唯一上升通道。实施以业务评估为核心的评估制度，其意义已远不是业务管理或行业管理的范畴，而是关系到整个博物馆特别是县级博物馆是否有合理畅通的上升通道的重大命题，对博物馆未来发展目标定位具有深远影响。随着级别的提升，也将对人员编制、人才引进、职称评定等重大问题的解决产生直接影响[①]。

三、打通县级博物馆的业务上升通道

（一）总体思路

为促进博物馆行业持续健康发展，推动博物馆治理体系和治理能力走向现代化，调动各方面积极性，发挥对广大县级博物馆的引导作用，建议总体思路上从以下角度对现行的博物馆定级评估制度做进一步调整和完善，激励县级博物馆从业务级别上打通上升通道。

1. 站在全局的角度，将顶层设计和基层诉求相结合

在当前政府对博物馆建设的热情普遍高涨的大好形势下，通过顶层设计来引导和鼓励基层朝着正确的方向努力，通过努力达到一个可以预期的目标，而不是二者脱节或可有可无，评估制度在基层无用武之地。有研究者建议“挑选少量基础条件较好的基层博物馆，试行‘准’级博物馆，在人员培训、业务指导等方面予以扶持，扶助尽快成为相应级别的博物馆”[②]。尽管“准”级博物馆能否试行尚待研究，但这却真实地反映了基层博物馆对获得一定业务级别的迫切诉求。因此，适当提高一、二、三级博物馆占全国博物馆总数百分比，多向基层倾斜，尽可能将更多基本满足条件的县级博物馆逐步纳入分级管理体系，可以成为带动县级博物馆整体发展的关键一招。当然，我们提倡支持基层，绝不等于随意降低标准，更不等于刻意迎合，而是实事求是、与时俱进，通过差异化的目标管理，以激发动力和挖掘潜力[③]。

---

① 2019 年 11 月人力资源社会保障部、国家文物局印发《关于进一步加强文博事业单位人事管理工作的指导意见》（人社部发〔2019〕120 号），提出“一级、二级、三级博物馆专业技术高级岗位比例分别按不超过 40%、35%、30% 控制，其他博物馆按不超过 25% 控制”。

② 邹波平：《由基层博物馆评估定级所引发的思考》，《今日中国论坛》2013 年第 10 期。

③ 2020 年 1 月国家文物局修订发布了新版《博物馆定级评估办法》和《博物馆定级评估标准》，对评估的对象范围、组织架构、方式方法、指标设置、分值权重等进行了优化完善。根据中国博物馆协会 2020 年 12 月发布的第四批全国博物馆定级评估结果，该次评估新增和晋级的 520 家国家一、二、三级博物馆中，有 316 家博物馆的隶属层级属于区县级以下，评估新增的区县属国有定级博物馆总数，相当于前三批博物馆定级评估中通过的区县级博物馆数量之和，新增的区县属国有一级博物馆数量，超过原有数量的 4 倍，充分显示了国家对基层博物馆的重视和支持，以及基层博物馆发展质量水平的大幅提升。中国博物馆协会：《中国博物馆协会负责人就第四批全国博物馆定级评估工作答记者问》，https://www.sohu.com/a/440188331_426335，2020 年 12 月 24 日。

2. 站在社会的角度，将行业发展和社会需求相结合

当今社会每一个行业分级管理制度都已经高度成熟。行业级别体现的是经过专业评估后确立的机构在该行业的地位和社会对该机构的认可度。社会需要文化产品的品质、专业和规范。博物馆作为公共文化服务机构，尤其应该如此：满足社会心理需求，获得社会对其唯一性、专业性的广泛认可。当前很多社会需求旺盛、认可度高的县级博物馆，却始终无法获得一定的级别，这个问题值得我们反思。

3. 借鉴吸收其他公共文化服务机构评估制度的有益经验

国际国内图书馆行业评估制度建立较早，具有很多成熟的可借鉴的经验。与大多数县级博物馆没有级别截然相反，基本上所有的县级文化馆、图书馆都有相应的级别，标准化、规范化、社会化程度较高。可以参照文化馆、图书馆等公共文化事业单位级别管理的情况，分级与分类相结合[①]，充分考虑中国县域的特殊县情，充分调动县级政府的积极性，提高他们对博物馆的重视程度，明确发展目标和实现路径，以避免在构建现代公共文化服务体系下，博物馆远离政府关注的视线，与文化馆、图书馆等其他公共文化机构的差距越来越大。

（二）免费开放政策

2008 年 1 月，全国宣传文化文物部门主管的博物馆、纪念馆向社会全面免费开放。截至 2017 年底，全国免费开放博物馆数量从 2008 年的 502 家增长到 4518 家（占全国 5136 家博物馆的 87.97%），年举办展览从 0.84 万个增长到近 3 万个，年参观人次从 2.8 亿增长到 9.7 亿，人均博物馆占有率从 45 万人 / 座提升到 27 万人 / 座，博物馆覆盖率大幅提升，服务能力也有所增强，逐步接近世界博物馆发达国家水平。免费开放有效降低了博物馆参观门槛，保障了人民群众基本文化权益，成为公共文化服务领域重大的惠民工程。数百家基层“挂牌馆”由于获得了相对固定的中央补助经费，得以正常对外开放，焕发活力，免费开放政策为县级博物馆打通业务上升通道提供了一定的资金保障，成为博物馆定级评估体系重要的配套制度。

国家全面实施博物馆免费开放的初衷和目的，从社会层面来说是希望普通民众、农民工、低收入人群、弱势群体能无障碍有尊严走进博物馆共享文化资源，保障其基本文化权益，体现社会公平和时代进步，从博物馆层面来说是可以让大量缺少自我生存能力的博物馆能保证基本开放运行，助弱扶弱，进而激发自我发展能力，更好地发挥功能履行社会责任。免费开放十多年尽管取得了巨大成绩，但是免费开放政策仍没有从根本上解决县级博物馆经费困难和上升发展的突出问题。从免费开放补助资金的分配情况看，基本上都是采取“一刀切”的方式：补助标准虽有一定依据，但缺乏科

---

① 吴辉：《对博物馆评估、定级的回顾与思考》，《四川文物》2011 年第 1 期。

学的分级分类，并且没有与绩效评估结果直接挂钩；对不同类型、不同地域、不同级别的博物馆补贴不平衡、不合理，出现“大锅饭”“低水平开放”等问题。全国享受中央免费开放补助的博物馆仅占实际免费开放博物馆的40%左右，从2011年起免费开放总经费规模、补助对象数量多年基本不变。很多县级博物馆在免费开放政策激励下进行了改扩建，却无法享受政策利好，只能保证最基本的运行开放，无法自我造血拓展相关业务工作，业务级别上升通道依然不畅，进退两难[①]。因此，博物馆免费开放政策尚需进一步深化、完善。

当前，要充分发挥免费开放政策积极作用，使之成为县级博物馆上升通道畅通的重要保障，必须从国家层面深化对博物馆免费开放政策的改革，对免费开放专项补助资金分配工作加强统筹领导，指导各省科学调整确定免费开放资金的安排。笔者认为，免费开放资金的发放原则可以从以下“三看”入手。一是“看产出”。除了加大经费总体投入，同时应该聚焦产出、效能，强化免费开放绩效管理。根据博物馆免费开放实际成效、工作规律和发展趋势，逐步建立总体经费动态增长机制、免费开放绩效评价机制[②]、补助经费动态调控机制，发挥评价激励机制指挥棒的作用，体现科学性、动态性、方向性。二是“看潜力”。对业务级别较低或暂时没有级别，但具有一定培养价值和发展潜力的县级博物馆，应通过完善现有补助结构，发挥业务导向作用，增加文物展览、社会教育、文物征集的补助渠道，予以重点扶持，激励和帮助其级别提升。三是“看配套”。免费开放离不开地方政府的重视和支持，对于在人力、物力、财力配套方面加大投入力度的县级政府，应建立互动、联动机制并将其纳入免费开放绩效管理，以充分调动地方政府积极性，上下联手推动更好更快发展。对于县级博物馆而言，也需要重新认识和理解免费开放政策，积极思考，有所作为，不能仅局限于日常开放工作的层次。

（三）机构科研属性

科学研究是博物馆藏品保护、陈列展览、社会教育、文创研发等一切业务活动的重要基础，是推动博物馆事业可持续发展重要动力[③]。博物馆藏品保护水平、原创陈列展览的策划水平以及社会教育功能、文创产品研发功能的发挥等，取决于科学研究水平的高低。研究是博物馆的重要功能之一。我国一直高度重视博物馆的科学研究工作。早在1956年全国博物馆工作会议关于博物馆的基本性质和任务提出了著名的“三性二务”，即博物馆是科学研究机关、文化教育机关、物质文化和精神文化遗存或自然标本

---

① 段勇：《当代中国博物馆》，译林出版社，2017年。

② 云南省文化和旅游厅：《云南省努力构建博物馆纪念馆绩效评价标准体系》，http://dct.yn.gov.cn/zfwjgk1/10271，2019年9月24日。

③ 段勇：《当代中国博物馆》，译林出版社，2017年。

的主要收藏所的三重性质和博物馆应为科学研究服务、为广大人民群众服务的两项基本任务。1979 年《省市自治区博物馆工作条例》提出“新三性二务”，对博物馆科学研究机构的性质再次予以明确。在现行《全国博物馆评估办法》和《博物馆评估暂行标准》中，科学研究被列为评估博物馆业务能力的核心指标。《博物馆条例》第二条、第三十六条针对博物馆科学研究工作提出了具体要求。2021 年 5 月，中央宣传部等 9 部委印发《关于推进博物馆改革发展的指导意见》，提出“推动研究型博物馆建设”。随着新时期博物馆社会化进程的加快，社会公众及国内外其他相关研究机构对博物馆各项业务研究成果的专业性，信息传播、获取的便捷性，加强跨学科、跨领域、国际学术交流与项目合作，提出了更高的要求。科研工作成为实现博物馆社会职能和资源共享的重要途径。

我国过去相当长时间里博物馆只有国有一种所有制类型存在。尽管很多国有博物馆被公认为拥有研究职能和丰富的馆藏资源、研究成果的事业单位，但是令人尴尬的是，长期以来，由于管理体制等种种原因，其作为科研机构的地位和性质一直未被国家有关管理部门认可。在国家法律政策环境下，从政府管理的角度，对博物馆的界定主要依据《事业单位登记管理暂行条例》。该条例第二条第一款规定：“事业单位，是指国家为了社会公益目的，由国家机关举办或者其他组织利用国有资产举办的，从事教育、科技、文化、卫生等活动的社会服务组织。”因为未从法律上明确博物馆的科研机构属性，博物馆不能参照科研单位享受有关待遇和优惠政策，导致科研人员积极性不高，难以吸引和留住人才，人才流失现象严重。专业力量薄弱成为制约当前博物馆事业可持续发展的瓶颈。山西博物院是首批国家一级博物馆、中央地方共建国家级博物馆，2020 年 4 月整合了 5 家相关业务单位和职能组建新的山西博物院，在编科研人员占比达到 72%。2020 年 9 月，经山西省科学技术厅批准，山西博物院被纳入科研事业单位序列，成为具有历史意义的标志性事件①。社会公益类科研机构②改革是上个世纪末开始实施的科技体制改革中难度最大、最关键的组成部分，是国家创新体系中重要的创新主体之一③。在科研机构改革中科学分类，准确定位，将具备相关条件的博物馆明确为社会公益类科研机构，对博物馆打通上升通道提供智力保障具有重要意义。

县级博物馆的研究力量、成果自然无法与省级以上大馆相提并论，距离纳入科研事业单位序列的要求相距甚远，但也并非一无是处，更不是无所作为。县级博物馆开展科研，具有藏品优势、地域优势和一手资料优势，从长远看，关键是需要把博物馆科研的核心——人才发掘好、利用好。根据马斯洛需求层次理论，当人的基本生理需

---

① 李晨、杨敬：《山西博物院被纳入科研事业单位序列》，中国博物馆协会微信公众号，2020 年 9 月 21 日。

② 国家科学技术委员会：《关于科研单位分类的暂行规定》，1986 年 3 月 24 日。

③ 朱传柏：《深化对社会公益类科研机构改革的几个问题讨论》，《云南科技管理》2003 年第 5 期。

求和安全需要得到满足后，期望得到尊重和自我实现的渴望便呼之欲出。人才往往由于能力和自我意识较强，对获得尊重以及谋求更大发展空间的欲望更加强烈。因此，将县级博物馆机构的上升通道与员工个人的上升通道有机结合，将县级博物馆中的一级馆及部分科研成果突出的二级馆纳入科研机构序列，支持开展馆藏文物价值研究，博物馆免费开放、公共文化服务、运营管理等综合管理研究，以及陈列展览、观众服务、社会教育、博物馆学等基础业务研究，可以充分调动每一个员工的积极性、创造性，通过员工的科研成果又可以不断强化机构的科研属性，实现互相促进的良性循环。

人的能力、业绩的提升一般都需要组织通过职称、资质、奖励等正式的制度形式获得肯定。博物馆员工个人的上升通道主要体现在如下三项制度之中。首先，职称评审制度是推动、引领文博机构科研蓬勃发展、激励基层文博研究人员成长的重要顶层设计。2019 年，人力资源社会保障部、国家文物局联合印发《关于深化文物博物专业人员职称制度改革的指导意见》（人社部发〔2019〕122 号），提出破除唯学历、唯资历、唯论文、唯奖项“四唯”倾向，坚持向基层一线倾斜，畅通编外人员参评职称渠道、优化岗位设置等一系列有利打通县级博物馆专业人员上升通道的改革措施。甘肃省[①]、北京市[②]、西藏自治区[③]、四川省[④]在全国率先出台地方评价标准。其次，应建立博物馆行业职业资格制度。目前我国博物馆职业资格制度基本空白，仅有讲解员资质划分一项推荐性国家标准[⑤]。在国家对职业资格管理日益规范[⑥]的今天，对博物馆核心业务岗位科学分类分级，加强立法，依法系统建立健全职业资格认证制度[⑦]，可以帮助博物馆岗位技能型人才打通上升通道，促进博物馆行业的职业化建设。最后，需完善评优评奖制度。

① 甘肃省人力资源和社会保障厅、甘肃省文化和旅游厅：《甘肃省文博系列职称评价条件标准（试行）》，2019 年 1 月 21 日。

② 北京市人力资源和社会保障局、北京市文物局：《北京市深化文物博物专业人员职称制度改革实施办法》，2021 年 6 月 25 日。

③ 西藏自治区人力资源社会保障厅、西藏自治区文物局：《西藏自治区文物博物系列专业技术职称评价标准（试行）》，2020 年 11 月 15 日。

④ 四川省文化和旅游厅、四川省人力资源和社会保障厅：《四川省文物博物专业职称申报评审基本条件（试行）》，2021 年 7 月 28 日。

⑤ 国家质量监督检验检疫总局、中国国家标准化管理委员会：《博物馆讲解员资质划分》（GB/T 25600-2010），2010 年。

⑥ 人力资源社会保障部：《进一步减少和规范职业资格许可和认定事项的改革方案》，2017 年 1 月 5 日。人力资源社会保障部强调，取消职业资格并不是取消职业岗位和标准要求，而是改由企业、行业组织按照岗位条件和职业标准进行管理，自主实施评价，政府部门仍将加强职业标准和评价规范的制定工作，中国政府网，http://www.gov.cn/fuwu/2017-03/09/content_5175475.htm，2017 年 3 月 9 日。

⑦ 单霁翔：《关于设立博物馆职业资格制度的提案》，《博物馆的科学管理》，天津大学出版社，2017 年；张昱：《中国博物馆职业资格认证制度研究》，上海社会科学院出版社，2020 年。

近十年来，全国博物馆讲解员大赛、十大陈列展览、“弘扬中华优秀传统文化、培育社会主义核心价值观”主题展览重点推介等各类评优评奖活动如火如荼，但是其中鲜见县级博物馆的身影，针对基层博物馆个人的奖项更少。将县级博物馆与省级以上大馆完全不加区分地置于同一标准下同台竞技，结果可想而知。评优评奖理应是强者的竞争，但也须防止成为“富人俱乐部”，要更多体现引导性、均等性、激励性，使之成为博物馆岗位技能型、综合管理型人才的上升通道。2019 年，人力资源社会保障部、国家文物局联合印发《关于进一步加强文博事业单位人事管理工作的指导意见》（人社部发〔2019〕120 号），提出对符合条件的文博事业单位工作人员，视情形给与相应奖励。抓好以上两个《指导意见》的贯彻落实，向基层倾斜，出台地方标准，建立资质认证，完善奖励制度，将成为“十四五”时期推动县级博物馆高质量发展的实质性举措。

（四）文物移交制度

文物移交包括考古发掘单位向博物馆等国有文物收藏单位移交出土文物，司法、海关、工商等部门向文物部门移交依法没收文物，金融、厂矿等单位向文物部门移交废旧物资中的拣选文物，文物收藏单位法定代表人离任时移交馆藏文物等四类。其中，考古发掘出土文物移交因直接关系到文物国家所有权的实现及其能否得到有效收藏、保护、研究和展示、利用，而成为博物馆藏品的长期主要来源。国家历来高度重视出土文物移交工作，《中华人民共和国文物保护法》《中华人民共和国文物保护法实施条例》、国家文物局《考古发掘管理办法》《考古发掘品移交管理办法（试行）》等法律法规及相关规范性文件对此均做出了规定和要求。通过新中国成立以来几十年移交的积累，全国文化文物系统所属各级博物馆在馆舍建成的同时，较好地建立了自身文物收藏体系。至 1997 年，全国文物系统的馆藏文物近 1200 万件[①]。

改革开放特别是近 20 年来，随着国家经济社会和考古事业的飞速发展，考古发掘的规模、成果一日千里，全国每年新增出土约 16 万件[②]，但是同时文物博物馆行业内外部环境也发生了深刻变化，出土文物移交原有制度设计已远不能适应工作实际需要，机制性障碍日益突出，移交工作长期被迫停滞。考古单位不论发掘项目是否完成整理研究，习惯于搁置移交问题，对文物采取暂存处理，主要存于各县博物馆或考古工作站临时库房，少量存于考古发掘单位。一些文物藏量达到数十万件的考古发掘单位，依托已有丰富馆藏，自己建设考古博物馆的情况日益增多[③]。由于新增出土文物长期不能依法及时移交，客观上既造成博物馆藏品来源的不稳定，又造成考古发掘单位不得不处于违法违规的尴尬状态，对文物安全、文物资产规范管理等也形成隐患。

---

① 郑子良：《试析我国考古发掘品移交之困境》，《四川文物》2010 年第 3 期。

② 郑子良：《试析我国考古发掘品移交之困境》，《四川文物》2010 年第 3 期。

③《全国首座考古博物馆来了》，文博圈微信公众号，2021 年 2 月 5 日。

出土文物难以有效移交的原因是多方面、深层次的。除了考古发掘单位、项目负责人、文物行政部门以及移交制度本身操作性不够等问题，更主要的是因为相关利益主体发生了结构性变化，文物行业业内竞争日趋激烈，各方利益需求日益多样。出土文物移交问题引起国家高度重视并积极部署推动。2018 年中共中央办公院、国务院办公厅《关于加强文物保护利用改革的若干意见》（中办发〔2018〕54 号）提出，“强化考古项目监管，开展考古出土文物移交专项行动”。2020 年国家文物局组织起草的《中华人民共和国文物保护法（修订草案）》（征求意见稿）提出“完善考古出土文物移交制度”。2021 年中宣部等 9 部委印发《关于推进博物馆改革发展的指导意见》（文物博发〔2021〕16 号）提出，“健全考古出土文物和执法部门罚没文物移交工作机制，适时开展文物移交专项行动”。依法依规推进出土文物向博物馆移交，势在必行。

出土文物作为地方重要的文化、经济、旅游资源，越来越受到县级地方政府的重视。在国家大力推进现代公共文化服务体系和国家考古遗址公园建设的政策背景下，各地市县兴起了遗址博物馆建设的高潮，对出土文物的需求日益强烈。文物移交制度成为新时期县级博物馆打通业务级别上升通道物质保障方面的重要顶层设计。

为此，应充分考虑当前文物事业发展格局和各方利益诉求变化，修订完善现有法律法规，重点对文物移交责任主体、分配原则、时限、实施程序等不明确、操作性不强的表述做出调整完善，以实现文物的国家所有权、资产管理权、安全保障权为目标，优先确保移交顺利实施，破解当前文物移交困境，避免文物因长期保管不规范而隐患重重的状态。应按照“文物保护、基础在县”的理念，出土文物移交分配由过去的行政层级原则调整为属地原则，由以省级为主、县级为辅调整为以县级为主、省级为辅，尽量减少其他弱法律关系、弱属地关系层级（表三十二），优先支持县级博物馆的发展，以充分调动县级政府保护文物的积极性并促进当地民众的文化认同。省级及以上博物馆经数十年积累，馆藏体系已基本完善，对于文物入藏的选择标准应逐渐转变，建议可逐步淡出日常性、普通的出土文物移交，其收藏导向可由“藏品需求”调整为“展品需求”，不再以单纯地增加藏品数量为目的，而是根据举办主题展览的实际所需提出藏品补充清单，有针对性解决其特定展品不足的问题。对于具有国际性影响、填补空白的重大考古发现及特定博物馆建设、特定展览需求等特殊情况，可由省级乃至国家文物行政部门直接指定移交。通过文物移交制度的调整完善，省级及以上博物馆的支持，县级博物馆可优先获得长期稳定的藏品来源，打通业务级别的上升通道。

表三十二 考古发掘出土文物移交分配相关利益主体

利益主体	与出土文物法律关系、属地关系的强弱程度（从左至右递减）			
	强	弱	较弱	最弱
考古发掘单位	项目负责单位	其他参与发掘单位		
国有文物收藏单位	县级博物馆	地市级博物馆	省级博物馆	国家级博物馆

第十章 “县级博物馆+”跨界融合

一、博物馆五大主流跨界融合

改革开放40多年来，中国博物馆事业发生了历史性变革，成为世界博物馆发展的中心与热点，发展态势良好，并积极探索与其他机构甚至其他业态进行跨语言、跨国度、跨民族、跨领域、跨媒介的深度合作[①]，“博物馆+科技”“博物馆+旅游”“博物馆+教育”“博物馆+文创”“博物馆+影视”等五大主流跨界融合创新成为了推进博物馆事业高质量发展的新引擎[②]。跨界融合从本质上说,既是延续1978年十一届三中全会以来的改革开放精神、比过去更大范围更深层次的开放，又是新时代协同治理理念下的一种横向的协同，既是博物馆行业内部并与其他公共文化服务机构文化行业之间体制机制的改良，更是跳出文化行业小圈子内外兼修地和谐发展。跨界融合作为外部协同的重要表现，对博物馆进一步融入经济社会发展大局，推进博物馆资源开放共享，使博物馆真正成为文化创新创造的新源泉和促进经济社会发展的新动能，具有十分积极的意义。

五大跨界融合是时代发展的趋势，其作为博物馆融入社会、提高社会吸引力和贡献度的一种多维度技术性手段，体现了当下共享经济时代的特征，也体现了博物馆在注重文化行业内部协同的同时，开门办馆、借助外部协同来推进共治共建共享的态度。当前，以物联网、大数据、人工智能为代表的新一代信息技术日新月异，新一轮科技革命和产业变革正深刻改变着人们的生产、生活和思维方式。博物馆之间、博物馆与社会其他公共文化服务机构之间，既是竞争关系，又是合作关系。身处这样的时代背景、社会环境，任何一个博物馆都不可能独善其身，独乐其乐。与其他行业领域一样，跨界融合是中国博物馆事业发展新的时代趋势和内在要求。

五大跨界融合应不仅仅停留在技术层面，更要在理念、内容层面加以贯穿和实现。比如“博物馆+科技”通过利用博物馆网站、手机APP、公众号、微博微信等新媒体，以及“云展览”、融媒体等信息化共享平台，加强藏品、社教活动、文创产品的数字化展示、体验和传播。应用大数据、云计算、人工智能技术，建立博物馆与公众的“超级链接”。推进“互联网+中华文明”行动计划，在有条件的博物馆实施智慧博物馆建

---

① 翁淮南：《新发展理念下的中国博物馆发展趋势探析》,《文博学刊》2020年第1期。

② 刘玉珠：《在2019年“5·18国际博物馆日”中国主会场活动开幕式上的致辞》，2019年5月18日。

设。再如“博物馆+教育”依托原创展览开发相关社会教育项目，增强青少年教育项目的针对性、趣味性、艺术性。在博物馆的基本陈列和临时展览中充分考虑博物馆青少年教育项目实施需求，以及开展中小学生课程学习、实践活动、研究性学习和研学旅行等的需求，建立完善针对不同学段的富有特色的教育项目体系，研究开发相关教具和教材。还有“博物馆+文创”围绕陈列展览开发基于展品文化元素、文化内涵的博物馆文化创意产品，吸引社会力量参与博物馆文化创意产品的设计、开发、生产与经营，探索通过IP授权等模式延伸博物馆产业链，通过对文化创意产品的经营，让观众把博物馆记忆带回家，增强博物馆的社会影响力。

国家一直高度“博物馆+”跨界融合工作，不断加强顶层设计，强化跨部门、跨行业、跨领域合作，出台一系列重要的政策性文件和行业标准，实施“互联网+中华文明”行动计划和智慧博物馆建设，促进博物馆与旅游、教育、文创、影视等深度融合，博物馆成为智慧生产和知识创造的基地。《国家宝藏》和《国宝音乐会》等节目热播，文创产品开发精彩纷呈，博物馆“超级IP”“个性IP”“云展览”风靡互联网；“博物馆+”跨界融合有效拓展文物展示利用空间，消除传统与现代之间的壁垒，使经典焕发活力，为博物馆事业创新发展提供了新的动能。当然，从当前中国博物馆跨界融合的探索和实践来看，在充分肯定其取得一定成果的同时，还普遍存在着系统性和衔接性不足、博物馆主体不突出、实施覆盖面较窄等问题，值得引起重视和思考。

二、县级博物馆跨界融合的重点

尽管博物馆实施跨界融合已是大势所趋、不可回避，但对于县级博物馆而言，跨界融合似乎并没有看上去那么美好。毋庸置疑，当下博物馆与网络媒体、科技巨头、文创平台的深度融合，所代表的时代发展趋势和文化话语权，基本为资源禀赋突出的各国家级、省级大馆占有。在数字化、“云展览”已逐渐成为大中型博物馆标配的今天，县级博物馆的信息化程度更显得不合时宜，信息时代技术的飞速发展客观上进一步拉大了博物馆之间的差距。因此，应该清醒地看到，跨界融合、技术革命在深刻改变中国博物馆事业发展面貌的同时，也给县级博物馆带来了极大的冲击和挑战。面对外部隐忧，大多数县级博物馆受限于资金、技术、资源、场地等条件，往往感觉无能为力、难以作为，甚至不予关注，听之任之。对此问题，我们如果不引起足够重视并有效应对，很可能加剧县级博物馆与中国博物馆事业整体发展水平的差距。“博物馆+”跨界融合这个既存在于当下、更面向未来的命题，将很大程度上关系到县级博物馆未来的前途命运。

推动县级博物馆跨界融合工作，从国家顶层设计的层面，一靠立法，二靠标准，三靠政策，从具体操作的层面，一靠资金，二靠人才，三靠科技。对于大多数县级博物馆而言，由于经费投入、藏品资源、业务能力等多方面原因，现有主流的“博物馆+

科技”“博物馆 + 影视”“博物馆 + 文创”等跨界融合，似乎有点遥不可及、无从下手。但这并不意味着县级博物馆面对时代发展潮流而可以无所作为、消极回避。县级博物馆在馆藏资源数量和质量、馆舍规模、资金投入、专业能力等各方面，均无法与优势突出的省级以上大馆竞争，但可以扬长避短，充分发挥其地利优势、地方特色，在某些进入门槛较低的跨界融合领域争得一席之地，通过独树一帜的本地版“博物馆 +”跨界融合，推动博物馆资源整合与效能提升，为博物馆文化资源的创造性转化、创新性发展注入新的活力。其中，发挥地利优势主要是为满足本地居民，以“博物馆 + 教育”为主开展业务活动；发挥地方特色更多是为吸引外来游客，以“博物馆 + 旅游”为主开展工作。在国家一系列政策引导和刺激下①，“博物馆 + 教育”“博物馆 + 旅游”完全可能成为县级博物馆推进跨界融合的两大重点领域。

因此，“博物馆 + 教育”“博物馆 + 旅游”的跨界融合，可以为县级博物馆高质量可持续发展赋能、推动县级博物馆“活”起来②，也有利于提升县级博物馆整体竞争力、加快中国博物馆事业的“本土化”。当然，对全域旅游尚不发达的一些县域而言，一定时期内“博物馆 + 教育”可能应居于更加重要的地位。此外，一般的县级博物馆，按照编制部门规定的以“县名 + 博物馆”的命名方式，从名称上很难看出该博物馆是综合性还是专题性，以及最突出的特色是什么，客观上丧失了对外宣传地域文化品牌的机会，某种程度上限制了“博物馆 + 旅游”的发展。

三、县级博物馆跨界融合的理念和内容

我们知道，技术的喧嚣只是一时，科学的理念才能永恒。技术总在不断发展，受众对新技术的新奇感稍纵即逝，无谓的炫技也难有持续的吸引力③。面对新技术，我们不应无所适从，更不能迷失方向。同时，无论博物馆如何跨界，也无论在融合中使用何种技术手段，在实施跨界融合时都应始终坚持以博物馆为主体，科学把握好博物馆跨界的边界④，以科学理念融，以特色内容融，融而有道，融而有料。为此，建议县级博物馆开展跨界融合，在理念和内容上应重点关注以下三个方面。

一是“关注县域发展”。这包括既要关注本县域现在的发展，更要关注未来的发展。县级博物馆不仅是城乡文脉的收藏者、传承者，更是城乡发展的见证者、参与者、推动者，在县域发展中发挥着举足轻重的作用。在县级博物馆里，人们不仅能够找寻到县域的发展历史，更能领悟到未来发展的方向。博物馆应明确定位，带动博物馆周

---

① 国家发展改革委：《关于加快开展县城城镇化补短板强弱项工作的通知》（发改规划〔2020〕831号），2020年5月29日。

② 刘玉珠：《让文物活起来大有可为》，《人民日报》2019年12月28日。

③ 刘尚清：《关于博物馆“互联网 +”跨界融合的几点思考》，《中国博物馆》2018年第1期。

④ 刘尚清：《关于博物馆“互联网 +”跨界融合的几点思考》，《中国博物馆》2018年第1期。

边资源，充分发挥博物馆对城乡发展的影响力，树立县域文化品牌，彰显地方文化特色，助力县域经济产业升级，为县域可持续发展赋能，在细微处一点一滴深刻地塑造和改变着城乡居民的生活，彰显各县特色，树立地区文化自信。通俗地说，就是“通过一个馆，改变一个县”。

二是“关注人的发展”。县域内最核心的资源还是人本身。社会的一切发展目的最终还是为了满足人类自身的需要。县域人口受教育程度深浅不一，精神文化需求多样。要始终坚持以人民为中心的工作导向，建立县级博物馆观众调查工作制度，分类研究观众的精神文化需求及其差异，预判文化、教育、旅游需求热点，应对难点（如“旅游夜经济”）以及深层次风险（如留守家庭、留守儿童教育问题），用博物馆独有的方式讲好县域故事，向社会提供更多健康时尚、走心暖心、形式新颖、“有高度、有深度、有温度”的公共文化产品，把博物馆打造成为人们的精神家园，成为记得住乡愁的地方，增强对居住地的认同感、归属感以及幸福感、获得感，为不同性别、年龄、受教育程度、职业的人的终身发展服务。

三是“关注行业发展”。县级博物馆应摆脱“群体性自卑”的心理，在立足本县、本馆突出自身特色的同时，还应尽可能地掌握国内外博物馆行业发展最新动向，积极开展对外交流与合作。目前世界上博物馆类型日益多样化，收藏日益体系化，展陈日益个性化，文创日益产业化，传播日益分众化，交流日益多元化，运维日益智慧化，功能日益多样化[①]。县级博物馆应紧跟行业发展前沿，关注重大主题和政治大局，深入挖掘本地文化特色加强馆际交流合作，实现与行业发展同频共振。

四、以“博物馆+旅游”为例的探讨[②]

鉴于第九章已就博物馆与教育融合的问题做了相关论述，故本章拟以“博物馆+旅游”为例，探讨博物馆与旅游跨界融合协同发展的新路径，以期以点带面，为促进县级博物馆文旅融合的研究与实践提供有益的思路。

（一）博物馆旅游并非文旅融合时代出现的新命题

博物馆是保护和传承人类文明的重要殿堂，是连接过去、现在、未来的桥梁。20世纪下半叶以来，随着社会的发展进步，现代意义上的博物馆在社会职能方面发生了深刻的变革，其中，“旅游、教育”逐渐成为与“收藏、研究、展示”等博物馆传统职能并重的新的现代职能。博物馆不再仅仅是文化遗产保护机构、公共文化服务机构，

---

① 翁淮南：《新发展理念下的中国博物馆发展趋势探析》，《文博学刊》2020年第1期。

② 张晓云：《文旅融合语境下的博物馆旅游探析》，《新时代文物保护与旅游融合发展研讨文集》，文物出版社，2020年。

同时也成为满足社会大众旅游文化产品消费需求的生产者、国民终身素质教育需求的提供者。

博物馆是非营利性的机构，但这并不意味着博物馆不能从事商业经营活动。恰恰相反，从国际博物馆界的实践来看，从 20 世纪 70 年代开始，国际博物馆界出现与旅游业密切结合的趋势。很多博物馆都不同程度地参与旅游、文化产品开发、销售、展会等相关商业经营活动，如世界著名的古根海姆博物馆、纽约大都会博物馆、大英博物馆等，在旅游市场化运作、品牌打造、纪念品开发、销售等方面大获成功，成为所在城市的第一旅游目的地。2009 年，国际博协将“5·18 国际博物馆日”的主题确定为“博物馆与旅游”，进一步明确博物馆是旅游活动的重要载体，对旅游业的发展具有巨大的促进作用。

我国博物馆旅游与改革开放以来国家旅游业的蓬勃发展密不可分，也是博物馆全面实施免费开放后积极贯彻“以人为本”理念，坚持“观众导向”和“以人民为中心的工作导向”的重要抓手。《博物馆条例》规定：国家鼓励博物馆挖掘藏品内涵，与文化创意、旅游等产业相结合，开发衍生品，增强博物馆发展能力①。从法律上明确了博物馆开展文化创意、旅游等商业经营活动的合法地位，具有政策导向的意义。国家发改、财政、文旅、文物、教育等相关部门出台一系列政策，给予博物馆旅游设施改造提升、免费开放、红色旅游、青少年研学、文化创意产品研发等方面项目、经费支持，指导和扶持博物馆旅游发展。据统计，2018 年全国登记备案博物馆 5354 个，举办展览约 2.6 万个，教育活动近 26 万次，参观人数达 11.26 亿人次，且最近 3 年每年参观人次增量都在 1 亿左右②。随着“博物馆热”的兴起,“博物馆里过大年”“博物馆打卡”成为中国社会文化的新时尚。以故宫博物院、秦始皇帝陵博物院、敦煌研究院、湖北省博物馆为代表的一批博物馆，为所在城市和周边区域的旅游发展贡献了积极力量。大力发展博物馆旅游成为高度的社会共识，博物馆成为国家文化旅游发展战略布局中一支不可忽视的力量。

但是，不可否认，目前博物馆旅游还存在覆盖面窄、参与量小、体验感差、经济收益弱等深层次结构性问题，与人民群众日益增长的美好生活需要之间的矛盾日益凸显。经统计，2018 年全国列为 A 级景区的博物馆 830 个，占全国博物馆的 15.5%、A 级景区的 7.86%，5A 级景区的博物馆 10 个，占全国 5A 级景区的 3.86%。游客集中于少数博物馆，占比约 4% 的博物馆游客量占全国博物馆客流总量的 40%，年平均旅游收入 901.33 万元，在国家 14 类 A 级景区中位列倒数第二（倒数第一为城市公园，年平均旅游收入 872 万元），年平均旅游投资 610.48 万元，在国家 14 类 A 级景区中位列

① 中华人民共和国国务院：《博物馆条例》（国务院令第 659 号），2015 年。

② 刘修兵：《新角色 新担当 新发展》,《中国文化报》2019 年 5 月 27 日。

倒数第一[①]，博物馆旅游市场、品质有待拓展和提升，高度成熟的现代博物馆旅游体系亟待进一步完善。

（二）文旅融合给博物馆旅游带来的新变化

旅游与文化，都是直接为人服务的行业。旅游业的发展，不仅深刻反映了不同发展阶段社会主要矛盾的变化，也充分反映了整个社会需求提升带来的生活观念、生活水平、生活方式的变化。根据文化和旅游部《2018年中国旅游景区发展报告》，2018年全国旅游呈现高等级旅游景区游客“最集聚”，历史文化景区（包括博物馆、文化遗迹等5类）“最热门”的特点，并认为文旅融合将成为新型景区和新型产品的主要创新驱动，旅游景区有望成为文旅融合发展的先行领域和示范窗口[②]。我国博物馆数量大、覆盖广、类型多样、旅游工作基础良好，具有文旅融合发展的先天优势和广阔空间。

对博物馆而言，文旅融合将是不断改革创新促进自身科学发展的必由之路。文旅融合背景下，博物馆旅游将不再拘泥于传统的模式，成为席卷博物馆领域的浪潮，推动博物馆资源整合与效能提升，提高文化产品和服务供给质量，为博物馆文化资源的创造性转化、创新性发展注入新的活力，满足人民群众多样化、个性化、优质化文化需要，让人们感受和共享社会发展、文明进步的成果。

通过文旅融合，将大大拓展博物馆事业发展的广度和深度，“博物馆资源”将转变为“旅游资源”。博物馆拥有藏品、展览、文化创意产品、建筑、专家、捐赠者、志愿者，以及数字信息、研究成果、知识产权、品牌价值等丰富的有形与无形资源。通过激活现有博物馆资源，使其变成富有吸引力的旅游资源，并根据旅游资源吸引力的群体倾向性和定向性，以发展的理念，动态开发新的旅游资源，建立良性高效的资源转化通道。“博物馆观众”也将转变为“全域旅游游客”。博物馆将更加突出服务意识、市场意识、全局意识，以更广阔的视野和途径，拓展游客来源、拓展服务内容等，成为体验文化窗口。此外，“文化产品”将转化为“旅游消费品”。以市场需求设置逻辑起点，细分游客市场和需求结构，发挥文化价值优势，将博物馆元素植入旅游活动的每个环节，形成旅游消费核心产品、延伸产品，以调动游客消费积极性和主动性，促进旅游收入结构科学调整。

总之，从单一的“参观”到多元的“体验”，从大众的“教育”到个性的“服务”，从文化的“展示”到旅游的“消费”，只有深刻理解和把握这些变化，才能处变不惊，

---

① 中华人民共和国文化和旅游部资源开发司:《2018年中国旅游景区发展报告》，中国旅游出版社，2019年。

② 中华人民共和国文化和旅游部资源开发司:《2018年中国旅游景区发展报告》，中国旅游出版社，2019年。

应对如流，不断提高博物馆旅游现代治理能力，达到“以文塑旅、以旅彰文”的文旅共赢效果。

（三）探索文旅融合促进博物馆旅游高质量发展的新路径

对于博物馆而言，文旅融合的新时代既充满挑战，又充满机遇。如何在科学认识博物馆旅游发展历程和深入分析当前各种深刻变化的基础上，抓住难得机遇，卓有成效地推进文旅融合，实现博物馆事业高质量发展，无疑需要我们进一步理清思路，上下谋划，通过宏观与微观相结合的方式，共同探索出新的路径。

一是转变观念。观念和认识跟不上时代发展要求，是文旅融合最大的困难。博物馆旅游，历来就是博物馆事业不可分割的组成部分，其发展水平的高低与博物馆是国有还是非国有并无必然的因果关系，应高度警惕将博物馆旅游发展不足一律简单归结于体制问题的倾向，并切实改变视博物馆从事经济活动为洪水猛兽的观念。要强化平等合作的观念，认识到跨界融合发展是博物馆业与旅游业双方共同的需要，是国际国内经济结构转型发展的大势所趋。要加强研究，充分认识文旅融合对于促进博物馆旅游发展的重要意义。博物馆不论规模大小、层级高低、体制内外，均应主动谋划和投身文旅融合，以开放的观念，学习了解现代旅游业运行规律、营销手段、盈利模式等，走出“自娱自乐”“过于强调博物馆行业特殊性而自我设限”“博物馆旅游就是文化创意产品”等误区，强化市场意识、特色意识，以人之长，补己之短，在文旅融合的大胆实践中走出博物馆文化资源转化利用的新路子。

二是完善政策。可将博物馆文旅融合作为重要专节内容，纳入《国家文物博物馆事业发展“十四五”规划》和未来十年博物馆事业中长期发展规划纲要，同时进一步强化博物馆评估体系的导向作用，从国家顶层设计上加强对博物馆旅游发展的引领，并对博物馆展示空间与旅游服务设施提升、展览改造提升、智慧博物馆建设、夜间旅游开放等文旅融合项目加以经费保障。建议相关行政管理部门加强协同，组织博物馆管理、旅游规划、市场营销、品牌传播等领域专家，联合开展博物馆文旅融合政策专题研究，对现有明显滞后于文旅融合发展节奏，且制约博物馆发展活力的政策模式、运行机制做出相应调整，应简政放权、优化流程、减少环节等，消除体制机制障碍，充分调动博物馆的积极性，对政策尚不明确或制度管理空白领域，尽快研究出台新的政策或规章制度，如出台加强博物馆文旅融合的指导意见、编制博物馆文旅融合工作负面清单、社会参与优惠政策清单、优秀案例推介、项目申报操作指南等。应探索与博物馆分级评价机制相衔接的分级管理体制，将旅游收入纳入奖励分配机制。博物馆应厘清边界，明白“为什么干、怎么干、哪些自己干、哪些别人干”，明确发展方向、操作方式、实施重点等，支持吸引社会力量共同参与。

三是深挖潜力。每一个博物馆都各具特色、各有长短。博物馆管理者，特别是馆舍规模小、资源禀赋弱、资金投入少、旅游基础差的县级博物馆管理者，可采取

SWOT 分析法对自身旅游方面的优势、劣势等进行深入分析，在此基础上，聚焦重点难点问题，研究有针对性地深挖内外部软硬件潜力的具体措施，找到文旅融合的引爆点。研究挖掘文物藏品时代价值内涵，精心策划推出更多“有高度、有深度、有温度”的陈列展览、开发公共文化产品，在轻松愉快的氛围中讲好中国故事。

依托遗址、古建筑、名人故居建立的博物馆应充分挖掘场地潜力，尽量减少办公用房、文物库房等对文物本体的占用，将其开辟为展厅或公共活动空间，并通过改造提升旅游配套服务设施，优化交通组织、室内外景观等，打造令人愉悦的游览、休憩环境，提升博物馆旅游品质。博物馆还可以挖掘科技的潜力、提升宣传能力，利用移动互联网、大数据、自媒体等现代信息技术，与专业媒体合作策划，打造博物馆文旅融合“超级 IP”“个性 IP”，为博物馆事业创新发展提供新的动能。

此外，还可以挖掘人才潜力，通过对外选拔与对内培训等多种方式，培养既懂博物馆又懂旅游的复合型管理人才、宣传策划人才、市场营销人才，逐步建立满足博物馆文旅融合发展需要的人才队伍。

四是突出特色。一个好的博物馆，一定是特色极其鲜明、让人看后印象深刻的博物馆。进入文旅融合时代，一个好的博物馆必将成为优质旅游品牌。不论是藏品资源，或是展览项目；不论是文创产品，还是传播服务；只要做到人无我有，人有我精，就都可以提炼成为博物馆旅游的特色，引起游客的共鸣。每一个博物馆应时时反问自己：“我的特色是什么？我与其他博物馆的不同在哪里？”然后必须找到正确的答案。同时，切实转变“大、洋、新、奇”错误的特色观，根据自己的类型、资源禀赋和经济条件，走差异化、特色化发展之路，真正形成有社会影响力的博物馆旅游特色品牌，占据文旅融合时代的新高地。

结　　语

一、主要结论

在我国，公共服务是进入21世纪以后才正式提出的，社会对公共文化服务的认识也经历了一个逐步深化和拓展的过程。与此情况类似，我国对构建现代公共文化服务视角下的博物馆学研究也刚刚起步。博物馆事业的发展无时无刻不在受到国家政治、经济、文化政策甚至外交战略不断调整变化的影响。随着国家将“构建现代公共文化服务体系”上升为国家战略①，博物馆社会功能定位关键性的调整，融入公共文化服务领域的逐步加深，县级博物馆所处的内外部环境发生深刻变化，从现代公共文化服务体系视角下对县级博物馆的研究更加紧迫。

本书以县级博物馆为核心，绪论、第一至第四章系统分析界定县级博物馆的核心价值和功能，主要探讨对县级博物馆的认识问题——“怎么看”，县级博物馆的核心价值应从原真性、乡土性、多元性三个维度实现物与人的价值统一，集中体现文化的平等、多元和包容，县级博物馆是实现博物馆“中国化”的关键，在核心价值的指导下，将县级博物馆功能划分为基本功能和现代功能两个层次；第五章探讨县级博物馆的建设问题——“怎么建”，通过系统梳理县级博物馆建设历史沿革、建设类型和当前面临的现实困难，对未来如何推进县级博物馆建设提出了总体思路和具体措施，认为专题化、整合化建设将成为未来县级博物馆建设的主流发展方向；第六章至第九章探讨县级博物馆在县域现代公共文化服务体系机构运行中的协同问题——“怎么协”，提出县级“三馆”协同治理应该软硬兼施，做到“硬协同”与“软协同”的有效衔接，并应重点注重不同管理体制的协同融合，通过建立健全人财物相关制度共同打通县级博物馆业务级别的上升通道；第十章探讨县级博物馆跨界融合问题——“怎么融”，通过对博物馆面临的“博物馆+科技、旅游、教育、文创、影视”五大主流跨界融合挑战的分析，认为跨界融合是关系到县级博物馆未来发展的关键性问题，提出县级博物馆应树立正确的跨界融合理念，扬长避短，重点做好旅游、教育两大领域的跨界融合，推动资源整合与效能提升，为博物馆资源的创造性转化、创新性发展注入新的活力。为回答好以上涉及中国博物馆事业体系和现代公共文化服务体系两大体系、贯穿县级博物馆认识、建设、协同和未来融合发展全过程的四大问题，笔者引入了治理理论、协

---

① 中共中央办公厅、国务院办公厅：《关于加快构建现代公共文化服务体系的意见》，2015年1月12日。

同理论、系统理论等三大理论。即本书的内容框架基本可以概括为“一个核心、两大体系、三大理论、四大问题、五大融合”（图二十）。

通过系统梳理和研究，我们认为有以下几点。

第一，在构建现代公共文化服务体系历史背景下，重估县级博物馆基础性地位，使其成为当前中国博物馆学和公共文化研究以及相关管理部门共同重点关注的对象，这不仅具有重要的历史意义、学术意义，同时还具有现实意义、政治意义。

人们认识博物馆，了解博物馆，往往是从县级博物馆开始的。县级博物馆的研究，既有宏观层面，也有微观层面；既有管理层面，也有业务层面；既关系到国家、省级，也关系到县、乡基层；千头万绪、纷繁复杂。综合文献分析，目前国内学者的研究对县级博物馆关注不够，尤其是政策性的系统研究几乎为空白。截至2017年上半年，我国的博士论文尚未有关于县级博物馆的专题研究。本书在研究对象上，创新性地选择确定县级博物馆这一中国博物馆事业中的特殊群体、弱势群体，在当前构建现代公共文化服务体系新的历史背景下，以问题为导向，通过对其核心价值和传统、现代功能定量定性分析、科学界定，重新认识县级博物馆的作用、地位，促使重新认识县级博物馆在中国博物馆事业中的基础性重要地位。同时，对县级博物馆核心价值和功能进行合理界定，让政府和管理部门在未来真正摆正县级博物馆在构建现代公共文化服务体系中均等化的历史责任和独特地位，切实体现现代公共文化服务体系建设中政府工作重心对基层下移的要求和对基层的倾斜与关怀。

在研究视角上，创新性地以现代公共文化服务体系为视角和纽带，在职能整合协同发展方面首次正式将文化馆与博物馆相提并论，以县域内“三馆”等公共文化服务机构为经，以全国的县级博物馆群体为纬，跳出文物保护管理体制的传统视角，从纵向和横向两个维度，对县级博物馆进行系统研究。既不过分夸大存在的问题，也不回避深层次的矛盾；既不支持行政过度干预，也不放任其自我生长；对县级博物馆存在的发展机遇、潜在风险做出客观、深入、全面分析，强调在政策法规等顶层设计上应给予县级博物馆以畅通的上升通道，强调充分利用“三馆”已有的良好发展基础，以有效解决博物馆事业与现代公共文化服务体系、国民（终身）教育体系相脱节体制机制的弊端，不让县级博物馆在现代公共文化服务体系建设中掉队。

第二，协同治理应成为有效推进包括县级博物馆在内的县域现代公共文化服务体系建设协同发展的新的有效路径，这不仅具有学术价值，同时还具有应用价值。

在新的历史条件下，县级博物馆的治理问题，实际上已经远远超出县级博物馆群体的范畴和传统博物馆事业发展的范畴。在研究的方法上，运用协同治理理论，以协同治理的理念和方法，将县级博物馆纳入现代公共文化服务体系、国民（终身）教育体系的宏观视野下，站在提升国家综合实力、民族文化自信和促进人的终身发展的高度，统筹规划、系统研究、协同治理，指导县级博物馆建设发展，为县级博物馆科学

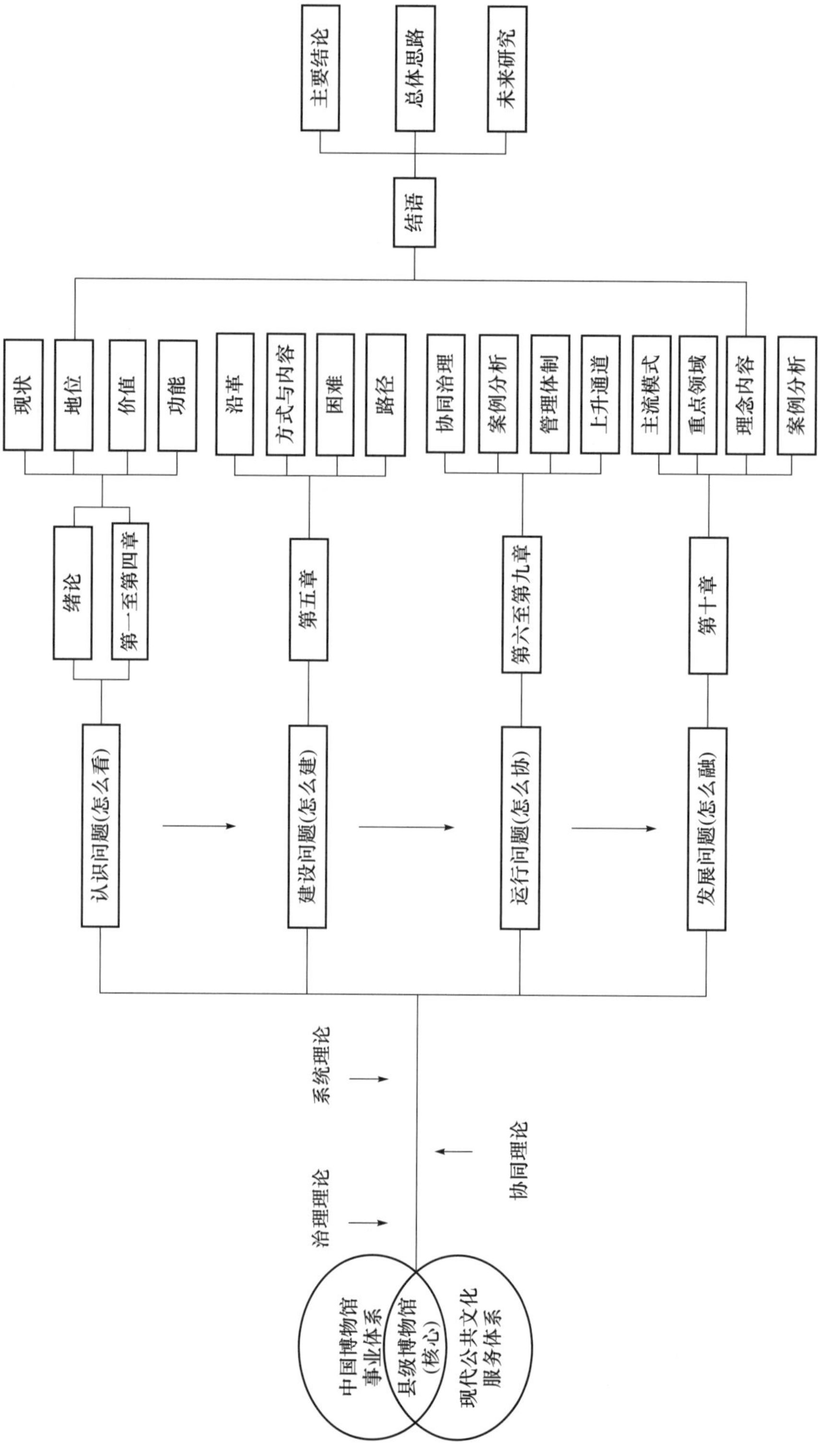

图二十　本书内容总体框架结构

治理提出了新的有效路径。科学管理理论的中心是提高劳动生产率[①]，但不能因为实施协同治理就消灭县级博物馆等公共文化服务机构各自的特色和独特的核心价值，协同治理产生的效应应是深度的、立体的，其所最后解决的问题也是全局的、系统的，是有利于提高县级博物馆的运行效率的。县域现代公共文化服务体系协同治理，对于县级及以上政府而言，将为宏观管理、政策制定等提供重要依据，为推进协同治理提供组织、经费的有力保障；对于社会力量而言，将极大地有利于调动参与积极性，扩大社会参与面，争取社会的广泛参与和大力支持，加速推进博物馆的社会化进程，尽可能降低政府对博物馆事业在体制内过于包办所带来的各种弊端。对于县级博物馆而言，面临国家良好政策发展机遇、倒逼其打破自我封闭状态调整与其他公共文化服务机构竞争合作关系，将有利于明确其发展方向，创新协同方式，实现优势互补，避免资源浪费，实现县级博物馆“从数量增长到质量提升”；推进博物馆均等化、标准化建设，充分发挥其在县域公共文化服务体系建设中的中流砥柱作用。

综上，得出如下研究结论。

第一，博物馆是一种社会需求，也是文化制度设计的组成部分。现代社会人们对博物馆的需求会随着时间的推移、社会物质的丰富而愈加强烈，县域内的居民并不因其文化教育程度、人口结构等与大中城市存在差异，而对此有不同认识。从功能上看，应明确县级博物馆的核心功能是收藏和教育，而不一定如省级以上大型博物馆那样将重点放到展示和研究。县级博物馆的核心价值，应重点体现在为本地历史和未来做好收藏、为本地人民提供公共文化教育服务，让本地历史文化得以永续传承，让博物馆收藏所蕴含的知识融入国民终身教育体系，为当地每一个人的终身发展服务。县级博物馆因其独特的核心价值和社会功能，必将会越来越成为县域内人们追求幸福生活的一部分，也是社会基本公共文化服务的一部分。实现现代博物馆的“中国化”关键在县级博物馆，形成博物馆中国特色的关键亦在于县级博物馆。对县级博物馆的认识，应置于当前它所处的时代和整个社会发展的范畴。对目前博物馆还是空白的县级地方政府来说，需要综合考量、谨慎决策，决不能不顾财政实力和实际困难，追求面子工程、形象工程，强行上马。从有利于建设的角度，提出将县级博物馆与图书馆、方志馆、非遗馆等相近文化机构资源整合协同发展的新路径，这是否有利于解决县级博物馆建设不足的问题，唯有留待未来的改革实践去检验。

第二，关于县级博物馆运行管理制度与效能的问题。文化行业的竞争，其本质在某种程度上也是制度设计的竞争。在全面推进依法治国的今天，只有不断建立健全系统全面、与时俱进的博物馆制度设计，完善现代博物馆法律法规体系，才能将制度优势顺利地转化为博物馆治理效能。县级博物馆在藏品、人员、投入等各方面的不足与弱势，既有认识上、管理上的原因，也是在不同层级上相关资源分布与配置不平衡的

① 〔美〕弗雷德里克·泰勒著，马风才译：《科学管理原理》，机械工业出版社，2014年。

结果，我们应该承认这种客观差异性。对此，须有针对性、理性地研究中国博物馆管理体制、县级博物馆评估定级制度、县级博物馆跨界融合发展等内容，明确提出县级博物馆建设发展需要重点关注和解决的深层次的问题，并给出系统性、创新性解决方案。每一个大的解决方案，都必须借助于建立若干个配套的制度。建立制度的目的亦不是为了管死，而是为了更好地激活。只有通过优化和强化法律、制度顶层设计，依法治理，既实施硬件方面的协同，更实现软件方面的协同，才能更好地帮助、指导县级博物馆提高效能、激发活力、实现可持续发展。

二、总 体 思 路

县级博物馆治理是一个全局性、战略性的新的事业。当前，经济社会的结构性巨大变化，既给博物馆事业带来了新的发展机遇，又提出了新的挑战。政府、社会、博物馆，只有积极融入，加强协作，主动作为，在治理理念、治理方式、治理内容上探索创新，才能更好地提高县级博物馆治理的能力和水平，实现从"博物馆管理"到"博物馆治理"的华丽转身。下面拟从六个方面，系统阐述县级博物馆治理的总体思路[①]。

1. 大力推进博物馆标准化建设，注重突出顶层设计的指导性

标准是国家治理体系和治理能力现代化的基础性制度和各项事业高质量发展的基本保障。标准体系是否科学、完备，是一个行业规范化、专业化程度的重要体现。西方近代科学管理把标准化作为重要的管理方法，对现代国家管理产生了深远的影响。中办、国办《关于加快构建现代公共文化服务体系的意见》明确提出"促进基本公共文化服务标准化、均等化"[②]。均等化是基本公共文化服务未来发展的必然方向，标准化则是推动均等化发展的核心路径和有效手段，是制定、发布及实施标准的过程。作为《意见》附件出台的《国家基本公共文化服务指导标准》，提出了国家公共文化服务建设的兜底标准，并鼓励结合实际制定行业标准、地方标准，逐步形成既有基本共性又有特色个性、上下衔接的标准指标体系。推进公共文化服务标准化建设，对于加快构建现代公共文化服务体系，以标准促均等、促落实、促发展，具有十分重大的意义。"十三五"期间，全国文物保护标准化技术委员会组织编制国家标准 27 项、行业标准 50 项，但距离全面支撑文物博物馆事业发展仍有较大差距，存在标准的适用性、有效性不足，基本标准和管理标准欠缺，博物馆公共服务、文物数字化等重要领域标准体

---

① 张晓云：《构建现代公共文化服务体系背景下的博物馆事业》，《中国文物报》2015 年 7 月 31 日。

② 中共中央办公厅、国务院办公厅：《关于加快构建现代公共文化服务体系的意见》，2015 年 1 月 14 日。

系尚不完备等问题①。以公共文化服务为核心的标准化体系建设成为博物馆事业发展的首要任务。必须以公共文化服务机构的视角，加强对博物馆横向和纵向的对比研究，充分借鉴其他公共文化服务机构标准化建设的有益成果，来指导建立科学完善、分级分类的博物馆硬件建设、基本服务、评价考核标准指标体系，指导建好、管好、用好博物馆设施，规范好博物馆公共文化服务项目和流程、博物馆社会服务效益评价，有效解决城乡、区域、人群不均衡问题，实现博物馆作为公共文化服务机构的社会价值。

2. 重点加强服务辐射能力建设，注重突出均等性

县级博物馆是保护文物、传播文化、提供服务的基层公共文化机构。根据管理递减效应，以及受经费投入、思想观念、专业人才和管理模式等多种因素的制约，处于博物馆事业最末端的县级博物馆，不可避免地成为了中国博物馆发展最大的弱势群体。在当前以业务为中心的博物馆分级管理体系中，大多数县级博物馆因达不到定级标准而没有级别，导致其游离于博物馆分级管理体系之外，亦缺乏短期进入这个体系的动力和信心。这与现代公共文化服务体系均衡发展的基本要求不相适应。在当前县级博物馆的外部发展环境发生深刻变化的大背景下，应加强对县级博物馆的政策扶持和规划引导，坚持“以人为本、重心下移”，对设施建设、人员配备等实行资源优化配置，将公共服务能力建设作为博物馆业务发展的重中之重，鼓励其在拓展服务基层能力，满足人民群众基本文化需求方面下功夫、出成果，切实改变过去服务能力较弱、服务方式单一、服务内容形式缺乏吸引力的局面，缩小公共文化服务的城乡差别。

3. 促进博物馆与科技的融合，注重突出现代性

当今世界已进入信息化、数字化时代，构建现代公共文化服务体系，推动博物馆事业发展，必须依靠与科技的深度融合，注重科技成果的转化应用。科技既是实现现代公共文化服务的手段，也是现代公共文化服务体系与过去传统的公共文化服务的显著区别之一。科技进步为更好地体现博物馆公共文化服务的现代性提供了新的驱动力。

博物馆作为公共文化服务机构，拥有海量具有较高价值的公共文化资源。博物馆在实现其公共文化服务功能的过程中，应充分运用和利用科技手段，深挖资源潜力，将公共文化数字服务、移动服务内容列入服务项目，并逐步作为未来重点发展的方向。要重视大数据技术在博物馆的应用，加强博物馆大数据采集、存储和分析处理，构建公共文化服务管理云平台，针对公众对博物馆的不同需求，提供丰富的、个性化的博物馆文化产品，实现博物馆资源的有效供给。通过智慧博物馆等建设项目，构建公共文化设施的数字空间，创造全新的公共文化服务展示空间、利用空间、互动体验空间，实现公共文化服务资源的共建共享，提高博物馆效率和效能。通过借助“互联网+”等

① 《最新，国家文物局对文物保护标准化工作做出部署》，文博圈微信公众号，2021年1月15日。

现代技术手段，在服务方式、内容和效能上突出现代性，构建高效、便捷、覆盖广泛的供需互动反馈渠道，形成博物馆与社会公众的良性互动，打通博物馆公共文化服务在基层的“最后一公里”，切实保障广大基层人民群众基本文化权益。

4. 广泛吸收社会参与博物馆事业，注重突出公共性

博物馆来源于社会，不能脱离社会而独立存在并实现自我发展。博物馆不仅要有公益性，还要有公共性。动员社会力量参与现代公共文化服务体系建设，是深化文化体制改革、推动社会主义文化大发展大繁荣的重大举措，也是现代公共文化服务体系建设的基本原则和博物馆公共性的生动体现。处于构建现代公共文化服务体系背景下的现代博物馆，应该广泛吸收社会参与，注重突出博物馆的公共性，以推进博物馆体制机制创新，进一步激发活力与创造力。

社会与政府、市场一样，是构建现代公共文化服务体系不可或缺的力量。在政府层面，应进一步简政放权，减少和简化博物馆行政审批项目，鼓励民办、行业博物馆发展，指导其规范管理、良性发展，为社会力量参与公共文化服务体系建设创造便利条件。应研究出台相关政策法规，采取财税法定减免、专项经费补贴等方式，支持和促进社会力量投资或捐资、捐物等方式参与博物馆建设。应鼓励通过委托或招投标等方式吸引有实力的社会组织和企业参与博物馆特定设施、服务项目的运营，参与博物馆陈列展览工程、文物保护工程、研究出版工程、社会教育工程、文化创意产业等业务活动，建立健全政府向社会力量举办的博物馆购买公共文化服务的机制。在博物馆层面，要树立管理权与所有权相分离的新理念，创新运行机制，逐步建立事业单位法人治理机构，推动组建理事会，吸纳各界群众参与管理，健全决策、执行和监督机制。要创造条件加强博物馆志愿者、“博物馆之友”等组织建设。通过广泛有效的社会参与，促进博物馆自我发展，履行使命，切实改变长期以来效率低、服务差的不良形象，焕发其公共性应有的生命力，推动实现博物馆治理能力的现代化。

5. 推动公共文化资源整合协同发展，注重突出整体性

公共文化服务体系建设是一个系统工程，涉及跟文化建设相关的各个部门、行业，应树立“大文化”的理念，加大对跨部门、跨行业、跨地域公共文化资源的整合力度，促进不同类型公共文化服务机构的协同发展、整体发展。当前，我国博物馆正处于快速发展时期，平均每年以 100 多座的数量在增长[①]。博物馆数量大幅增长的同时，对质量的整体提升提出了更高的要求和挑战。

博物馆质量的提升无疑是整体性的，既包括硬件建设质量，又包括软件服务质量。在建设质量提升方面，要充分发挥各部门职能作用和资源优势，在规划编制、政策衔

① 宋新潮:《理事会制度 博物馆公共性的组织体现》,《人民日报》2014 年 11 月 2 日。

接、标准制定和实施等方面加强统筹、整体设计、协调推进。应坚持均衡配置、严格预留、规模适当、功能优先、经济适用、节能环保的原则，根据区域人口分布和设施有效覆盖范围，合理规划建设博物馆和其他文化设施，提高设施有效覆盖率。要积极探索突破行政区划和层级壁垒，整合各类公共文化资源，提升综合效益的有效途径，避免重复建设、资源浪费。在服务质量提升方面，要加强各类重大文化项目的统筹实施，建立统一的基层公共文化服务平台，整合基层公共文化服务资源。要积极推进公共文化服务互联互通，建设博物馆及其他公共文化服务机构的横向、纵向、区域联盟，开展文化服务“一卡通”、公共文化巡展巡讲巡演等服务，实现区域文化共建共享。要通过博物馆联盟、对口帮扶、总分馆制等方式，建立博物馆藏品交流共享平台，进一步提高馆藏文物利用率，形成馆藏资源整合共享机制，让收藏在博物馆里的文物“活”起来。

6. 加强博物馆学研究，注重突出学术性

博物馆学是一门涉及多个学科门类的综合性学科，主要研究博物馆的性质、特征、社会功能、实现方法、组织管理和博物馆事业发展规律。博物馆学既研究微观的博物馆实务，又研究宏观的博物馆理论，具有很强的实践性。在构建现代公共文化服务体系的过程中，必须进一步注重博物馆学研究，关注博物馆事业发展的时代背景，借鉴国外和其他相关领域先进的博物馆学、公共文化研究成果，紧密结合工作实践，推进中国特色博物馆学研究，以博物馆学理论来指导实践、丰富实践。由于我国对构建现代公共文化服务视域下的博物馆学研究刚刚起步，随着博物馆社会功能定位关键性的调整，使得加强对融入公共文化服务领域越来越深的博物馆的学术研究显得更加紧迫。首先是要加强将博物馆纳入国民教育体系的研究，最大限度地发挥博物馆在促进现代国民教育体系建立方面的独特优势。其次是要加强博物馆公共文化政策法规和理论研究，推进博物馆领域立法进程，提高博物馆文化治理能力现代化水平，促进公共文化法律体系、理论体系的建立完善。最后是要加强博物馆公共文化服务管理型、研究型专业人才的培养。人才培养既是当务之急，也是长久之计，对于增强博物馆发展动力具有基础性作用。创新博物馆服务形式，提升博物馆的专业性，需要多层次、多样化的人才与之匹配。要着力培养一批具有现代意识、创新意识的博物馆管理者和业务人才。要建立健全人才保障机制，为博物馆人才成长提供基础保障。

三、需要进一步研究的问题

“郡县治，天下安”[①]。县一级在中国共产党的组织结构和我国国家政权结构中，处

---

① （西汉）司马迁：《史记》，中华书局，1982 年。

在承上启下的关键环节，是发展经济、保障民生、维护稳定的重要基础①。县域内出现的问题，是中国所有社会问题的集中反映。对县域问题，坚持以一县为麻雀，系统解剖，科学分析，提出切实可行的解决路径和措施，无疑具有重大示范意义。由于博物馆学是一门涉及多个学科门类的综合性学科，既研究微观的博物馆实务，又研究宏观的博物馆理论，具有很强的实践性、政策性。同时，博物馆为政策导向型事业，政策强烈投射出博物馆发展理念和研究成果。只有通过对博物馆管理的研究，来提升博物馆管理的能力和水平，通过对博物馆政策的研究，推动更多更好的新的博物馆政策的出台。构建现代公共文化服务体系作为一项全局性、战略性的新的事业、新的政策，它既给博物馆事业带来了新的发展机遇，又提出了新的课题，需要做全面、系统、深入的研究。

因此，尽管笔者针对县级博物馆在宏观上紧密结合了政策因素，在微观上密切关注了基层实际，并引入了协同治理管理学理论成果，以现场调研、统计分析结果为依据，但是对县级博物馆治理的研究，是一个极大的题目，覆盖内容广泛，本书只是结合县级博物馆建设、运行、发展中最集中、最突出的若干个大问题做了分析和思考，并提出了相应的解决路径，对于县级博物馆治理系统研究而言，还远没有破题，无法满足当前特别是未来县级博物馆治理能力和治理体系现代化的要求。因此，还必须在深度和广度上继续深入，以增强其系统性、应用性、指导性。

在深度上，必须从加强县级博物馆治理的顶层设计入手，重点开展公共文化政策法规和理论研究，推动博物馆领域加强立法，提高县级博物馆文化治理能力现代化水平，促进公共文化法律体系、理论体系的建立完善，为加快县级博物馆无缝融入公共文化服务体系明确法律责任，提供法律保障。同时，加强协同治理体制机制研究，重点消除行业内外行政与业务壁垒，畅通上升渠道，探索行政管理与业务级别相协调的工作机制，在建立健全相关制度、标准、导则的同时，强调突出县级博物馆“特色立馆、规范办馆、协同强馆”，逐步探索建立县级博物馆发展评估指标体系，为政府、相关管理部门逐步形成规范有序、层次清晰、高效管用的县级博物馆科学治理体系提供坚实支撑。

在广度上，必须进一步关注博物馆事业发展的时代背景，充分借鉴国外和其他相关领域先进的博物馆学、公共文化研究成果，紧密结合中国国情和县级博物馆基层工作实践，加强对更多不同条件、不同区域省份县级博物馆典型案例的调查、对比、分析，推进中国特色的县级博物馆藏品研究、管理研究、免费开放研究、人才保障机制、评估制度研究等，以博物馆学、管理学、公共文化理论来指导实践、丰富实践。同时，要加强将博物馆纳入国民教育体系的研究，最大限度地发挥县级博物馆在促进现代国

① 习近平：《在会见全国优秀县委书记时的讲话》，求是网，http://www.qstheory.cn/dukan/2020-06/04/c_1126073259.htm，2015 年 6 月 30 日。

民教育体系建立、培养乡土情怀、开展爱国主义教育方面的独特优势，有效实现博物馆的核心价值和社会服务、社会教育功能。

总之，治博物馆不能脱离中国自己的国情、省情特别是县情，同时，治博物馆不能不治政策，尤其对于处于体制内的县级博物馆而言。站在县级博物馆治理研究的层面，国家在实现2020年全面建成小康社会进程中实施的构建现代公共文化服务体系的重大文化发展战略，看起来只是为我们对县级博物馆的研究提供了一个阶段性的新的视角，但实际上，公共文化服务的职能将伴随博物馆的存在而永久存在，并且随着中国政府职能向服务型全面转变和社会公众公共意识的不断提高，构建现代公共文化服务体系这个命题还将永远在路上。当下以此为背景开展的县级博物馆研究，即使在2020年这个关键时间节点已经到来，对于县级博物馆而言也只是取得阶段性成果之后的新的继续，2020年之后我们对县级博物馆治理的研究，还将随着国家对博物馆认识的深化、新的重大政策的出台，不断做出相应的调整、完善。站在县级博物馆治理操作的层面，尽管需要县级基层摸爬滚打式的探索与配合，也必须紧紧依靠国家、省级自上而下的方式，通过科学合理的顶层设计，在有效的学科理论、文化政策的指导和引导下协同进行。

主要参考文献

一、研究著作

1. 蔡琴:《博物馆学新视域》，浙江人民出版社，2003年。
2.〔美〕爱德华·P·亚历山大、玛丽·亚历山大著，陈双双译:《博物馆的变迁——博物馆历史与功能读本》，译林出版社，2014年。
3.〔美〕马斯汀著，钱春霞译:《新博物馆理论与实践导论》，江苏美术出版社，2008年。
4. 丁蕾:《从私藏到公共展览：民国时期广州的博物馆和展览会》，社会科学文献出版社，2017年。
5. 段勇:《当代美国博物馆》，科学出版社，2003年。
6. 段勇:《中国博物馆学研究论著目录》，新华出版社，2010年。
7. 理智:《县级博物馆研究》，陕西师范大学出版社，1999年。
8. 国家文物局:《中华人民共和国文物博物馆事业纪事1949—1999》，文物出版社，2002年。
9. 国家文物局博物馆司:《博物馆建设思考答卷》，文物出版社，2003年。
10. 国家文物局博物馆与社会文物司:《新形势下博物馆工作实践与思考》，文物出版社，2010年。
11. 国家文物局博物馆司:《博物馆工作手册》，华龄出版社，2007年。
12. 郝国胜、黄琛:《博物馆社会服务功能研究》，知识出版社，2005年。
13. 曹兵武、李文昌:《博物馆观察：博物馆展示宣传与社会服务工作调查研究》，学苑出版社，2005年。
14. 曹兵武、崔波:《博物馆展览：策划设计与实施》，学苑出版社，2005年。
15. 江苏省文化厅:《文化遗产与社会发展》，南京出版社，2007年。
16. 蒋敏娟:《中国政府跨部门协同机制研究》，北京大学出版社，2016年。
17. 赖先进:《论政府跨部门协同治理》，北京大学出版社，2015年。
18. 李文儒:《全球化下的中国博物馆》，文物出版社，2002年。
19. 吕济民:《中国博物馆史论》，紫禁城出版社，2004年。
20. 吕建昌:《博物馆与当代社会若干问题的研究》，上海辞书出版社，2005年。
21. 马继贤:《博物馆学通论》，四川大学出版社，1994年。
22. 秦裕杰:《博物馆论述》，台湾省立美术馆出版社，1997年。

23. 单霁翔：《浅谈博物馆陈列展览》，故宫出版社，2015 年。
24. 单霁翔：《从“馆舍天地”走向“大千世界”——关于广义博物馆的思考》，天津大学出版社，2011 年。
25. 单霁翔：《从“数量增长”走向“质量提升”——关于广义博物馆的思考》，天津大学出版社，2014 年。
26. 单霁翔：《浅谈博物馆陈列展览》，故宫出版社，2015 年。
27. 史吉祥、郭富纯：《2002 博物馆公众研究——以旅顺日俄监狱旧址博物馆为例》，吉林人民出版社，2003 年。
28. 宋向光：《物与识——当代中国博物馆理论与实践辨析》，科学出版社，2009 年。
29. 苏东海：《博物馆的沉思》，文物出版社，2006 年。
30. 王宏钧：《中国博物馆学基础》，上海古籍出版社，2006 年。
31. 王真：《图书馆联盟建设研究》，天津大学出版社，2011 年。
32. 席恒：《公与私：公共事业运行机制研究》，商务印书馆，2003 年。
33. 徐坚：《名山：作为思想史的早期中国博物馆史》，科学出版社，2016 年。
34. 许箫迪著，赵晖编：《协同创新系统与政府职能转变》，南京师范大学出版社，2016 年。
35. 杨华峰：《协同治理：社会治理现代化的历史进路》，经济科学出版社，2017 年。
36. 〔美〕弗雷德里克·泰勒著，马风才译：《科学管理原理》，机械工业出版社，2014 年。
37. 〔美〕彼得·德鲁克著，李维安等译：《德鲁克管理思想精要》，机械工业出版社，2011 年。
38. 曾昭燏：《博物馆》，《曾昭燏文集》，文物出版社，1999 年。
39. 甄朔南：《甄朔南博物馆学文集》，中国大百科全书出版社，2004 年。
40. 甄朔南：《甄朔南博物馆学文集》（续），中国大百科全书出版社，2008 年。
41. 中国博物馆学会：《回顾与展望：中国博物馆发展百年》，紫禁城出版社，2005 年。
42. 中国大百科全书总编辑委员会：《中国大百科全书：文物·博物馆卷》，中国大百科全书出版社，2004 年。
43. Janet Marstine. New Museum Theory And Practice: An Introduction. Blackwell Publishing, 2005.
44. American Allicance Of Museum. Museum Assessnent Program. Washingtong DC AAM, 2012.

二、研究论文

1. 曹正茂：《探讨如何提升县级博物馆的社会教育功能》，《大众文艺》2002 年第

20 期。
2. 陈波：《阐释与对话：博物馆核心价值研究》，《中国博物馆》2013 年第 2 期。
3. 陈来祥：《浅议县级博物馆专题陈列的内容及形式设计》，《文物春秋》1989 年第 4 期。
4. 陈尚荣：《论免费开放后基层博物馆的展陈策划——以江苏省县级博物馆考察调研为例》，《南京理工大学学报（社会科学版）》2011 年第 6 期。
5. 程瑞琴：《关于提高基层博物馆专业技术人员素质的思考》，《大众文艺（理论）》2009 年第 1 期。
6. 程亦胜：《略论县级博物馆地方史陈列如何突出地方特色》，《文物春秋》1990 年第 3 期。
7. 丁福利：《强化公共服务——我国博物馆追求国际化与中国特色的双重呼唤》，《中原文物》2011 年第 2 期。
8. 杜春梅：《山西省县级博物馆陈列展览与社会服务情况分析》，《文物世界》2005 年第 5 期。
9. 冯岁平：《由抽样调查看县级博物馆教育的现状与对策》，《中国博物馆》1997 年第 2 期。
10. 高小军：《以社区为中心的现代社区图书馆服务模式研究——以深圳市罗湖区"悠·图书馆"为例》，《图书馆论坛》2017 年第 3 期。
11. 关会元、王永祥：《我省第一座县级博物馆在海林县诞生》，《黑龙江文物丛刊》1984 年第 2 期。
12. 陈芳、蔡宁：《县级博物馆发展生存的问题和对策》，《博物馆学文集 6》，岳麓书社，2011 年。
13. 郭长虹：《社会发展与博物馆社会服务观念的变革》，《博物馆观察》，学苑出版社，2005 年。
14. 胡蔚：《博物馆发展的广阔天地——浅谈博物馆下乡与乡镇博物馆建设》，《博物馆研究》2013 年第 3 期。
15. 黄惠英：《县级博物馆的宣传教育作用初探》，《神州民俗（学术版）》2012 年第 3 期。
16. 李晨：《论"〈博物馆条例〉时代"博物馆法规体系的构建与完善》，《中国博物馆》2016 年第 1 期。
17. 李恩佳、刘丽君：《对河北全省博物馆建设发展的几点思考》，《文物春秋》2011 年第 1 期。
18. 李南书、张道远：《论改革中县级博物馆功能的拓展》，《中国博物馆》1994 年第 1 期。
19. 李西兴：《试论博物馆的服务功能》，《中国博物馆》1985 年第 1 期。

20. 厉樱姿：《我国博物馆评估工作的回顾与思考》，《中国博物馆》2013 年第 2 期。
21. 梁继红：《近代中国文化资源整合的历史考察》，《图书情报知识》2012 年第 5 期。
22. 梁姗姗、王秀伟、黄文川：《浅析县级博物馆如何发挥第二课堂作用》，《文史博览（理论）》2013 年第 8 期。
23. 林冠男：《博物馆的服务意识》，《中国博物馆》2012 年第 7 期。
24. 林漫茹：《试论新时期县级博物馆的发展思路》，《大众文艺》2013 年第 9 期。
25. 林仙庭：《也谈市级博物馆陈列的地方特点》，《东南文化》1989 年第 3 期。
26. 刘春：《县级文博单位藏品管理中的问题与思考》，《中国文物科学研究》2008 年第 3 期。
27. 刘春艳：《博物馆的功能及其发展问题研究》，《社科纵横（新理论版）》2013 年第 4 期。
28. 刘芳：《论博物馆公共文化服务的特征》，《科教文汇》2013 年第 257 期。
29. 刘家真：《我国图书馆、档案馆与博物馆资源整合初探》，《中国图书馆学报》2003 年第 3 期。
30. 刘丽、高峰：《现代公共文化服务体系评价指标的文献综述》，《经济研究导刊》2014 年第 3 期。
31. 刘朴：《谈县级博物馆的辐射作用》，《文物春秋》1992 年第 2 期。
32. 刘雪山、张亚军：《新形势下的市县级小型博物馆如何开展教育活动》，《博物馆研究》2007 年第 3 期。
33. 刘文涛：《博物馆应更好地实现教育潜能》，《东南文化》2012 年第 5 期。
34. 刘仲仁：《试论县级博物馆发展方向》，《大众文艺》2012 年第 1 期。
35. 陆建松、厉樱姿：《我国博物馆展示教育和开发服务现状、问题和对策思考》，《东南文化》2011 年第 1 期。
36. 骆红琴：《总分馆模式下文献资源采访决策研究》，《农业图书情报学刊》2017 年第 6 期。
37. 吕建昌：《建立和发展中国博物馆管理学》，《中国博物馆》1989 年第 3 期。
38. 马岩、郑建明：《图书馆总分馆制建设的模式、特色与思考》，《图书馆工作与研究》2015 年第 7 期。
39. 毛文婷：《档案馆、图书馆和博物馆的馆际合作研究》，《黑龙江史志》2015 年第 13 期。
40. 孟庆东：《浅谈转型期县级博物馆的巩固与发展工作》，《黑龙江史志》2013 年第 9 期。
41. 钱正：《现状和突破：博物馆管理工作改革刍议》，《东南文化》1986 年第 2 期。
42. 单霁翔：《博物馆管理浅析》，《中国博物馆》1997 年第 2 期。

43. 单霁翔：《博物馆的社会责任与社会教育》，《东南文化》2010 年第 6 期。
44. 单霁翔：《博物馆的社会职能》，《中国文化遗产》2011 年第 2 期。
45. 单霁翔：《从重“物”到“人”“物”并重——博物馆社会服务理念的提升》，《中国博物馆》2014 年第 3 期。
46. 石屹峰：《县级博物馆人才问题刍议》，《文物春秋》1991 年第 4 期。
47. 史吉祥：《博物馆在现代社会中的功能》，《中国文化遗产》2005 年第 4 期。
48. 史吉祥：《论博物馆的公共性》，《中国博物馆》2008 年第 3 期。
49. 宋承钧：《浅谈县级博物馆的建设》，《博物馆》1984 年第 1 期。
50. 宋建民：《浅谈市县级博物馆的建设》，《四川文物》2000 年第 6 期。
51. 宋新潮：《关于智慧博物馆体系建设的思考》，《中国博物馆》2015 年第 2 期。
52. 宋新潮：《如何理解和认识〈博物馆条例〉中的几个问题》，《中国文物报》2015 年 5 月 29 日。
53. 宋雪雁、张岩琛：《基于资源整合的馆际协同合作机制研究》，《图书情报工作》2016 年第 12 期。
54. 苏东海：《加强县级博物馆的发展研究》，《中国博物馆》1993 年第 1 期。
55. 苏东海：《中国博物馆管理学》，《中国博物馆》1994 年第 3 期。
56. 唐红炬：《县级博物馆如何面向现代化》，《中国文物科学研究》2007 年第 1 期。
57. 唐晶、辛璐、马新蕾：《图书馆与博物馆公共休闲服务合作初探》，《图书与情报》2012 年第 4 期。
58. 唐文辉：《试论当前县级博物馆管理工作存在的问题及应对措施》，《旅游纵览（行业版）》2011 年第 12 期。
59. 汤兆红：《博物馆在公共文化服务体系建设中的作用——以佛山市祖庙博物馆为例》，《科教文汇（上旬刊）》2012 年第 5 期。
60. 仝明珍：《浅谈县级博物馆的发展》，《文物世界》2003 年第 5 期。
61. 万林艳：《公共文化服务在当代中国的发展》，《中国人民大学学报》2006 年第 1 期。
62. 王成兰：《新时期区县级博物馆面临的问题与应对之策：从上海闵行区博物馆新馆的基本陈列谈起》，《博物馆研究》2015 年第 2 期。
63. 王登佐：《试探县级博物馆创新服务新路子》，《中国文物科学研究》2011 年第 3 期。
64. 王灵光：《县级博物馆发展经济琐谈》，《文物世界》2002 年第 5 期。
65. 王文丽：《公众文化需求在博物馆展览策划中的导向应用——兼谈河北博物院的工作探索与实践》，《文物春秋》2014 年第 2 期。
66. 王晓洁：《“信息定位”与“器物定位”之辩对县级博物馆发展的意义》，《中国博物馆》2012 年第 4 期。

67. 王艳、张庆美：《浅谈县级博物馆的档案建设》，《山东档案》2003 年第 3 期。
68. 王紫林：《市、县级博物馆现状和发展对策初探——以江西地区为例》，《南方文物》2007 年第 1 期。
69. 吴辉：《对博物馆评估、定级的回顾与思考》，《四川文物》2011 年第 1 期。
70. 吴志跃：《在完善公共文化服务中践行文化自信》，《中国文物报》2017 年 5 月 12 日。
71. 邢致远：《江苏省中小型博物馆陈列展览发展的实践和探索》，《文物世界》2011 年第 5 期。
72. 邢致远：《浅议“十二五”期间江苏县级博物馆建设与发展》，《文物世界》2012 年第 1 期。
73. 邢致远：《江苏县级博物馆体系规划刍议》，《东南文化》2012 年第 2 期。
74. 肖永英、谢欣：《图书馆、档案馆、博物馆合作机制研究进展》，《图书馆杂志》2015 年第 1 期。
75. 徐畅：《县级博物馆发展粗浅思考》，《黑龙江史志》2013 年第 23 期。
76. 徐振华：《论县级博物馆建设的园林化》，《南方文物》1999 年第 4 期。
77. 晏善富：《博物馆公共项目评估：西方的实践》，《中国博物馆》2005 年第 2 期。
78. 杨凤光：《论县级博物馆的建设》，《江西文物》1990 年第 4 期。
79. 杨凤光：《再论县级博物馆的建设》，《南方文物》1994 年第 3 期。
80. 杨志刚：《博物馆与中国近代以来公共意识的拓展》，《复旦学报（社会科学版）》1999 年第 3 期。
81. 于坚：《博物馆管理规律初探》，《中国博物馆》1989 年第 4 期。
82. 袁佳珍：《县级博物馆发展思路浅析——以山西省县级特色博物馆为例》，《文物世界》2008 年第 4 期。
83. 翟秀梅：《利用县级博物馆对青少年进行素质教育的思考》，《扬州大学学报（高教研究版）》2013 年第 1 期。
84. 曾友和：《博物馆总分馆制的重庆探索与实践》，《中国文物报》2015 年 12 月 29 日。
85. 张文仁：《浅议县级博物馆在深化文化体制改革中积极的社会效益》，《黑龙江史志》2012 年第 2 期。
86. 张桂芝、石一山：《从县级博物馆〈历史文物陈列〉引起的思考》，《北方文物》2000 年第 1 期。
87. 张家淦：《制定〈县博物馆工作条例〉刍议》，《中国博物馆》1996 年第 2 期。
88. 张石会：《县级博物馆发展模式初探》，《武汉文博》2008 年第 2 期。
89. 张文珺：《中美博物馆文化服务理念之比较研究》，《北方文学》2016 年第 3 期。

90. 张文立:《关于博物馆核心价值讨论的前提性思考》,《中国博物馆》2013 年第 1 期。
91. 雷鸣、张晓云:《忆三十年辉煌历程，促进湖北博物馆事业可持续发展》,《湖北博物馆年鉴 2010》，湖北人民出版社，2011 年。
92. 张晓云:《构建现代公共文化服务体系背景下的博物馆事业》,《中国文物报》2015 年 7 月 31 日。
93. 张晓云:《论现代公共文化服务体系视角下的县级博物馆》,《中国文物报》2016 年 4 月 13 日。
94. 张云鹏、王军:《浅谈县级博物馆的陈列展览》,《北方文物》2000 年第 4 期。
95. 赵生辉、朱学芳:《图书、档案、博物数字化服务融合策略探析》,《情报资料工作》2014 年第 4 期。
96. 郑奕、陆建松:《博物馆要“重展”更要“重教”》,《东南文化》2012 年第 5 期。
97. 钟丹谊:《挖掘潜力 打造特色——浅谈县级博物馆的发展方向》,《大众文艺》2012 年第 9 期。
98. 周金金:《浅析基层博物馆公共文化服务能力的提升路径》,《黑龙江史志》2014 年第 1 期。
99. 曹兵武:《博物馆热 · 博物馆学 · 博物馆文化——博物馆发展的关键是博物馆人》,《中国博物馆》2008 年第 3 期。
100. 张晓云:《博物馆核心价值讨论引起的反思》,《湖北文化》2014 年第 2 期。
101. 张晓云:《对县级博物馆上升通道建设的思考》,《中国文物报》2018 年 4 月 17 日。
102. 张晓云:《从单一体制到三大体系——浅谈中国博物馆管理体制及县级博物馆的发展》,《中国文物报》2018 年 5 月 9 日。
103. 张晓云:《从“博物馆管理”到“博物馆治理”》,《中国文物报》2018 年 5 月 29 日。
104. 张晓云:《县级博物馆与县域现代公共文化服务体系协同治理》,《中国文物报》2018 年 8 月 8 日。
105. 张晓云:《“文化中心”协同建设模式下的县级博物馆》,《中国文物报》2019 年 2 月 22 日。
106. 翁淮南:《新发展理念下的中国博物馆发展趋势探析》,《文博学刊》2020 年第 1 期。
107. 张晓云:《十四五”县级博物馆建设问题之探讨》,《中国文物报》2020 年 12 月 22 日。
108. 张晓云:《旧题新谈：专题博物馆的建设与发展》,《中国文物报》2020 年 5 月 5 日。

109. 刘尚清:《关于博物馆"互联网+"跨界融合的几点思考》,《中国博物馆》2018年第1期。
110. 刘玉珠:《让文物活起来大有可为》,《人民日报》2019年12月28日。
111. 张晓云:《文旅融合语境下的博物馆旅游探析》,《新时代文物保护与旅游融合发展研讨文集》,文物出版社,2020年。
112. 张晓云:《县级博物馆馆舍选址刍议》,《中国文物报》2021年7月27日。
113. 张晓云:《县级博物馆藏品来源与征集困境主要影响因素的探讨》,《中国文物报》2021年10月26日。
114. Bostick S L. The History And Development Of Academic Library Consonia In The United States: An Overview. The Journal of Academic Librarianship, 2001, 27(1):128. 130.
115. Hedegaard R. The Benefits Of Archives, Libraries And Museums Working Together: A Danish Case Of Shared Databases. New Library World, 2004, 105(7/8): 290-296.
116. Kershaw A. Museums In The Digital Age: Changing Meanings Of Place, Community And Culture. International Journal of Arts Management, 2015 17(2).
117. Kirchhoff T, Schweibenz W, Siegle R etc. Archives, Libraries, Museums And The Spell Of Ubiquitous Knowledge. Archival science, 2008, 8(4): 251-266.
118. Lewalter, Doris; Phelan, Sielle; Geyer, Claudia et al. Investigating Visitor Profiles As A Valuable Addition To Museum Research. International Journal of Science Education Part B-Communication and Public Engagement, 2015, 5(4).
119. Yarrow A, Clubb B, Draper J. Public Libraries, Archives And Museums: Trends In Collaboration And Cooperation. IFLA Headquarters,2008.
120. Hedegaard R. The Benefits Of Archives: Libraries And Museums Working Together: A Danish Case Of Shared Databases. New Library World, 2004,105(7/8).
121. Wu S. Cooperation On Local History And The Concept Of Network Building Between Libraries, Museums And Archives In China. IFLA Journal, 2006, 32(4).
122. Undorf W. Means Before Purpose: The Development Of Cooperation Between Cultural Heritage Institutions In Sweden. IFLA Council and General Conference, August 18-24, 2002. Royal Library of Sweden, 2002.
123. Kalfatovic M, Kapsalis E, Spiess K, et al. Smithsonian Team Flickr: A Library, Archives, And Museums Collaboration In Web 2.0 Space. Archival Science, 2008, 8(4).
124. Raab C M, Roth E J. Documenting New Paltz History: A Case Study In Library-museum Cooperation. College & Undergraduate Libraries, 2001, 8(2).
125. Martin R. Cooperation And Change: Archives, Libraries And Museums In The United

States: World Library And Information Congress: 69th. IFLA General Conference and Council, August 1-9, 2003. Institute of Museum and Library Services, 2003.

三、学位论文

1. 付鑫:《中国博物馆的历史沿革及公共服务职能探析——以济南地区博物馆为例》，山东大学硕士学位论文，2013 年。
2. 傅玉兰:《博物馆群运作模式研究——以英国、澳门及国内博物馆群为案例》，复旦大学博士学位论文，2010 年。
3. 胡云婷:《基于协同理论视角的县域农村公共文化服务供给模式研究》，哈尔滨师范大学硕士学位论文，2016 年。
4. 蒋名未:《中国公共文化服务绩效评估研究——以博物馆文化服务为例》，中国社会科学院研究生院硕士学位论文，2010 年。
5. 姜杨:《博物馆公共文化服务的创新——以吉林市满族博物馆为例》，吉林大学硕士学位论文，2015 年。
6. 孔进:《公共文化服务供给：政府的作用》，山东大学博士学位论文，2010 年。
7. 李慧竹:《中国博物馆学理论体系形成与发展研究》，山东大学博士学位论文，2007 年。
8. 刘舜强:《博物馆全面质量管理初探》，中国艺术研究院博士学位论文，2012 年。
9. 刘羽香:《论博物馆在公共文化服务中的地位及作用——以长春地区博物馆为例》，吉林大学硕士学位论文，2011 年。
10. 刘治福:《基于公共文化服务视角的博物馆服务转型研究——以广西民族博物馆为例》，广西大学硕士学位论文，2014 年。
11. 罗坤明:《地方性中小型历史博物馆设计研究》，南昌大学硕士学位论文，2010 年。
12. 孟庆金:《现代博物馆功能演变研究》，大连理工大学博士学位论文，2011 年。
13. 牛华:《甘肃省公共文化服务机制创新问题研究》，兰州大学硕士学位论文，2007 年。
14. 牛伟:《论博物馆公共文化服务建设》，郑州大学硕士学位论文，2013 年。
15. 商思刚:《论我国公共文化服务体系立法的改进与完善》，中国社会科学院研究生院硕士学位论文，2012 年。
16. 宋瑞霞:《我国农村公共文化服务政府供给问题研究》，郑州大学硕士学位论文，2013 年。
17. 王玲:《基于公共文化空间视角的上海市博物馆旅游发展研究》，复旦大学博士学位论文，2010 年。
18. 王晓蒙:《中美博物馆服务功能之比较研究》，吉林大学硕士学位论文，2014 年。

19. 王晓妮：《新形势下山东地区文物系统中小型博物馆现状及发展研究》，山东大学硕士学位论文，2010年。
20. 吴晓芬：《立足地域文化建设特色博物馆——以桐城文化博物馆为例》，安徽大学硕士学位论文，2011年。
21. 吴芸芸：《省域视角下的公共文化服务问题研究》，浙江大学硕士学位论文，2013年。
22. 邢志远：《南京地区国有中小型博物馆发展研究》，南京农业大学硕士学位论文，2007年。
23. 许兴春：《安徽省地质博物馆公共文化服务问题及对策研究》，安徽大学硕士学位论文，2016年。
24. 张翰予：《当代博物馆伦理问题研究》，中国艺术研究院博士学位论文，2012年。
25. 张慧：《改进我国公共文化服务的对策研究》，中国海洋大学硕士学位论文，2008年。
26. 张磊：《内蒙古旗县级博物馆发展方向分析》，内蒙古大学硕士学位论文，2009年。
27. 赵莉：《县级博物馆地方历史陈列展览初探》，吉林大学硕士学位论文，2012年。
28. 郑惠伦：《博物馆融入与服务社区研究》，复旦大学硕士学位论文，2014年。
29. 郑晓华：《基于公共文化服务体系的图书馆联盟建设研究》，黑龙江大学硕士学位论文，2014年。
30. 郑奕：《博物馆教育活动研究》，复旦大学博士学位论文，2012年。
31. 钟经纬：《中国民族地区生态博物馆研究》，复旦大学博士学位论文，2008年。
32. Kapukotuwa Mudiyanselage Alexander：《博物馆学理论和原则的研究》，吉林大学博士学位论文，2009年。

四、法律法规、规范性文件

1. 全国人大常委会：《中华人民共和国文物保护法》，1982年11月19日。
2. 国务院：《中华人民共和国文物保护法实施条例》，2003年7月1日。
3. 国务院：《博物馆条例》，2015年3月20日。
4. 文化部：《博物馆管理办法》，2005年12月22日。
5. 全国人大会常委会：《中华人民共和国公共文化服务保障法》，2016年12月25日。
6. 国际博物馆协会：《国际博物馆协会章程》，2007年8月24日。
7. 国家文物局：《博物馆事业中长期发展规划纲要（2011—2020年）》，2011年12月28日。
8. 国家文物局：《国家文物事业发展“十三五”规划》，2017年2月21日。

9. 文化部:《"十三五"时期文化发展改革规划》，2017 年 2 月 23 日。
10. 国务院:《关于进一步加强文物工作的指导意见》，2016 年 3 月 4 日。
11. 国务院:《关于推进基层综合性文化服务中心建设的指导意见》，2015 年 10 月 2 日。
12. 联合国教科文组织:《关于博物馆向公众开放最有效方法的建议》，1962 年 12 月 14 日。
13. 文化部:《博物馆藏品管理办法》，1986 年 6 月 19 日。
14. 中共中央办公厅、国务院办公厅:《关于进一步加强新农村文化建设的意见》，2005 年 11 月 7 日。
15. 中共中央办公厅、国务院办公厅:《关于实施中华优秀传统文化传承发展工程的意见》，2017 年 1 月 25 日。
16. 中共中央办公厅、国务院办公厅:《关于加快构建现代公共文化服务体系的意见》，2015 年 1 月 12 日。
17. 国务院办公厅:《转发文化部等部门关于做好政府向社会力量购买公共文化服务工作意见的通知》，2015 年 5 月 11 日。
18. 文化部、国家旅游局:《关于促进文化与旅游结合发展的指导意见》，2009 年 8 月 31 日。
19. 文化部:《关于印发〈文化部"十二五"时期公共文化服务体系建设实施纲要〉的通知》，2013 年 1 月 14 日。
20. 文化部、新闻出版广电总局、体育总局、发展改革委、财政部:《关于推进县级文化馆图书馆总分馆制建设的指导意见》，2016 年 12 月 29 日。
21. 文化部、公安部:《博物馆安全保卫工作规定》，1985 年 1 月 25 日。
22. 国家文物局、公安部:《文物系统博物馆风险等级和安全防护级别的规定(GA27-2002)》，2002 年。
23. 国家文物局:《关于印发〈博物馆馆长专业资格条件(试行)〉的通知》，2001 年 3 月 22 日。
24. 国务院:《关于加强文化遗产保护的通知》，2005 年 12 月 22 日。
25. 中宣部、财政部、文化部、国家文物局:《关于全国博物馆、纪念馆免费开放的通知》，2008 年 1 月 23 日。
26. 国家文物局:《关于印发〈全国博物馆评估办法(试行)〉、〈博物馆评估暂行标准〉和〈博物馆评估申请书〉的通知》，2008 年 2 月 5 日。
27. 国家文物局、教育部:《关于加强文教结合、完善博物馆青少年教育功能的指导意见》，2015 年 5 月 6 日。
28. 国务院办公厅:《转发文化部等部门关于推动文化文物单位文化创意产品开发若干意见的通知》，2016 年 5 月 11 日。

29. 文化部:《"十三五"时期文化扶贫工作实施方案》,2017 年 5 月 25 日。
30. 中共中央宣传部、文化部、中央机构编制委员会办公室、财政部、人力资源社会保障部、国家文物局、中国科学技术协会:《关于印发〈关于深入推进公共文化机构法人治理结构改革的实施方案〉的通知》,2017 年 8 月 31 日。
31. 中华人民共和国行业标准:《博物馆建筑设计规范》(JGJ66-2015),2015 年 6 月 30 日。

五、统计资料

1. 国家文物局:《中国文物年鉴(2010)》,文物出版社,2012 年。
2. 国家文物局:《中国文物年鉴(2011)》,文物出版社,2012 年。
3. 国家文物局:《中国文物年鉴(2012)》,文物出版社,2013 年。
4. 国家文物局:《中国文物年鉴(2013)》,文物出版社,2014 年。
5. 国家文物局:《中国文物年鉴(2014)》,文物出版社,2015 年。
6. 国家文物局:《中国文物年鉴(2015)》,文物出版社,2015 年。
7. 国家文物局:《全国文物业统计资料(2015)》,内部资料,2015 年。
8. 国家文物局:《全国文物业统计资料(2016)》,内部资料,2017 年。
9. 国家文物局:《中国文物年鉴(2018)》,文物出版社,2019 年。
10. 国家文物局:《2019 中国文物统计提要》,内部资料,2019 年。
11. 中国博物馆协会:《中国博物馆年鉴(2015)》,文物出版社,2016 年。
12. 湖北省博物馆协会:《湖北博物馆年鉴(2010)》,湖北人民出版社,2011 年。
13. 湖北省博物馆协会:《湖北博物馆年鉴(2011)》,湖北人民出版社,2012 年。
14. 湖北省博物馆协会:《湖北博物馆年鉴(2012)》,湖北人民出版社,2013 年。
15. 湖北省博物馆协会:《湖北博物馆年鉴(2013)》,湖北人民出版社,2014 年。
16. 湖北省博物馆协会:《湖北博物馆年鉴(2014)》,湖北人民出版社,2015 年。
17. 湖北省博物馆协会:《湖北博物馆年鉴(2015)》,长江出版社,2016 年。
18. 湖北省文化厅财务处:《湖北省文化文物产业统计资料 2014》,内部资料。

后　　记

本书是以2017年我在武汉大学通过答辩的博士论文为基础，结合我对近三年来中国博物馆事业以及县级博物馆发展所作的一些新的思考，做了少部分补充和修订而成。

如果从1993年高考进入吉林大学考古学系就读开始计算，不知不觉，我已在文物博物馆圈内混迹27年。其间，由吉林大学考古学系本科阶段的博物馆学专业，到吉林大学古籍研究所硕士研究生阶段的历史文献学专业（古文字方向），再到武汉大学博士研究生阶段的考古学及博物馆学（博物馆方向）。同时，工作内容也随岗位变动而多次调整，先后从事10年博物馆管理、5年文物综合管理、5年文物保护与考古管理。

尽管专业、岗位不断调整变化，但不知为何，我对本科所学博物馆学专业始终是一往情深、初心不改。所以，当2011年有幸进入武汉大学攻读博士研究生学位后，在与导师余西云教授商议选择确定毕业论文方向时，我毅然决然做出了不二选择，就是博物馆管理。个中原委，一则因我在湖北省文物局博物馆处从事博物馆管理工作11年，对全省博物馆事业特别是县级博物馆的发展状况有了深入的了解，且经年累月，日久生情；二则因我于2009年3月至2011年2月在湖北省博物馆（省文物考古研究所）挂职任馆（所）长助理，分管社会教育部与市场部两个一线服务部门，帮助我对一个大型博物馆具体的内部管理与运营有了直接的感性认识；三则是2015年1月中办、国办印发《关于加快构建现代公共文化服务体系的意见》（中办发〔2015〕2号）后，受省文化厅、省文物局领导指派，我作为主要成员参加了湖北省《关于加快构建现代公共文化服务体系的实施意见》（代拟稿）起草小组。2016年1月，随着省委办公厅、省政府办公厅《关于加快构建现代公共文化服务体系的实施意见》（鄂办发〔2015〕62号）的正式印发，长达一年起草工作的结束，使我对什么是现代公共文化服务体系以及县级博物馆等基层公共文化服务机构与构建现代公共文化服务体系的关系等重大问题有了全面、深刻的认识，并对县级博物馆如何利用国家加快推进构建现代公共文化服务体系的良好契机，发挥自身特色，促进博物馆行业自身发展有了新的思考。此外，受我的爱妻华中科技大学高红霞副教授（2008年获管理学博士）的专业影响，我长期坚持阅读管理学著作，力图通过与泰勒、梅奥、韦尔奇、法约尔、马克思·韦伯、德鲁克等世界管理学大师进行心灵的对话，以此改善自己在所从事的省级层面的文物博物馆管理工作中管理学思维和方法的薄弱。凡此种种内外因素，最终水到渠成促成了我的博士论文的选题，并为论文的顺利撰写提供了良好的基础条件。

六年半的攻博经历总体上平静如水，但博士毕业论文的撰写，却足以令我终身难以忘怀。尽管年逾不惑，工作任务日益繁重，需要在行政管理与学术研究方面来回转换，承受着不一样的巨大压力，更何况所研究的内容与当时的工作内容还大不一致，同时，还需尽力担负好为人夫、为人父、为人子的家庭责任，但我始终未敢轻言放弃，始终坚定地怀着一个挑战自我、超越自我的梦想，痛并快乐着，艰难前行。博士毕业论文得以最终成稿，虽不敢说呕心沥血、殚精竭虑，却也是使出浑身解数、身心俱疲。星云大师曾说，上等的厨师，一人可以照顾六个锅子；中等的厨师，一人可以照顾四个锅子；下等的厨师，只能照顾一个锅子，而且还手忙脚乱。我体会，人生欲达到更高的境界，凤凰涅槃，浴火重生，确须以真心付出，经万般历练，方能修成正果。攻博无疑亦是如此。

多年来，中国县级博物馆的系统性研究成果除了理智先生于1999年所著的《县级博物馆研究》一书外基本上是空白。县级博物馆的研究日益成为中国博物馆事业发展研究中的重点和难点。在论文写作不断深入的过程中，我越来越深切地感受到县级博物馆需要解决的问题真是千头万绪，以及相关管理政策研究的薄弱。所以，我衷心希望通过本书的分析研究，能重点有助于推动解决县级博物馆建设与效能这两大突出问题，即县级博物馆“有没有”“好不好”这两个看起来处于不同时间阶段、但又同时存在的根本性、深层次、结构性问题。退一步说，本书中的很多观点、认识也许仅仅只是一家之言，有的甚至还失之偏颇，同时，由于写作时间跨度较长，引用的部分统计数据和资料稍显过时，但私下以为，即使不能真正用之于指导实践，如果能够为解决这两大问题提供一些有益的思路，唯此足矣。2019年4月，非常有幸，我受组织安排到国家文物局博物馆与社会文物司（科技司）博物馆处挂职锻炼一年，参与组织全国博物馆法人治理结构建设和博物馆定级评估、藏品征集操作规程等行业管理规范性文件的修订以及各类重要文稿的起草，进一步了解了各层面情况，受益良多，帮助我有效提升了宏观行政管理能力和政策理论水平，也使我对县级博物馆治理问题有了更加深入的认识和新的思考。

这里要衷心感谢我的导师武汉大学历史学院余西云教授多年来的谆谆教诲，耳提面命，对我在考古学、博物馆学研究方面理论、方法特别是博士毕业论文的悉心指导，以及对我莫大的包容、鼓励，余教授严谨的治学态度、谦厚的为人之道，将令我终身受益。还要感谢国家文物局博物馆与社会文物司罗静司长、金瑞国副司长、博物馆处何晓雷处长、焦丽丹副处长，时任湖北省文物局黎朝斌局长、王风竹副局长、博物馆处余萍处长，江苏省文物局博物馆处邢致远研究员、四川省文物局博物馆处段炳刚处长、湖北省文化厅公共文化处刘晓林副处长、湖北省文物事业发展中心陈旻四级调研员，武汉大学历史学院徐少华、王然、陈冰白、张昌平、李天虹、贺世伟、李英华、李敏瑞等诸位教授、老师，中国社科院考古研究所严志斌研究员、山东大学历史学院院长方辉教授、吉林大学边疆考古研究中心李伊萍教授、华中师范大学黄尚明教授、湖北省博物馆（省文物考古研究所）馆（所）长方勤研究员、副馆（所）长孟华平研究员、副馆（所）长罗运兵研究员、陕西省文物数据中心主任邵小龙研究员，以及杜杰博士、李长盈博士、宋海超博士、胡清波博士、毛智周、王健等诸位领导、专家、同门给予的专业指导和无私帮助。同时特别感谢本书的责编张亚娜、张睿洋同志提出的专业性修改意见。没有大家的关心支持，单凭一己之力，实无法想象可以六年之期顺利完成攻博这一浩大工程和本书的顺利出版。

要特别感谢爱妻高红霞副教授，多年来在自身学术研究、授课百忙之中，长期对我鼓励和督促，主动默默承担烦琐家务、抚育幼子，并对论文涉及的管理学、统计学等非我熟悉的领域予以专业性指导，不厌其烦帮助收集、整理问卷资料，帮助我熬过了最艰难困苦的人生爬坡阶段，鼓励我不断前行，令我唏嘘感动，无以为报。

最后，对本论文中引用或间接参考其成果的国内外各位前辈、学者，在此一并致以深深的谢意！

张晓云

2021 年 1 月于武昌岳家嘴